U0450343

尊重个性与选择权
为每一位学生的发展与幸福奠基

高中走班制

国际经验与中国探索

杨光富 ◎ 著

华东师范大学出版社
·上海·

图书在版编目(CIP)数据

高中走班制:国际经验与中国探索/杨光富著.—上海:
华东师范大学出版社,2023
(新时代普通高中教育研究丛书)
ISBN 978-7-5760-4215-3

Ⅰ.①高… Ⅱ.①杨… Ⅲ.①高中—教学研究
Ⅳ.①G632.0

中国国家版本馆 CIP 数据核字(2023)第 230584 号

新时代普通高中教育研究丛书
高中走班制:国际经验与中国探索

著　　者　杨光富
责任编辑　彭呈军
特约审读　李　欢
责任校对　樊　慧　时东明
装帧设计　卢晓红

出版发行　华东师范大学出版社
社　　址　上海市中山北路 3663 号　邮编 200062
网　　址　www.ecnupress.com.cn
电　　话　021-60821666　行政传真 021-62572105
客服电话　021-62865537　门市(邮购)电话 021-62869887
地　　址　上海市中山北路 3663 号华东师范大学校内先锋路口
网　　店　http://hdsdcbs.tmall.com

印 刷 者　浙江临安曙光印务有限公司
开　　本　787 毫米×1092 毫米　1/16
印　　张　21.75
字　　数　383 千字
版　　次　2024 年 6 月第 1 版
印　　次　2024 年 6 月第 1 次
书　　号　ISBN 978-7-5760-4215-3
定　　价　88.00 元

出版人　王　焰

(如发现本版图书有印订质量问题,请寄回本社客服中心调换或电话 021-62865537 联系)

全国教育科学"十三五"规划2017年度国家一般项目"新高考背景下普通高中走班制的中国经验研究"(课题批准号:BHA170139)终结性研究成果

华东师范大学教育学部2021年度中文学术专著出版资助计划终结性研究成果

丛书总序：深入研究教育强国建设中的高中教育

我国已经达成全面建成小康社会的历史使命，进入创新型国家行列，其中包括建成了世界上规模最大的教育体系，实现了高等教育普及化。建设教育强国成为了新时代中国教育改革发展的重要使命。2023年5月29日习近平总书记就教育强国建设进行了系统阐述，他指出："建设教育强国，是全面建成社会主义现代化强国的战略先导，是实现高水平科技自立自强的重要支撑，是促进全体人民共同富裕的有效途径，是以中国式现代化全面推进中华民族伟大复兴的基础工程。"2023年9月16日，《求是》杂志发表习近平总书记重要文章《扎实推动教育强国建设》，文章指出："当前，我国教育已由规模扩张阶段转向高质量发展阶段。要坚持把高质量发展作为各级各类教育的生命线，加快建设高质量教育体系，以教育高质量发展赋能经济社会可持续发展。建设教育强国，基点在基础教育。基础教育搞得越扎实，教育强国步伐就越稳、后劲就越足。要推进学前教育普及普惠安全优质发展，推动义务教育优质均衡发展和城乡一体化。基础教育既要夯实学生的知识基础，也要激发学生崇尚科学、探索未知的兴趣，培养其探索性、创新性思维品质。要在全社会树立科学的人才观、成才观、教育观，加快扭转教育功利化倾向，形成健康的教育环境和生态。"

教育研究是国家教育事业发展的重要组成部分之一。教育研究是教育理论生成与发展的载体，来自教育实践、依托教育实践和总结教育实践；同时，教育研究是教育理论与教育实践联系的桥梁，是教育实践改进与发展的推进者之一。显然，在建设教育强国中，需要有教育研究的参与和贡献，更需要教育研究面向不断发展的中国教育实践，服务并促进各级各类教育的改革与发展。在基础教育领域，教育研究必须在如何使基础教育成为教育强国的"基点"上做文章、下功夫和出成果。2023年7月《教育部　国家发展改革委　财政部关于实施新时代基础教育扩优提质行动计划的意见》强调提出，要"坚持以习近平新时代中国特色社会主义思想为指导，全面贯彻党的教育方针，落实立德树人根本任务，发展素质教育，推进基本公共教育服务均等化，显著扩大基础教育优质资源,加快构建幼有优育、学有优教的高质量基础教育体系,更好满足人民群众'上好学'的美好愿望,着力培养德智体美劳全面发展的社会主义建设者和接班人"。这也是对基础教育研究提出的要求。

华东师范大学基础教育改革与发展研究所(简称"基教所")作为教育部人文社会科学重点研究基地之一,始终以"把握社会转型特征、深入研究基础教育当代问题,扎根中国教育实际、动态建构21世纪新型学校,发挥学科综合优势、大胆探索教育研究创新道路"为宗旨,从宏观的教育制度与政策研究、中观的学校转型性研究,以及课程、教学、教师与学生发展等微观层面展开了高质量的研究,并取得显著成效。其中,普通高中教育始终是研究所主要研究领域之一,出版了"当代中国普通高中教育研究报告丛书",其中包括教育部哲学社会科学发展报告建设(培育)项目"中国高中阶段教育发展报告"(2012年度至2020年度)。

在2018年全国教育大会之后,根据2019年中共中央、国务院《中国教育现代化2035》与国务院办公厅《关于新时代推进普通高中育人方式改革的指导意见》,基教所增设了"普通高中育人方式改革研究中心",旨在进一步强化研究团队建设与提升普通高中教育能力。近年来,普通高中教育研究团队按照基教所整体规划和要求,积极参与我国普通高中教育改革与发展的实践,与全国各地教育研究者和高中学校开放合作研究,共同探讨新形势下高中教育(尤其是普通高中)改革与发展的政策与理论以及学校改进与变革,并逐渐产生了一系列研究成果及观点。在基教所与华东师范大学出版社的共同支持下,研究团队编辑出版"新时代普通高中教育研究丛书"(以下简称"丛书")。

"丛书"编撰遵循以下原则。一是聚焦解读与改进新时代普通高中教育政策。"丛书"以习近平总书记关于教育的重要论述为指导,聚焦当前我国普通高中教育领域的各项改革政策及其实践,如考试与招生制度改革、课程改革、育人方式改革、办学活力、县中提升、扩优提质以及高中阶段学校多样化等,努力以系统而科学的研究,分析与解读、讨论与审视、总结与提炼这些政策及其实践,努力促进这些改革政策的实施及其完善。二是聚焦助力与推进高中学校改革与发展的创新实践。"丛书"将努力体现问题导向、行动实践与创新案例的研究成果,阐述与传播我国高中学校自主发展、创新发展和可持续发展的实践举措与成功经验,展示新时代我国高中学校的办学模式创新与办学成效提升,尤其是学校在全面落实立德树人根本任务中的特色发展、制度建设、课程建设以及教师发展等。三是聚焦提出并促进中国高中教育理论研究的创新。中国教育发展已经从量变转向质变,建设教育强国是中国式现代化的重要方面。按照2016年习近平总书记在哲学社会科学工作座谈会上提出的"加快构建中国特色哲学社会科学"要求,在中国特色高中教育理论的指导思想、学科体系、学术体系、话语体系等方面提出思考与思想,展现面向未来发展的高中教育中国观点与理论。

面对百年未有之大变局,随着教育强国建设实践的推进,教育理论研究永远是在路上。新时代的中国教育理论研究者不仅要有正确的思想站位,把握中国教育的本质与特色,而且还要有积极的行动自觉,践行走入实践、研究实践与改进实践的理论工作者责任。感谢研究团队成员及各位作者的参与和贡献。期待"丛书"早日出版。

朱益明

前　言

2014年9月,国务院印发《关于深化考试招生制度改革的实施意见》,标志着新一轮考试招生制度改革的全面启动。这次高考改革的一个重要变化是除了语文、数学和外语三科为国家统一考试科目外,考生还要根据报考高校的要求和自身特长,在思想政治、历史、地理、物理、化学、生物等科目中自主选择三科。为了满足学生的个性化选择,应对新高考改革选学选考的要求,走班制应运而生。何谓"走班制"? 它是指学科教室和教师固定,学生根据自己的学习水平、兴趣特长及高考目标专业,选择适合自身发展层次的班级上课。不同层次班级的教学内容和程度要求不同,作业和考试的难度也不相同。走班制的一大特点是"教师不动,学生走班",学生根据自己的兴趣与爱好,选择要上的科目和班级。

走班制是一种新型的教学组织形式,它源于美国的按能力分组教学,最终确立于"不分年级教学制"(non-graded instruction)。按能力分组教学就是教师根据学生智力和学业测试结果,把水平相当的学生分为一组进行教学,"这种按能力分组教学是走班教学实践的雏形"。[1]如威廉·托里·哈里斯(William Torrey Harris,1835—1909)于1868年在美国圣路易学校创立的"活动分团制"(又称"弹性制")就是将学生按能力和水平分为A、B、C三组。A、B两组的学生成绩较好,而C组学生的成绩相对弱一些。当A、B两组在进行练习时,教师对C组的学生进行指导,待到C组差不多理解课程内容后再进行下一部分内容的教学。[2]每学季结束时,学校会对所有的学生进行测试,并按照测试结果重新进行编班。随着20世纪20年代美国进步教育的兴起,按能力分

---

[1] 杨光富,李茂菊.尊重个性与选择权:美国高中走班制的核心[J].外国教育研究,2020(8):19.
[2] 教育大辞典编纂委员会.教育大辞典(第1卷):教育学、课程和各科教学、中小学校[M].上海:上海教育出版社,1990:208.

组教学在美国广泛传播。较有代表性的有：进步主义教育家卡尔顿·沃尔西·华虚朋(Carleton Wolsey Washburne)于1919年在美国芝加哥市所提出的文纳特卡制(Winnetka Plan)，以及海伦·帕克赫斯特(Helen Parkhurst)于1920年在马萨诸塞州试行的道尔顿制(Dalton Laboratory Plan)。在华虚朋和帕克赫斯特等人的推动下，美国在20世纪50年代有近77%的公立学校采用按能力分组教学形式。[①] 活动分团制、文纳特卡制和道尔顿制等教学模式均打破了传统班级的授课方式，倡导个别化教学，这些满足个性化教学的探索为美国走班制的健全奠定了基础。1959年，美国课程专家约翰·古德莱德(John Goodlad)在其出版的《不分级小学》(*the Non-graded Elementary School*)一书中，正式提出"不分级学校制"(non-graded schools)和"不分年级制教学"。随之，佛罗里达州的墨尔本高中(Melbourne High School)[②]、犹他州普罗沃市(Provo)杨百翰大学实验学校(Brigham Young University Laboratory School)[③]都进行了不分级学校制的探索。由于"不分级学校制"打破了班级和年级的界限，充分考虑到了学生的兴趣与能力，一经出现很快风靡全美，现在已成为欧洲很多国家中学教育的重要组织形式。

  国外中学的走班制与选课制、学分制和弹性学制密不可分，在实践中已经取得了可供借鉴的丰富经验。走班制、选课制和学分制是美国高中教育的三大法宝，其中选课制与学分制是走班制实施的重要前提与基础。美国高中选修课种类繁多，如马萨诸塞州沃尔瑟姆综合中学，可供12年级选修的课程就有202门。[④] 总体而言，美国高中选修课约占学校总课程数的59%。[⑤] 数量众多的选修课极大地满足了学生们的选择需求，他们是走班教学的重要基础。如何确保各个年级所选课程的均衡及满足课程学术性的要求，学分制是其重要抓手。一方面，通过规定学年学分制解决各个年级所选课程均衡的问题。如康涅狄格州对9—12年级学生升级的学分规定如下：10年级4学分；11年级9学分；12年级15学分。[⑥] 学生取得所在年级的全部学分后，才能够进入下一年级的学习。另一方面，学分制可确保学术性的要求。美国高中毕业证书分为普

[①] Heathers G. Overview of Innovations in Organization for Learning[J]. Interchange, 1972, 3(2-3): 47-68.
[②] Brown B F. The Non-graded High School [M]. Englewood Cliffs, NJ: Prentice-Hall Inc., 1963: 13.
[③] Jenkins J M. Nongrading the High School[J]. International Journal of Educational Reform, 1998(3): 277.
[④] 强海燕. 中、美、加、英四国基础教育研究[M]. 北京：人民教育出版社, 2005: 164.
[⑤] 王定华. 走进美国教育[M]. 北京：人民教育出版社, 2004: 53.
[⑥] 徐辉, 任钢建. 六国普及高中教育政策与改革的国际比较[M]. 北京：教育科学出版社, 2010: 64.

通毕业证书和荣誉毕业证书两种类型,如果学生选修学术性较强的课程,并得到一定的学分,即可获得荣誉毕业证书。如选择高中毕业后直接就业,在高中阶段可多选修职业类的课程;如打算读大学或读好一点的大学,就必须多选修学术性的课程。正是因为每个学生所选课程的不一样,所以每个学生都有一张专属自己的个性化课程表。美国高中的教室是按照学科划分的,如数学教室、物理教室、化学教室等。学科教师在相应的学科教室里办公、授课。最终形成了美国高中走班制的特色,即"教师固定坐班、学生流动走班"。芬兰高中的走班制最早源于美国,除了选课制和学分制之外,还采取了弹性学制,这是芬兰走班制的特色。根据芬兰普通高中课程框架,每门学科有若干门课程,每门课程的课时较短,仅为38学时,以便于学生集中学习。芬兰的高中是按学段进行教学的,一学年分为5—6个学段,每个学段6—8周。一般情况下,学校要求每位同学在每个学段至少学习4门课程,每门课程每周安排5节课,一周就有30节课。这样下来,三年基本达到高中毕业的要求。① 总之,美国、芬兰等国的走班制通过提供大量丰富的课程,以学分制为抓手,采取弹性学制等举措取得了较好的成效。我们应该本着"洋为中用"的原则,借鉴其成功经验,更好地为我国高中走班制的改革服务。

  我国高中走班制是伴随着本轮新高考改革才进入公众视野的。但实际上,早在20世纪80年代我国就对走班制进行过大胆的尝试,具体可分为三个阶段:(1)初步尝试阶段(20世纪80年代至2002年),这个阶段的走班制是从分层教学的探索开始的。20世纪80年代,上海市建平中学率先将数学、外语两门学科教学班级分为A、B、C三种进度,实施分层走班教学。1991年,福建省福州市第八中学也开始探索分层教学,将高一年级的6个班分成了三个层次。同年,南京师范大学附属中学也开始了"分层走班制"的尝试。② 这些探索都为我国后来走班制的健全打下了基础。(2)试点实验阶段(2003年至2013年),分层次走班教学的范围不断扩大,逐渐形成体系。如河南省鹤壁市淇滨中学于2000年在数学、英语两个学科实施小范围的分层走班,2003年拓展到整个七年级,2005年推广到全校。上海市晋元高级中学的走班教学改革已经形成了"套餐式课程,走班教学,学分制管理"较为完备的体系。(3)深度实践阶段(2014年至今)。自2014年新一轮高考改革启动后,越来越多的高中开展走班制的探索,并在走班制实践中,形成了完备的走班课程体系。如北京市十一学校已构建了

---

① 杨光富.个性与选择:芬兰不分年级高中的组织与管理[J].外国教育研究,2022(5):60.
② 纪德奎,朱聪.高考改革背景下"走班制"诉求与问题反思[J].课程·教材·教法,2016(10):54.

265门学科课程、30门综合实践课程、75门职业考察课程,供学生选择。① 另外,走班模式也呈现多元化的趋势,如北京大学附属中学的书院制和导师制、上海市浦东复旦附中分校的全员走班管理模式等。在近十年的探索中,我国高中走班制的实践已摸索出"不走班""小走班""大走班"和"全走班"四种类型,探索出了具有中国特色的走班教学新模式。

  我国高中走班制的探索虽已取得了一些显著的成效,但在推进的过程中也遇到了一些困惑和障碍:(1)学生对自主选课感到迷茫。在高中选科组合中,3+3模式,浙江(7选3)有35种科目组合,上海(6选3)有20种科目组合;而湖北、江苏、福建、广东等省份的3+1+2模式,有12种科目组合。由于生涯规划教育的缺乏或不足,高中生虽有较大的选择权,但如何进行理性的选择对很多学生来说是一个极大的挑战。(2)班级管理的难题。从实践来看,行政班和教学班并存是本轮新高考改革的主流,学生大多分散于多个教学班上课,不一定由班主任所教,这势必会弱化班主任的地位与作用。同时,由于集体活动的时间的减少,无形中会弱化学生的集体观念。另外,走班制也给学生考勤、座位编排、班级值日和作业收发等带来了诸多挑战。(3)教室空间资源的紧张。目前大部分学校的空间资源普遍不足,走班后由于学生选择科目的增多,致使教室空间不足的情况日趋严重。(4)走班教学加剧教师的短缺。首先,为了满足学生个性化的选课需求,班级规模势必变小,教学班数量明显增多,导致了教师需求量的增加。其次,选课中会出现某些学科所选学生"门庭若市",而另外一些学科"门可罗雀"的现象。最后,教师的潮汐变化还与学科难度有关。如物理学科,由于难度较大,学习相对耗时,导致大量考生纷纷放弃,从而造成了不少学校物理教师相对剩余的问题。(5)教师评价带来的挑战。走班制实施之前的行政班,学校分班时,对班级学生的性别、层次、师资强弱等诸因素均会通盘考虑,同年级的各个班级的学生水平差异不大,具有可比性,也便于对教师进行评价。但走班之后,各个班级之间的学生层次有可能出现高低不一的情况,因此考试成绩难以简单进行横向比较。其次,综合素质评价是学生升学的重要参考,走班后,记录学生综合素质情况是教师的一项重要工作。同时,学科教师还要对自己所任教的教学班进行管理。因此,如何在教师考核中体现上述工作量也是一个棘手的问题。

  2014年9月,我国开启了自1977年恢复统一高考以来最全面、最系统、最深刻的

---

① 江海燕,邱黎明. 觉民教育理论与实践[M].广州:广东高等教育出版社,2017:43.

一轮高考改革,到今年已近10年。针对走班制实践中面临的一系列挑战,我国各地的高中在实践中摸索、在摸索中改进,最终走出一条符合我国国情的走班制本土化之路:(1)建立任课教师一岗双责制,即任课教师既要完成学科教学任务,还要承担教学班学生管理的责任,让授课教师真正担负起"谁的课堂谁负责,谁的课堂谁管理"的职责。(2)发挥导师在走班制中的作用。导师指导学生按照自己的潜力与兴趣选择高考学科。同时,导师还要对学生进行思想引导、心理疏导、生活指导、学业辅导和成长向导。[①] (3)对学生开展学生发展指导工作。《国家中长期教育改革与发展规划纲要(2010—2020年)》首次提出,在我国普通高中阶段建立学生发展指导制度,加强对学生理想、心理、学业、生涯等多方面的指导。[②] 很多学校已经将学生发展指导列为高中教育的一项重要内容,并成为新时代推进普通高中育人方式改革的一项重要内容。(4)加强教师队伍建设。除了及时配齐所缺的学科教师外,有的地方教育行政部门还建立了区域内富余教师统一调配管理机制,进行区域内统筹。[③] 另外,有的学校对富余学科教师进行转岗培训,经培训合格后转教其他学科。通过多种举措解决了教师短缺问题。(5)对教师考核采取多元评价的方法。除了注重评价主体的多元化外,有的学校采用考试成绩增值评价,来判定教师对学生学业进步的影响。另外,有的学校通过强化学科组团队的评价,弱化教师个体评价,减少教师之间的矛盾,调动学科组成员的积极性。[④] (6)拓宽教学空间资源。首先,为适应小班化教学的需求,很多学校将面积大的教室改造为小教室。其次,教师办公室改建为学科教室。如在北京市十一学校,每个人都按照自己所选择的课程,到不同的学科教室上课。在上海市浦东复旦附中分校,传统的教师办公室已不复存在,取而代之的是一间间标有教师名字的学科教室。最后,很多学校通过提高功能教室的使用效率、充分利用食堂、会议室和报告厅空间,进一步拓宽走班教学空间,解决教室数量不足的问题。

  本专著除了前言和后记外,正文共有5编11章内容。第一编"理论概述"为第一章和第二章内容,主要梳理了走班制的概念界定、理论基础及其历史渊源。第二编"国际比较"为第三章至第五章内容,主要阐述了美国和芬兰高中走班制的组织与管理,以

[①] 翁乾明.新高考背景下的中学导师制漫谈[J].福建教育,2020(25):17.
[②] 杨光富.国外中学学生指导制度历史演进[M].上海:华东师范大学出版社,2015:317.
[③] 袁振国.中国教育政策评论2018[M].上海:上海教育出版社,2019:21.
[④] 黄牧航.以教师为中心的区域教师培训模式 广东顺德区"双塔"校本研训模式探究[M].广州:华南理工大学出版社,2018:180.

及新加坡学校按科目编班的改革与探索情况。① 第三编"国内调查"为第六章和第七章内容，分别分析了"走班制下高中生涯现状"与"走班制下高中教学管理现状"两份问卷的调查结果。第四编"本土案例"为第八章至第十章内容，以个案分析的方式，全面探讨了上海市浦东复旦附中分校全员走班模式的创新与转型、北京市十一学校走班制下多元课程的构建与实施，以及全国各地高中走班制下学生管理的问题与对策等。第五编"实施建议"为最后一章，主要论述了我国普通高中走班制面临的挑战及本土化发展路径的建议。

  本专著的研究在掌握大量一手史料的基础上，通过文献、比较、个案、问卷调查等研究方法，对美国、芬兰及新加坡三国走班制的组织管理及其改革现状进行了专题研究，对我国7个省、直辖市的11所高中进行了案例研究，同时对浙江省1877名高中生，以及全国34个省、直辖市的2873名高中教师进行了问卷调查。通过上述研究，力图全面、深刻地展示普通高中走班制的发展历史、理论基础、所取成效、面临挑战，以及解决对策等，以期为我国普通高中走班制的本土化建构提供参考和借鉴。

华东师范大学教育学部教育学系、基础教育改革与发展研究所

杨光富

2024年3月6日

---

① 杨光富,毛柳笛.新加坡按科目编班教学改革述评[J].世界教育信息,2023(10):24—30.

目 录

第一编 理 论 概 述

第一章 走班制的内涵与理论基础   3
  第一节 走班制的概念界定   3
    一、走班制的提出与相关概念   3
    二、走班制的主要模式   8
  第二节 走班制的理论基础   13
    一、差异教学理论   13
    二、最近发展区理论   15
    三、掌握学习理论   16
    四、建构主义学习理论   17
    五、加德纳多元智能理论   19
    六、人本主义学习理论   20

第二章 走班制的由来与发展历程   22
  第一节 走班制在国外的兴起与发展   22
    一、选课制与学分制:走班制建立的前提   22
    二、按能力分组教学:走班制实践的雏形   25
    三、不分年级授课:走班制在美国的正式确立   30
  第二节 走班制在中国的发展回顾   33

一、初步尝试阶段(20世纪80年代至2002年) 33
　　二、试点实验阶段(2003—2013年) 40
　　三、深度实践阶段(2014年至今) 54

第二编　国际比较

第三章　美国高中走班制的组织与管理 65
第一节　美国高中走班制的课程设置 65
　　一、课程类型：必修＋选修＋教育计划 66
　　二、个性化课程表，教师坐班学生走班 70
第二节　美国高中走班制的学分管理 72
　　一、普通毕业证和荣誉毕业证要求不同 72
　　二、学分制保证阶段平衡及学术性要求 73
　　三、学分不同，为升学和就业做准备 74
第三节　美国高中走班制的学生管理 74
　　一、学生指导教师：注重加强学生指导 75
　　二、训导主任：负责处理违纪学生 78
　　三、家房老师：负责班级学生日常管理 79
第四节　美国高中走班制的主要特色及对我国的启示 81
　　一、美国高中走班制有完善的选课制与学分制 82
　　二、美国高中走班制有学生指导作保障 82
　　三、美国高中走班制有专门的学科教室 82
　　四、美国高中走班制通过家房加强班级文化建设 83
　　五、美国高中走班制空间布置合理，相关设施齐全 83

第四章　芬兰不分年级高中的组织与管理 84
第一节　芬兰不分年级高中的由来与发展 84
　　一、不分年级高中最早源于美国 85
　　二、芬兰不分年级教学的早期试点 85
　　三、不分年级制在芬兰普通高中的确立 86

第二节	芬兰不分年级高中的课程与学制	86
	一、芬兰不分年级高中的模块课程	87
	二、芬兰不分年级高中的弹性学制	89
第三节	芬兰不分年级高中的教学与评价	91
	一、芬兰不分年级高中的按学段教学	91
	二、芬兰不分年级高中的内外部评价	92
第四节	芬兰不分年级高中的咨询与指导	96
	一、开设学生指导课程	96
	二、建立一支学生指导工作队伍	97
第五节	芬兰不分年级高中的问题与展望	100
	一、芬兰不分年级高中的现存问题	100
	二、芬兰不分年级高中的未来展望	102
结语		103

第五章　新加坡学校按科目编班的改革与探索　　105

第一节	新加坡学校的现行分流制度	105
	一、新加坡学校分流制度的由来	105
	二、新加坡学校分流制度的发展	108
第二节	现行分流制度的主要弊端	111
	一、分流考试前后四次，学生承受压力过大	111
	二、分成快慢班，易造成学生自卑心理	112
	三、学生发展各不相同，不利于体现教育公平	113
第三节	按科目编班的前期试点情况	113
	一、按科目编班试点回顾	114
	二、按科目编班试点的成效	117
第四节	按科目编班未来的改革趋势	120
	一、取消分流，实施全科目编班	120
	二、继续保留小六会考	120
	三、启动新的全国统一考试	122

第三编 国内调查

第六章 走班制下高中生涯现状调查 … 127
第一节 研究的问题与对象 … 127
一、本次研究的主要问题 … 127
二、调查对象的基本情况 … 128
第二节 调查主要结果分析 … 129
一、高中生对生涯规划的了解情况 … 129
二、高中生对自我的了解程度 … 130
三、高中生对高校与专业了解情况 … 133
四、高中生涯规划课程开设情况 … 134
五、高中生涯规划课程的内容与途径 … 137
六、高中生职业选择的情况 … 140
第三节 调查的结论与建议 … 142
一、开设生涯规划课程,充分挖掘各种资源 … 143
二、明确生涯规划发展阶段,合理安排课程内容 … 143
三、加强生涯规划教师培养,注重学科生涯渗透 … 144
四、加强选课与升学指导,为志愿填报打下基础 … 145

第七章 走班制下高中教学管理现状调查 … 147
第一节 研究的问题与对象 … 147
一、本次研究的主要问题 … 147
二、调查对象的基本情况 … 148
第二节 调查主要结果分析 … 149
一、走班制开展的基本情况 … 149
二、教师对走班制的态度与适应程度 … 153
三、教师对走班制的优缺点认识 … 157
四、教师关于实施走班制的建议 … 159
第三节 高中走班制存在的问题 … 160

　　　　一、生涯规划不足，学生选课较为盲目　　　　160
　　　　二、教学空间受限，师资配备不足　　　　162
　　　　三、班级管理困难，学生缺乏归属感　　　　163
　　　　四、教师负担重，难以适应不同层次学生　　　　164
　　第四节　完善高中走班制的对策建议　　　　165
　　　　一、协助学生选课走班，开设生涯规划课程　　　　166
　　　　二、创新优化教室资源配置，充分利用教室空间　　　　167
　　　　三、合理配备师资，加强师资培训　　　　167
　　　　四、强化教师班级管理能力，提升教学水平　　　　168

第四编　本　土　案　例

第八章　全员走班模式的创新与转型　　　　173
　　第一节　全员走班教学的实施背景　　　　173
　　　　一、全员走班的教育政策背景　　　　173
　　　　二、复旦校园文化的润泽与引领　　　　176
　　第二节　全员走班教学的历史回顾　　　　177
　　第三节　全员走班教学下的课程体系　　　　179
　　　　一、学校四类课程体系构成　　　　179
　　　　二、基础型课程与走班教学　　　　182
　　第四节　全员走班教学下的教学空间　　　　185
　　　　一、加强学科教室建设　　　　185
　　　　二、充分利用走廊等空间　　　　187
　　第五节　全员走班教学下的导师制　　　　188
　　　　一、配备导师的背景　　　　188
　　　　二、导师的遴选　　　　189
　　　　三、导师的基本职责　　　　190
　　　　四、导师的指导途径　　　　192
　　　　五、导师的考核　　　　196
　　第六节　全员走班教学下的学生评价　　　　196

	一、学业表现评价	197
	二、综合素养表现评价	199
结语		202

第九章　走班制下多元课程的构建与实施　204

第一节　走班制的背景与历史回顾　204
一、学校走班制的政策背景　205
二、学校走班制的历史回顾　205

第二节　走班制教学下的多元课程体系　208
一、多元课程的概况　208
二、多元课程体系分析　209
三、一人一课表　212

第三节　走班制教学下的选课指导　214
一、开展生涯规划教育　214
二、统筹协同全校学生选课工作　215
三、选课指导流程与各阶段具体工作　217

第四节　走班制教学下的大小学段制　220
一、大学段的安排　220
二、小学段的安排　221

第五节　走班制教学下的教学空间　222
一、学校改造扩建学科教室　222
二、创设学科教室的环境　223
三、打造特色学科教室　225
四、充分利用走廊空间　225

第六节　走班制教学下的学生管理　226
一、学科老师与学生管理　226
二、导师与学生管理　227
三、教育顾问与学生管理　228
四、自习项目组与学生管理　229

第七节　走班制教学下的教学评价　229

  一、对教师的评价　230
  二、对学生的评价　231
 结语　234

第十章　走班制下学生管理的问题与对策　235
 第一节　走班制下班级管理的困境　235
  一、班主任职能的弱化　235
  二、班级文化的淡化　236
  三、"教"与"育"二字的割裂　238
  四、班级秩序的混乱　239
 第二节　走班制下教师职责的变化　242
  一、任课教师的包班制　242
  二、实施导师制，开展生涯指导　245
 第三节　走班制下学生管理的个案分析　249
  一、全员导师制的实施：山东省莱山第一中学　249
  二、多轨式走班管理：浙江师范大学附属中学　251
 第四节　走班制下班级管理的对策　255
  一、加强班级文化建设　255
  二、完善管理模式，实行高效管理　256
  三、打造新型管理平台　257

第五编　实施建议

第十一章　我国普通高中走班制的本土化之路　261
 第一节　我国普通高中走班制面临的挑战　261
  一、班级管理功能的弱化　261
  二、学生自主选课的迷茫　267
  三、走班教学教师的短缺　269
  四、教师评价带来的挑战　272
  五、教室空间资源的紧张　274

第二节　我国普通高中走班制本土化建议　　277
　　　　一、建立任课教师一岗双责制　　277
　　　　二、发挥导师在走班中的作用　　282
　　　　三、开展生涯规划教育　　289
　　　　四、加强教师队伍建设　　291
　　　　五、构建多元评价机制　　293
　　　　六、拓宽教学空间资源　　296

附　录　　300
　　附录一　走班制下高中生涯规划现状调查(学生卷)　　300
　　附录二　走班制下高中教学管理现状调查(教师卷)　　307

参考文献　　316

后记　　323

第一编

理论概述

第一章 走班制的内涵与理论基础

2014年9月,国务院印发了《关于深化考试招生制度改革的实施意见》。新高考改革的一个重要变化是除了语文、数学、外语3科统考外,学生还要根据报考高校的要求和自身特长,在历史、地理、物理、化学、生物等科目中自主选择。目前,全国已有30个省份发布了新高考政策。在这些省份中,最早进行试点的浙江、上海,以及后来的北京、山东、天津、海南等地均采用了"3+3模式"[1]。另外,湖南、广东、江苏、重庆、河北、湖北、山西、福建、辽宁等地采取"3+1+2模式"。在新高考背景下,传统的行政班"大一统"的教学形式已经无法满足学生选学的需要,因此,走班制将成为我国普通高中教学组织方式的必然选择。但我国的走班制是"舶来品",它源自美国的"不分年级教学制"(non-graded instruction),多元智能、差异教学、建构主义等是走班制实践的理论基础。

第一节 走班制的概念界定

走班制最早源于美国的"不分年级教学制"。在我国,走班制又称为走班教学,是在中小学开展的一种新型的教学模式。我国在新高考的实践中,已逐步探索出适合我国国情的四种走班教学模式,即"不走班""小走班""大走班"和"全走班"。

一、走班制的提出与相关概念

走班制教学模式最早由美国课程专家约翰·古德莱德(John Goodlad)于1959年

---

[1] 中国教育在线. 新高考来临高中生如何选科[EB/OL]. (2018-10-15)[2021-10-15]. https://www.eol.cn/e_html/gk/xuanke/index.shtml.

提出。在新高考背景下,我国学者对走班制的概念有不同的看法,观点还未达成统一。

(一)古德莱德最先提出走班教学

1959年,美国课程专家约翰·古德莱德出版的《不分年级小学》(*The Non-graded Elementary School*)一书在欧美被认为是不分年级制的开创性著作。在这本书中,他正式提出"不分年级教学制"。[①]

他批判当时的分年级制教育是一种僵化的教育体制,因为它无法满足学生的多样化和差异性发展。对于教师而言,在课堂教学中,教师按照年级为标准进行课程内容教学时,还要考虑并照顾不同儿童的认知水平,为此授课内容不得已要进行好几个年级水平的跨度。

古德莱德认为,班级制教学没有考虑到学生的个体差异和独特性,不符合儿童发展的真实状况,包括儿童的个性差异、发展水平等的不同。班级制教学的假设是学生具有相同的知识基础、认知水平和学习需要,因而教师可以面向所有学生以同样的进度教授同样的内容。可事实上,学生的知识水平、个性和学习需求是千差万别的,这就需要有一种制度保证每个学生的需要。[②]

在实证研究基础上,古德莱德提出"不分年级教学制",以促进和确保每一个学生尽可能顺利和必要地不断进步。

这种教学组织形式主张学习进度、课程范围和深度乃至学习年限,均按学生个人能力而定,一般采用小队协同教学。[③]

在"不分年级"学校中,学生摆脱了统一的"年级标准"的束缚,根据自己的发展和学习速度自由地进入下一阶段的学习。"不分年级教学制"曾在二十世纪五六十年代被美国学校广泛采用。在一项1962年所做的不完全调查中显示:当时美国境内有550所不分年级学校。到了20世纪80年代,随着美国新一轮的教育改革浪潮的到来,"不

---

① 杨光富,李茂菊.尊重个性与选择权:美国高中走班制的核心[J].外国教育研究,2020(8):19.
② 河北大学教育学院.河北大学教育学院学生优秀论文集[M].石家庄:河北科学技术出版社,2018:150.
③ 陈晓端,张立昌.课程与教学通论[M].西安:陕西师范大学出版社,2017:322.

分年级学校"这一理论重返美国教育理论的舞台被重新运用。①

(二) 我国学者关于走班制的论述

但何谓"走班制"? 我国不同的学者有各自不同的看法,基本可概括为以下几类。

1. 走班制属于一种学习组织方式

"走班制是从学生的学习方式角度提出的一个概念,是指学生在教学活动中根据预先制定的学习计划,以'走班'的形式,'流动'到自己将要上课的班级进行学习的一种学习组织方式。它打破了以往以整个班级为单位的行政班授课形式,按照学生的学习需求,重新组成教学班,进行教学。"②

2. 走班制是一种教学模式

它是"一种打破固定的班级授课形式,按课程内容重新编班,学生根据自己的兴趣、特长、爱好及已有的学习程度选择不同的学习内容,走入不同的班级进行学习的教学模式"。③

3. 走班制可以被视为一种教学组织形式

"以固定的行政班为基础,在学科教学中,让学生自主选择,师生协作认同,重新组成有层次区分的教学班的一种教学组织形式。"④

4. 走班制也是一种课程组织形式

将走班制分为选修课走班制教学、必修课走班制教学以及全员全科选课走班制教学三种类型。⑤

(三)"走班制"的概念内涵

无论走班制是作为一种学习组织形式、教学模式还是教学组织形式,都有几个方面的特点:

> 第一,考虑学生的个体差异,力求挖掘每一名学生的潜能;
>
> 第二,重视学生的水平和特长,学生可按自己的实际水平和兴趣,扬长避短,选择自己的优势科目,以考取理想的学校;

---

① 孔远.不分级小学教育理念、实践及其启示[D].曲阜:曲阜师范大学,2013:2.
② 韩艳梅.新课程背景下学习组织方式的新探索——"走班制"的实施与管理[J].辽宁师范大学学报(社会科学版),2003(5):43.
③ 孔宇玮.小学走班制教学模式的实践与思考[J].上海教育科研,2003(4):58.
④ 倪志刚.初中"走班制"分层教学的实践研究[J].上海教育科研,2006(5):37.
⑤ 戴季瑜.我国走班制教学的类型与特点[J].教学与管理,2016(12):54.

第三，学科教室和教师固定，即教师固定坐班、学生流动走班。

综上所述，何谓"走班制"？

它是指学科教室和教师固定，学生根据自己的学习水平、兴趣特长及高考目标专业，选择适合自身发展层次的班级上课；不同层次的班级，其教学内容和程度要求不同，作业和考试的难度也不同。走班制的特点是教师不动，学生走班，学生可根据自己的兴趣爱好选择要上的科目和班级。

（四）走班制中的行政班和教学班

随着新高考改革选课走班教学模式的实施，学生走班上课必将成为常态。走班教学实施后，长期以来固定不变的"班级"形式将被打破，从而出现了学生集体管理的新模式，即行政班和教学班并行发展。

1. 行政班的概念

"行政班"是学校根据教学要求和编班原则，学生和教师固定上课，有固定的班主任，日常管理仍在这个固定的班级。行政班是学校管理的基本单位，是开展班级活动的集体组织，是对学生进行集体主义教育、培养学生的团队精神和合作意识的重要场所。2003年，教育部印发的《普通高中课程方案（实验）》中明确规定：

> 为加强集体主义教育，发展学生团队精神和合作意识，高中三年以行政班为单位进行学生管理，开展教育活动。①

2. 教学班的概念

"教学班"是由选修相同模块课程的学生组成的班级，学生自由选择上课内容和上课教室，它既是一种相对灵活的班级形态，也是一种管理相对松散的组织机构。

在教学班管理中，任课教师是班级教育的管理者，肩负管理班级学生学习的任务，密切关注学生学习习惯和学习方法的养成。同时，应主动加强与行政班班主任的联系，及时向他们反映学生的学习情况和具体表现。

---

① 教育部. 普通高中课程方案（实验）[M]. 北京：人民教育出版社，2003：6.

3. 行政班和教学班的管理

(1) 行政班的管理

行政班作为学校的基本单位,是开展班级活动的中心,是有效培养学生集体主义精神和团队建设的重要场所。因此,学校应对行政班班主任进行固定,以有利于学生的日常学习和生活。同时在教学过程中,行政班也要有相对固定的学习场所,例如,学生的选修课、自习课和班会等校内活动必须在行政班中开展,若后期出现分班时再对行政班进行重新划分。

新生入校后,学校按照一定的编班原则将学生编排成若干个班,这样的班级即为行政班,一般情况下高中三年行政班不变。行政班作为学校的基本单位,是开展班级活动的中心。

学校为每个行政班配备班主任一名。班主任是行政班中的领导者,是为本班学生提供教育、服务的第一责任人,对本行政班内的全体学生和各项工作负责。班主任负责本班学生的思想政治教育和道德品质养成以及心理健康教育;组织班级各项活动;做好寄宿生日常生活管理;负责与学生家长的联络、沟通、交流,及时向家长反映其子女在校的表现情况。

   凡学校统一组织的一系列活动和安排都以行政班为单位予以落实,如升旗仪式、运动会、出操、集会、各种班际竞赛、日常班级检查评比、期中期末统考、学期考核评比等。[1]

这样做有利于培养学生的团队精神和合作意识,有利于使分散在各教学班的学生始终有一种归属感,从而形成一股以行政班为中心的向心力和凝聚力,进一步促进良好班集体的形成。

(2) 教学班的管理

教学班是指将选择相同模块课程的学生组成一个班集体,主要负责学生的教学管理。教学班的任课教师同时也是教学班的班主任。因此,任课教师一方面要进行选修课的教学,同时,还肩负班级管理的重任,时刻关注学生的学习、生活及身心健康发展的情况,帮助学生疏导学习和生活中的压力,排解学生不良情绪。

---

[1] 张国彪.新课程下"行政班—教学班"管理模式初探[J].教学月刊(中学版),2006(24):12.

为了更好地管理好教学班,任课教师还要做好班级干部选拔,负责学生的日常学习和生活的管理,进而增强班集体的凝聚力。

可以参照行政班的做法,在班主任(任课教师)的协调下,成立班委会;选好课代表,负责教学班的日常管理,如考勤、检查作业情况等,协助维持学习纪律,及时与教学班教师沟通;反映教与学的双边情况,协助教师开展一些具有模块特点的集体活动,增强教学班的活力和凝聚力,提高学习效果。[①]

二、走班制的主要模式

"6选3"有20种不同的组合供学生选择,浙江的"7选3"共有35种组合,而采取"3+1+2模式"的共有12种组合。在实践过程中,我国普通高中走班制出现了四种主要的教学模式,即"不走班""小走班""大走班"和"全走班"。了解目前"走班制"的几种模式,以便趋利避害,避难就易。

(一)"不走班"模式

"不走班"模式就是将三门选考科目相同的学生组成一个班级,学生无须走班,都在一个固定的教室上课,所有学科教学都在行政班教学。

"不走班"模式由于班级同学固定,有利于增强班级的凝聚力,便于班级的管理,同时,授课教师能很快地了解班级同学,便于对学生进行指导与评价。

新高考倡导要赋予学生充分的自由选择权,让学生自主决定科目组合,全面推进"走班制"教学。

选择性是走班制的核心。……要让学生行使选择权利,选择适合自己需求和兴趣的课程。[②]

在"不走班"模式中,学校仅向学生提供有限数量的选科组合,忽视了学生的选择权。因此,"不走班"模式的主要缺点是:

---

① 郑庆忠.新课标下行政班与教学班管理模式初探[J].考试周刊,2010(10):231.
② 杨九诠.选择性是走班制的核心[N].中国教育报,2016-3-2(9).

由于选科组合类别较少,无法尊重学生的个性化需求及多样化的选择,这与新高考所倡导的"尊重个性与选择权"的理念是背道而驰的,不值得提倡。

(二)"小走班"模式

"小走班"模式是因为受到生源和师资的限制,以尽可能少走班教学为目标,将部分学生或科目走班,即将三门或两门选科相同的学生优先组成班级,其他科目或学生走班教学。"小走班"模式由于便于管理与操作,是学校的普遍选择。"小走班"模式具体又分为"优先三科成班"和"定两科走一科"两种方式。[①]

1. 优先三科成班

"优先三科成班"是指依据学生的选科结果,优先将三科相同的学生与语文、数学、外语三门必考科目组成行政班,其次将两科相同的学生组成行政班,最后组成一科相同的班级。

这种走班教学,可优先满足选科最多学生的需求,固定一部分完全不需要走班的班级,便于班级和教学管理。

其缺点是:

不能满足每个学生的个性需求,因为"可能需要调整部分人数较少选科组合的学生的志愿,相对来说分班不够公平"。[②]

2. 定两科走一科

"定两科走一科"是依据学生的选科结果,将两门选考科目相同的学生与语文、数学、外语三门必考科目组成行政班,剩下一门选考科目在教学班上课。

这种走班教学,将两门选考科目相同学生班级固定,可以满足大部分学生的选课要求;另外,"定两科走一科"因只有一门选考学科需要走班,这可以"避

[①] 成硕,赵海勇,冯国明.从"不走"到"全走":走班教学模式及保障策略研究[J].中小学管理,2016(12):11.
[②] 李福南,胡雪林."选课走班制"编班模式及方法[J].江西教育,2018(23):44.

免因走班过多导致教学秩序混乱,同时有利于在行政班中实施对五门学科的评价"。[1]

其缺点是:

对于选科后组成的行政班同学而言,有一科需要走班教学,这给班主任的班级管理、授课教师的作业收缴与学业指导带来了一定的挑战。

(三)"大走班"模式

"大走班"模式是指除了语文、数学、外语三门必考科目作为固定的行政班外,其余三门选考科目所有学生均通过走班完成教学。

这种走班教学的优点也是显而易见的。

1. 它满足了学生的兴趣与爱好

在该模式下,学生所选科目没有受到"组合套餐式"的限制,学生可更加自由地选择自己想要选择的科目。

2. 它可以让学生接触到更多优秀的同学

不同的选考科目,班级的同学是不同的,可让同学们的交流更加频繁,也让他们有更多的机会接触更多优秀的学生,有利于互相促进,共同进步。

3. 有利于主科科目教学的连贯性[2]

首先,"大走班"模式中的语、数、外三门必考科目从高一入学之日起就固定了,教师从高一开始任教至毕业,学生不变,可以了解每一位学生的学习情况,并给予个别的指导。其次,该模式选科成本较小。学生若发现自己所选的科目不适合自己,只需更改一下所选科目即可,其他选考科目的班级及行政班保持不变,相对来讲,更改选考科目的成本较小。

"大走班"模式下,由于三门选考科目均需要走班上课,行政班的学生所选科目不同,分布在不同的教学班,因此该模式有以下一些缺点。

1. 给班主任的班级管理带来了挑战

传统班级中,班主任一般为学科教师,可通过课程教学了解学生。新高考下,若班

---

[1] 成硕,赵海勇,冯国明. 从"不走"到"全走":走班教学模式及保障策略研究[J]. 中小学管理,2016(12):11.
[2] 卢怡. 新高考改革背景下的"大走班"模式[J]. 新教育,2019(17):32.

主任是选考科目的教师,就会造成教学工作与班主任工作的分离。

比如,笔者作为政治老师,所担任班主任的行政班一共有50人,选考政治科目的人数为26人,而在笔者政治教学班的人数仅为11人,仅占约1/5,行政班里大部分学生在课堂中几乎接触不到,很难对学生上课情况和学习情况进行直接、全面且深入的了解。①

另外,在"大走班"模式下,行政班的学生所选科目不同,导致教学班也不同,因此行政班的班主任欲了解班级同学,就要与不同的授课老师打交道。

笔者担任班主任的行政班班级,选考物理的学生被分在3个教学班中,选考化学的学生被分在3个教学班中,选考生物的学生被分在6个教学班中,选考政治的学生被分在6个教学班中,选考历史的学生被分在5个教学班中,选考地理的学生被分在2个教学班中。这也就意味着班主任想要了解本班学生选考科目的学习情况,并与科任老师共同形成合力,需要至少联系17个老师,这无疑需要耗费大量的精力和时间。②

2. 增加授课教师的工作量

传统授课的班级管理主要由班主任负责,但大走班模式下,本着谁授课谁管理的原则,实行任课教师负责制,由任课教师负责学生在学科学习过程中各方面的整体表现。③ 因此,授课教师也要承担行政班班主任的一些管理工作。

3. 给学生带来不便

因为选考学科上课教室不固定,学生必须将学习用品和资料随时携带。另外,作业的收缴与发放、如何获得授课教师及时的反馈与指导等,都是亟待解决的难题。

(四)"全走班"模式

"全走班"模式是指所有的高考科目全部通过走班完成教学。从长远来看,"全

---

① 卢怡. 新高考改革背景下的"大走班"模式[J]. 新教育,2019(17):33.
② 卢怡. 新高考改革背景下的"大走班"模式[J]. 新教育,2019(17):33.
③ 樊晓薇. 让班级成为学生成长的大本营——关于"选课走班背景下班主任工作策略"的思考[J]. 班主任之友(中学版),2019(11):24.

走班"模式完全体现了新高考与新课程改革的理念,是中国推行素质教育的重要方向。

这种模式的优点是:学生完全根据自己的兴趣、爱好、学科特长和高考科目,自由地选择科目走班。它能充分考虑不同学生的个性化需求,给他们提供最大自由的选择权。

"全走班"模式存在的问题主要有:

1. 师资和教室无法保证

按照新高考选科模式,最少有12种组合,最多有35种组合,并且每科的人数也无法保证平衡。

> 一些人数多的组合会被拆分成几个教学班进行教学,或实行分层教学,这就需要更多场地和师资的支持。[1]

2. 为班级管理带来挑战

学生经常换教室,班主任无法及时与班级同学沟通与交流,师生感情联系淡薄,弱化了学生对班级集体的归属感。

> 走班后,教师授课的学生群体多变,班级结构趋向松散,这给学生管理带来巨大挑战——教师"找不到学生""抓不住学生"。[2]

3. 授课教师难以了解每一位同学

> 有老师抱怨说,"去年我带了四个走班,有20个课代表,我连课代表都不认识。"还有老师指出,"有些时候,这个学生在不在都不知道,成绩一直上不去,这节课没讲完,外面已经有学生进来了。"[3]

上述对四种走班模式的概念及优缺点进行了分析。那么,在新高考背景下,我国

---

[1] 张昕.新高考政策下完全走班制的困境及对策[J].教学与管理,2018(1):24.
[2] 徐星.浦东复旦附中分校实施全员、全课程、全学段走班[J].新校长,2015(9):65.
[3] 王新凤.新高考模式下高中选课走班实施的问题与应对策略[J].教育与考试,2019(3):7.

普通高中走班模式的现状如何？本研究项目课题组对我国上海、浙江、黑龙江、河南等34个省市的956位高中教师进行了随机调查。

"我国走班教学主要采用四种模式：'不走班'（所有学生固定教室上课）、'小走班'（部分学生或科目走班）、'大走班'（三门选考科目走班）和'全走班'（所有高考科目都走班），您所在学校采取的走班模式是？"

调查数据最终显示，采用"小走班"模式的学校最多，而采用"不走班"模式的学校数量最少（图1-1）。

从图1-1可以看出，"不走班"占3.56%，"小走班"占53.35%，"大走班"占34.21%，"全走班"占8.89%。可以说，"小走班"模式是当前我国高中采用最多的走班教学模式，而"不走班"和"全走班"的教学模式两者都比较少。

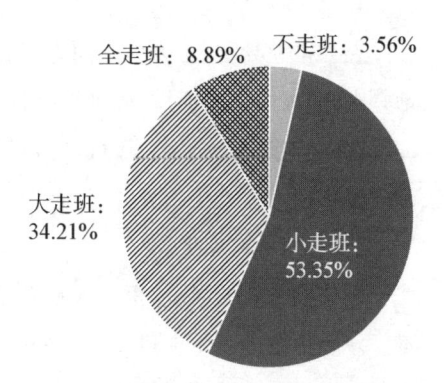

图1-1 我国当前普通高中走班模式现状调查

第二节 走班制的理论基础

走班制诞生于美国，它是伴随着选课制以及分层教学的探索慢慢发展起来的，可以帮助实现"给予学生更多的教育选择权，让他们按照自己的潜力与兴趣选择高考学科"[①]这一目标。在哲学、教育学、教育心理学等方面有诸多理论可以为走班制提供理论支持，本书从差异教学理论、最近发展区理论、掌握学习理论、建构主义学习理论、加德纳多元智能理论和人本主义学习理论等内容出发，分析走班制的理论渊源。

一、差异教学理论

差异教学是指在班集体教学中立足学生差异，满足学生个别的需要，以促进学生在原有基础上得到充分发展的教学。

---

① 周彬. 高中走班教学：问题、路径与保障机制[J]. 课程·教材·教法，2018(1)：54—59.

（一）差异教学理论的基本观点

早在春秋战国时期，我国伟大的思想家、教育家孔子就提出了因材施教的教学原则，即根据学生的个性特点和个别差异采取不同的教学方法。而西方罗马的教育家、演说家昆体良也提出了因材施教的教学原则。因材施教首先需要承认学生之间存在差异，然后了解其中的差异再进行教学。差异的类型有许多种[①]，本书在差异教学理论部分主要讨论人格差异和认知方式差异。

1. 人格差异

在人格差异上，可分为内向人格和外向人格，根据不同的人格特质，可以更加具体地划分为胆汁质、多血质、黏液质和抑郁质，分别对应兴奋型、活泼型、安静型和抑郁型四种高级神经活动类型。不同的人格类型在学习动机和学习方式上存在明显差异，教师需要把握学生人格差异并进行针对性的教育教学。

2. 认知方式差异

在认知方式差异上，根据人在知觉时是否受环境的影响可分为场独立型和场依存型。场独立型的学生在进行判断的时候不容易受到外界事物的干扰，而场依存型的学生却难以摆脱环境因素的影响。

根据认知速度的差异可分为沉思型和冲动型。沉思型的学生倾向于碰到问题深思熟虑，使用充足的时间给出一个满足多种条件的最佳方案，而冲动型学生反应速度快，倾向于快速地验证自己的假设。

根据在解决问题时表现出来的思维特征可分为辐合型认知方式和发散型认知方式。辐合型的学生会通过搜集、综合信息和知识，运用逻辑知识一步一步缩小答案的范围，而发散型的学生想法则更具有创新性。

根据个体在加工信息时所采用的概念水平的高低，认知方式可分为抽象型和具体型。抽象型的学生可以看到事物的多个方面，从而进行抽象型的思考，而具体型的学生需要教师提供更多的信息和更为细致的讲解。

（二）差异教学理论与走班制

正是由于学生在人格方面、认知方式方面存在着差异，所以教育教学要正视这些差异，更重要的是重视具有这些差异的个体。

将学生通过"走班"划分不同的相对同质化的群体，群体和群体之间存在着差异，

---

① 华国栋. 差异教学论[M]. 北京：教育科学出版社，2001：11—12.

而走班制相比于传统的固定的大班教学也更为灵活,也更加重视学生之间的差异。走班制主要是基于学生的水平和特长,但是学生学习的风格也是走班制进行课程设置和选择的重要考虑因素。走班制的设置给学生留有选课权利,实际上也是给了学生"挑选"教师的权利。学生会被适合自身学习方式的教师所吸引,从而进行"走班"。

首先,教师针对不同群体的学生采取不同的教学方法,使得学生在达到教育目标的前提下发现自身的特长。

其次,根据不同学生的特质,教授的内容也有所不同,教师在掌握学生现有的学习基础、学习能力以及学习方式的基础上,对教学内容做出调整。

最后,对于不同层次的学生采取的评价方式也应有所区别,对走班制下的不同班级的学生布置的学习任务也随着班级的不同而不同,以此最大限度地激发学生的学习动机和发展学生的潜力。

二、最近发展区理论

最近发展区理论是由苏联教育家、心理学家维果茨基(Lev Vygotsky,1896—1934)于二十世纪二三十年代提出来的。

(一) 最近发展区理论的基本观点

维果茨基的研究表明,教育对学生的发展能起到主导作用和促进作用,但需要确定学生发展的两种水平:[①]

> 一种是学生的现有水平,指独立活动时所能达到的解决问题的水平;另一种是学生可能的发展水平,也就是通过教学所获得的潜力。两者之间的差异就是最近发展区。

教学应着眼于学生的最近发展区,为学生提供带有难度的内容,调动学生的积极性,发挥其潜能,超越其最近发展区而达到下一发展阶段的水平,然后在此基础上进行下一个发展区的发展。

(二) 最近发展区理论与走班制

该理论阐述了人的个别差异既包括现有水平的差异,也包括潜在水平的差异,只

[①] 吕渭源,李子健.教学理论研究[M].北京:群众出版社,1989:19—20.

有从这两种水平的不同层次的差异出发,才能不断地建立最近发展区,才能使教学成为促进发展的真正手段。

学校实施"走班制教学"旨在让每个学生在其最近发展区获得最优发展,而学生获得最优发展主要看学生能力的发展。①

最近发展区理论揭示了儿童发展的现实可塑性,要求教师在教学时,不仅要了解儿童的现有水平,还要了解儿童可能的水平;同时要求教师在走班教学时,不仅要适应儿童的现有水平,还要促进儿童可能的发展。

三、掌握学习理论

掌握学习是指在学习新内容之前,确保所有的或几乎所有的学生对某一确定的知识、技能的学习都达到预定的掌握水平。掌握学习理论(Theory of Mastery Learning)由美国著名的心理学家、教育学家本杰明·布鲁姆(Benjamin Bloom, 1913—1999)于1976年最先提出,旨在解决个体差异的问题。布鲁姆认为,只要给予足够的时间和适当的教学,几乎所有学生对几乎所有的学习内容都可以达到掌握的程度。

(一)掌握学习理论的基本观点

该理论受卡罗尔的"学校学习模型"影响较大,卡罗尔认为影响学生在学校学习程度的重要因素包括五种,即对学习任务的能力倾向、教学质量、理解教学的能力、学习机会和学习的持续力,而布鲁姆基本接受了这一观点。

他认为人的潜能基本上是相等的,一些学生没有在学习中取得理想的成绩是因为他们未能得到适当的教学条件和合理的帮助。②他主张绝大多数学生都能够通过学习掌握知识,并且所有的学生要具有均等的学习机会。③

具体来说,布鲁姆认为除去2%—3%在感情和身体方面有缺陷的以及1%—2%拥有超常能力的学生,剩下95%的学生只要具备适当的条件,就可以学会任何一个人在世界上可以学会的东西。

布鲁姆强调教师对学习任务性质的改变使之适合学生的认知状态,以及教师要对

---

① 陈玉红.培智学校"走班制教学"的实践研究[M].天津:天津教育出版社,2016:23.
② 沈德立.学习理论的进展[M].天津:天津科学技术出版社,2008:72.
③ 李海清,程宇敏.掌握学习理论下大学英语大班分层教学研究[J].湖州职业技术学院学报,2020(4):51.

学生进行有针对性的教学,否则,即便教师拥有高超的教学技巧,也无法让学生达到某一学习任务需要掌握的水平。所以,对学生群体进行分类分层教学十分有必要。

(二)掌握学习理论与走班制

走班制为不同学习水平的学生开设相应的课程,例如,上海市浦东复旦附中分校建立的课程体系分为基础型课程、拓展型研究型课程、特选课程和大学衔接课程。

首先,无论学生基础如何,保证了基础最差的学生接受了教学大纲和年度教学计划规定的课程内容。

其次,根据学生的个性特点定制专项培养计划,满足学生个性发展需要。

最后,对于学有余力即部分高能力学生开设和大学相衔接的课程。

走班制为学生提供了个性化的课程,以及适合的教学条件和帮助,使学生获得自身的发展。

四、建构主义学习理论

建构主义学习理论(Constructivism Learning Theory)主张世界是客观存在的,但是对事物的理解却是由每个人自己决定的。不同的人由于原有经验不同,对同一事物会有不同理解。学习是引导学生从原有经验出发,生长(建构)起新的经验。[①]

(一)建构主义学习理论的基本观点

建构主义根据研究领域可分为六种类型[②],尽管可以分成许多流派,但在知识观、学生观以及教学等方面却存在一致的看法。以下将论述建构主义学习理论的思想渊源和知识观、学生观和教师观。

1. 建构主义的思想渊源

建构主义的兴起是在教育心理学和学习领域掀起的一场革命,有其深厚的思想渊源。在皮亚杰和布鲁纳的研究中就有了建构的思想。皮亚杰认为学习的过程就是认知结构不断变化和重组的过程,而人的认知结构始终处于变化和建构之中,环境和个体特征是影响它的两个重要因素,同化和顺应是建构的基本心理机制。布鲁纳的建构思想包括:一是对儿童心理表征系统划分顺序,按照发展分为动作表征、意象表征和符

---

① 刘秋红.成为项目式学习课程设计师[M].汕头:汕头大学出版社,2020:59.
② 包括激进建构主义(radical constructivism)、社会建构主义(social constructivism)、社会建构论(social constructionism)、信息加工建构主义(information processing constructivism)、控制系统论(cybernetic system)、中介行为的社会文化取向(sociocultural approaches to mediated action)。

号表征,并且讨论了不同时期的儿童对客观世界的建构;二是阐述学科结构、知识结构和认知结构。

但是,现代建构主义思想主要受到了维果茨基的影响。维果茨基的理论强调四条核心原理:社会学习、最近发展区、认知学徒制和中介性学习。[①] 其中最近发展区指通过成人的指导或者更有能力的同伴的合作,学生在现有的水平之上能够获得新的解决问题的能力。这一理论对实际的教学做出了重大贡献,启示教师教学要考虑学生现有的发展水平,而且教学要走在儿童现有发展水平的前面,以教学带动发展。

2. 建构主义学习理论的知识观

建构主义认为知识是人对客观世界的一种解释和假设,不存在准确的表征,而是不断向前发展的,知识不是问题的最终答案。不同的学习者对同一个问题都有自己的理解,对于问题的理解是个体基于自己的经验进行建构。

3. 建构主义学习理论的学生观

建构主义者认为学生并不是空着脑袋走进教室的,而是在日常生活和学习中形成了丰富的经验。学生的这些经验十分重要,教学要把学生的现有经验作为新知识的生长点,引导学生从原有的知识经验中"生长"出新的知识经验。总之,建构主义重视学生自身积极的意义建构,强调学生已有知识经验、认知结构、需要、兴趣等对意义建构的影响,主张学生是学习的主体。

4. 建构主义学习理论的教师观

建构主义强调教师通过为学生设置一个真实的情境,让学生自身进行操作、对话、协作等进行意义建构。提倡教师和学生之间进行充分的交流和合作,来激发学生学习的积极性和探索精神,培养学生的问题解决能力和创造性。

(二)建构主义学习理论与走班制

根据上述建构主义的学习理论,学生学习的过程就是在教师指导和与同伴合作之下的能动的建构的过程。[②]

首先,走班制的教学实践基于维果茨基的最近发展区,通过分层教学给不同水平的学生安排教学和作业,使得学生的潜力得到最大程度的开发,从而跨越"最近发展区",到达自身最高的知识和能力水平。[③]

---

① [美]罗伯特·斯莱文.教育心理学:理论与实践[M].姚梅林,等,译.北京:人民邮电出版社,2004:209.
② 倪志刚.初中"走班制"分层教学的实践研究[J].上海教育科研,2006(5):37—38.
③ 杨舟波.初中数学AB分层走班制研究——以舟山市第一初级中学为例[D].宁波:宁波大学,2017:10.

其次,传统的教学中学生处于被动接受知识的地位,走班制给予学生更多自主选择的权利,而且教师不再是知识的灌输者,而是作为一名指导者帮助学生依据自身的经验进行建构。

最后,走班制的教学尊重了儿童探索的兴趣和需要,教师根据学生的能力和个性进行教学,每个学生也是根据自身的经验进行选课,这样可以提高学生学习的积极性和主动性。走班制设置的多样化的课程,如实验课等,教师引导学生利用已有知识和能力进行探究,在建构主义学习环境中,使学生充分发挥他们的主观能动性,通过和同学及教师的合作学习达到教育目标。

五、加德纳多元智能理论

传统的智力理论以心理测量为基础,对社会产生了深远的影响,如被大众所熟知的智力测验在全世界得到广泛应用。但传统智力理论的智力维度单一。美国哈佛大学心理学家霍华德·加德纳(Howard Gardner)提出了多元智能理论(Theory of Multiple Intelligences,简称 MI 理论),则是对传统智力维度的突破,引发了人们对智力开发和教育的思考。该理论是一种全新的人类智能结构的理论,它认为人类思维和认识的方式是多元的。[①]

(一)多元智能理论的基本观点

多元智能理论认为,没有一个统一的评价标准来衡量一个人的聪明程度和智力水平的高低,每个人都有自己独特的智力表现方式和特点。[②] 该理论认为人类的智能可以分为八种:语言智能、逻辑-数学智能、空间智能、音乐智能、肢体-动觉智能、人际智能、内省智能和自然观察智能,这八种智能在每一个人身上都存在差异,且每一种智能都对个体的成长与发展起着至关重要的作用。[③]

加德纳的多元智能理论一方面受生物制约观思潮的影响,将大量的神经生理学作为证据,一方面也肯定了历史文化的作用。由此加德纳提出了一种新的教育观,是一种以人为中心的教育,重视发现学生身上的闪光点。而多元智能理论带来教育的新内涵对我们树立正确的学生观、教学观,推动教育改革发展具有十分重要的

---

① 祝智庭,钟志贤.现代教育技术——促进多元智能发展[M].上海:华东师范大学出版社,2003:141.
② 杨舟波.初中数学 AB 分层走班制研究——以舟山市第一初级中学为例[D].宁波:宁波大学,2017:9.
③ Gardner H. Frames of Mind: The Theory of Mutiple Intelligence [M]. New York: Basic Books, 1983: 43.

意义。

（二）多元智能理论与走班制

多元智能理论作为走班制的重要理论基础，既尊重了学生的差异性，又重视了学生发展的全面性。走班制的实施需要对学生的各方面能力进行评估，无论是通过考试成绩对学生进行排名，还是依赖职业生涯指导等手段帮助发现学生的兴趣和特长，都尊重了学生在八种智能方面的表现。

学生不仅可以在知识学习方面获得发展，也可以在音乐智能、肢体-动觉智能等多方面的智能上得到发展。例如，学校为学生设置特需课程，满足在体育、艺术等方面有特殊智能的学生，使得学生获得全面的发展。

同时，走班制的教学也是尊重了学生自身的差异和特长，设置多元化的教学目标和内容。① 传统的教学用统一的标准来衡量每一个学生，而走班制为学生提供了个性化的帮助和指导，这是对学生拥有独特的智能组合的重视，有利于帮助每一个学生健康成长。

六、人本主义学习理论

人本主义学习理论是二十世纪五六十年代美国兴起的心理学流派，主要代表人物有亚伯拉罕·马斯洛（Abraham H. Maslow）和卡尔·罗杰斯（Carl Ransom Rogers）等。②

（一）人本主义学习理论的基本观点

人本主义学习理论主张把人作为一个整体研究，重视培养知情融为一体的"完人"，其基本的观点如下。

1. 有意义学习

对于有意义学习，罗杰斯认为学习不仅是一种增长知识的学习，而且也是将每个人各部分经验都融合在一起，使个体的行为、态度、个性等发生重大变化的学习。有意义学习包括四个要素：

（1）整个人的情感和认知两个部分都参与到学习中；

（2）学习是自发的，探索、获得、掌握和领会的感觉是学习者内在的愿望；

---

① 章有莉. 浅谈多元智能理论下高中英语阅读分层教学[J]. 海外英语，2020(12)：2.
② 侯艳. 浅析人本主义学习理论对当代教育的启示[J]. 辽宁师专学报（社会科学版），2014(1)：99—100.

（3）学习会使学生的行为、态度乃至人格都获得全面发展；

（4）学习由学生自己来进行评价，因为学生自己最清楚这种学习是否满足自身的需要。①

罗杰斯提倡的有意义学习的核心就是让学生自由学习，教师如果对学生的学习潜能抱有信任的态度，给予学生充分的自主权，学生就能自主、自动并且真正进行自由地学习。

2. 非指导性教学

罗杰斯也对传统的教学方式进行了批判，认为如果将学生看作知识的被动接受者，那么这样的教学不能称之为真正的教学。教师应该成为学生的促进者，为学生提供各种学习资源和学习情境，让学生自己决定自己该如何学习。

所以，非指导性教学并非不对学生提供指导，而是创建一种良好的心理氛围，来激发学生的学习动力和潜力。在人本主义学习理论中，师生关系也发生了改变，教师成为学生学习的促进者，甚至成为学生的伙伴、朋友。

(二) 人本主义学习理论与走班制

走班制重视以人为本的教育理念，人本主义学习理论强调让学生自己决定如何学习和人在学习中的自主地位。根据学生的兴趣和能力进行分班选课，对课程进行分层次设计，满足了不同类型学生的需求，激发了学生学习的主动性和积极性。

走班制的分层分类以及特需课程真正满足了不同类别学生的需要，尊重了学生的意见和独立人格，让学生成为自己学习的主导者。

概而言之，走班制的实施，促进形成学习的良好的心理氛围，将具有相同兴趣或者相同学习能力的学生聚集在一个班级，并且提供学生所需要的教材或者器具，让学生能够在小组合作中和同学甚至教师充分交流，自由地学习。

---

① 施良方.学习论[M].北京：人民教育出版社，2008：380—392.

第二章 走班制的由来与发展历程

自新高考改革实施以来,走班制教学模式走进了大众的视野。走班制教学模式最初来自美国,而我国的走班制教学探索可追溯到20世纪90年代。我国走班制经历了从单科走班探索,到多科走班实践的发展历程。随着新高考改革不断深入,走班教学已经成为我国普通高中主要的教学形式。

第一节 走班制在国外的兴起与发展

走班制最早在美国诞生,它是随着选课制(elective system)和学分制(credit system)在高中的引进和实施,催发了美国高中分层教学的探索,最终使得走班教学在美国高中广泛实施。

一、选课制与学分制:走班制建立的前提

选课制、学分制和走班制是美国高中教育的三大特色。其中,选课制与学分制是走班教学重要的前提条件与基础。

(一)选课制源于德国的柏林大学

威廉·冯·洪堡(Wilhelm von Humboldt,1767—1835)是19世纪初期德国著名的教育家、语言学家和政治家。1809—1810年,他任内政部文化与教育司司长,掌管普鲁士所有的教育文化事务。1810年,他创办了柏林大学,并提出大学改革的三原则,即"教学与科研统一""学术自由"和"大学自治"。这一办学思想改变了传统大学的模式,成为德国高等学校的榜样,并对其他国家高等教育的改革和发展产生了巨大

影响。①

"学术自由"和"教学与科研统一"的内容主要是允许大学教师自由讲学并进行科学研究,学生可以根据自己的兴趣、需求与能力选择课程。在三原则基础上,洪堡提出"学习自由"和"选课自由"的口号。柏林大学率先实施选课制,让学生可以根据自己的兴趣与需求,自行选择学习的课程和教师,自行安排学习顺序和进度。②

1810年,德国柏林大学改革了传统的课程内容和课程体系,在大学课程中引进了大量的自然、人文等方面的新兴学科,学生可以根据自己的爱好自由选修课程。选课制的实行有效解决了有限的学习年限与日益膨胀的课程体系的矛盾,最根本的是,它使学习者的个性得到了自由发展。③

选修课一经出现,便受到了德国高校的普遍欢迎。尽管"选课自由"的思想最早是由德国学者提出的,但选课制的发展和完善却是在美国完成的。④

(二) 选课制和学分制在美国的确立

具有实用、民主、创新精神的美国人积极响应德国人的做法,大胆对本国大学的课程设置进行改革,这使得选修课在美国的大学中迅速发展并普及。

1779年,弗吉尼亚州州长托马斯·杰斐逊(Thomas Jefferson,1743—1826)在威廉-玛丽学院(College of William Mary)提出课程选择的理念。⑤ 当时,威廉-玛丽学院的古典语言和文学在大学课程中占据主导地位,杰斐逊表示强烈不满,为此他向州议会提交了改革威廉-玛丽学院的计划。

在这个计划中,"杰斐逊提出了关于选修制的建议,允许学生自由上他们喜欢上的课,安排自己喜欢安排的活动,听他们认为应该听的讲学。……因为大学生心智已基本成熟,可以判断何种学科是应该学习的"。⑥

---

① 王承绪,顾明远. 比较教育[M]. 5版. 北京:人民教育出版社,2015:241.
② 蒋太岩. 中美高校学分制下的人才培养[M]. 沈阳:辽宁大学出版社,2006:6.
③ 沈兰. 普通高中学分制政策与实践研究[M]. 上海:上海教育出版社,2012:11.
④ 人民教育出版社外国教育丛书编辑组. 高等教育的发展与改革[M]. 北京:人民教育出版社,1984:8.
⑤ Butts R F. The Education of the West: A Formative Chapter in the History of Civilization [M]. New York: McGraw-Hill, 1973:419 – 422.
⑥ 单中惠. 外国大学教育问题史[M]. 济南:山东教育出版社,2006:158.

但令人遗憾的是,杰斐逊的选修制计划遭遇了很大的阻力,州议会最终没有通过这个计划。

1825年3月,在杰斐逊的倡导下,美国创立了第一所州立大学——弗吉尼亚大学。同时,杰斐逊还在弗吉尼亚大学首创选课制。① 该校明确规定:

> 每一个学生都可以自由地到他所选择的学院去听课,而且只能由他自己来选择。②

在弗吉尼亚大学,学生具有绝对的选课自由权。弗吉尼亚大学最先开设的学院有八个,所开设课程包括:古典语言、现代语言、数学、自然哲学、自然史、解剖学和医学、道德哲学和法律等。③ 学生可以任选一个学院,并修完该学院开设的所有科目,就可获得学位;如果学生不打算攻读学位,就可以自由上课、自由选课。④

虽然弗吉尼亚大学开了在美国高校实施选修课的先河,随后其他大学相继开设选修课,"从这时起到南北战争结束,选修课有了较大发展,但由于保守势力根深蒂固,选修课在大学中的地位并未真正确立"。⑤

选修课成为一种制度是于1869年查尔斯·艾略特(Charles William Eliot,1834—1926)在美国哈佛大学担任校长时实现的。当时哈佛大学要求学生学习一切课程,但由于时间和精力所限,每门学科都显得平易而肤浅。他认为,在课程增多的情况下,大学教育应给予学生选修课。因此,他指出:

> 人的能力素质是有差异的,不能按同一僵硬的模式培养学生,主张扩大课程科目,允许学生有充分的选择范围,安排自己的专业和课程。⑥

---

① Robertson A T. The Origin of the Elective System of Study[J]. The Review & Expositor,1907(3):367−370.
② 赵祥麟. 外国教育家评传(第一卷)[M]. 上海:上海教育出版社,2003:212.
③ 蒋太岩. 中美高校学分制下的人才培养[M]. 沈阳:辽宁大学出版社,2006:7.
④ 林玉体. 西洋教育史专题研究论文集[M]. 台北:文景出版社,1984:247—248.
⑤ 沈兰. 普通高中学分制政策与实践研究[M]. 上海:上海教育出版社,2012:11.
⑥ 田建荣. 高等教育学基础[M]. 西安:陕西师范大学出版社,2018:197.

在埃利奥特的努力下,不仅哈佛大学实行了选课制,而且这一事件的影响扩大到了整个美国。至此,选课制才确定了自己的地位。

学分制是选课制的一个副产品。哈佛大学于1889年开始实行学分制,即学生只要获得一定的学分即可毕业。1893年7月,全美教育协会(National Education Association)设立十人委员会,埃利奥特担任委员会主席。该委员会的主要职责是"负责组织召开有中学和大学教师参加的关于中学各主要学科的研讨会"[1],"探讨学科的恰当界限、最佳的教学方法、最适宜的时间分配以及测试学生成绩的最佳方式等"。[2] 1893年11月,十人委员会提交了一份研究报告,提出中学应采用选课制,学生修满一定学分即可获得升入大学的资格。[3] 该报告强调了中学"为升大学做准备"的教育目标,建议中学引进选课制,选课制因此在中学正式确立下来。选课制充分考虑到学生的个性差异,也为走班教学奠定了一个很好的基础。

二、按能力分组教学:走班制实践的雏形

在教学实践中,教师采用智力和学业水平测试的方式,按照测试结果,把能力和水平相近的学生分为一组,并按照每组学生的实际水平进行教学,以满足不同学生的个性需求。这种按能力分组教学是走班教学实践的雏形。随着20世纪20年代美国进步教育的兴起,按能力分组教学在美国广泛传播。较有影响的是威廉·托里·哈里斯(William Torrey Harris,1835—1909)在美国圣路易学校创立的"活动分团制"、进步主义教育家卡尔顿·沃尔西·华虚朋(Carleton Wolsey Washburne,1889—1968)的文纳特卡制(Winnetka Planakg 或 Winnetka System)以及海伦·帕克赫斯特(Helen Parkhurst,1887—1973)的道尔顿制(Dalton Laboratory Plan)。

(一)活动分团制

1868年,威廉·托里·哈里斯在美国圣路易学校创立的"活动分团制"又称"弹性制"(Flexible System)。具体有两种做法:

---

[1] 张斌贤,李曙光,王慧敏.揭开美国中等教育改革的序幕:《十人委员会报告》发表始末[J].外国教育研究,2015(1):3—20.

[2] National Educational Association. Report of the Committee of Ten on Secondary School Studies: with the Reports of the Conferences Arranged by the Committee [R]. Knoxville: American Book Company, 1894:3.

[3] 蔡先金,宋尚桂,等.大学学分制的理论与实践[M].青岛:中国海洋大学出版社,2006:35.

一种是学校通过面谈、智力测试等方式,直接按照学生成绩将学生编在不同层级的班里,而且按照学生成绩决定升降年级,"优秀生"可提前结业,"中等生"按时结业,而"差等生"延迟结业。

　　另一种做法是在班级内部教学过程中,按照测验成绩把学生划分为 A、B、C 三个组。其中,A、B 两组的学生成绩较好,而 C 组学生的成绩相对弱一些。这种活动分团制实际上为班内的分层,当 A、B 两组在进行练习时,教师将会对 C 组的学生进行指导,待到 C 组差不多理解课程内容后才进行下一部分内容的教学。①

　　圣路易学校每年分为四学季,每学季结束时,学校会对所有的学生进行测试,并按照测试结果重新进行编班。一般学生可以按期结业,部分学生也可以延缓结业,学习成绩优异者可以提前结业。"这是走班教学的最初形式,它是以能力分组为标志的一种分层教学形式。"②

　　19 世纪末 20 世纪初,大量的移民涌入了美国,随即有大量的移民子女需要接受教育,这种分层教学很适合美国当时的移民子女的特点和对教育的需要,因此被美国官方重视而受到推崇。

(二) 文纳特卡制

　　随着 20 世纪 20 年代美国进步教育的兴起,按能力分组教学在美国广泛传播。较有影响的是进步主义教育家卡尔顿·沃尔西·华虚朋于 1919 年在芝加哥市文纳特卡镇公立学校所提出的文纳特卡制。

　　华虚朋创立文纳特卡制与他受进步教育的影响及教育实践的经历有关。他早年就读于芝加哥库克师范学校附属实习学校,该校是"进步教育运动之父"帕克(Francis W. Parker, 1837—1902)创办。之后又进入芝加哥大学教育学院学习,因而,他深受美国进步教育思想的影响。1912 年,斯坦福大学毕业后,华虚朋担任洛杉矶一所乡村小学的校长。在从教的过程中,他发现四年级有两个学生,一个极其聪明,一个极其愚笨,于是采取个别教学,安排不同的学习进度和学习内容。此时,加利福尼亚州立师范学校附属小学校长贝克(Frederic Burk)正在探索个别学习制(Individual System),华虚朋对个别学习制推崇备至,于是自荐加入贝克的研究团队,于 1914—1919 年在该校任

---

① 教育大辞典编纂委员会.教育大辞典(第 1 卷):教育学、课程和各科教学、中小学校[M].上海:上海教育出版社,1990:208.
② 杨光富,李茂菊.尊重个性与选择权:美国高中走班制的核心[J].外国教育研究,2020(8):18.

教,更加深入系统地探索个别教学制度。① 1919年5月,经贝克推荐,华虚朋前往芝加哥市附近的文纳特卡镇就任文纳特卡镇教育局局长,并在一所公立学校任教。虽然文纳特卡学校的教学水平曾一度令当地居民引以为豪,但是华虚朋发现,教师在教学过程中没有考虑不同学生的实际情况,无视他们的个体差异。他认为,这种不分快慢先后的教学是极不合理的,他指出:

真正的适应儿童个别差异的学校,无论如何,不仅是在一方面使每个儿童对于各种学科,依照他自己的自然状态而进步;还要在另一方面,发展儿童原本的能量——他们的创造行动,他们的主动性。也就是说,帮助儿童内在情绪的适应,训练其成为社会的个体。②

华虚朋决心要在文纳特卡继续从事关于个别学习的研究与实验。在华虚朋的领导下,在学校师生、当地居民、教育当局的支持和配合下,文纳特卡学校开展了包括课程设计、教法改革等一系列实验,由此创设了闻名世界的文纳特卡制。

文纳特卡制作为一种强调学生个体差异的新型教育实验应运而生。文纳特卡制有四项基本原则:

第一,给儿童优美快乐的生活;
第二,充分发展儿童的个性;
第三,个人的社会化;
第四,养成儿童普通必需的知识和技能。③

依据这四项基本原则,文纳特卡制把课程分为两个部分:

一部分为指定作业,是所有学生均需掌握的"共同的知识或技能"(包括读、写、算等)。教学按学科进行,以学生自学为主,适当进行个别辅导。每个学生要求按自己的能力和可能的进度拟定学习计划,学习即按计划进行,并要求学生在

---

① 吴洪成,张媛媛,等.中国近代中小学教学方法史论[M].北京:知识产权出版社,2016:414.
② 任钟印.世界教育名著通览[M].武汉:湖北教育出版社,1994:1471.
③ 瞿葆奎,丁证霖."文纳特卡制"在中国[J].教育研究与实验,1986(1):60—66.

工作簿上记录其进展情况;最后以考试形式检验学生学习结果,并由学生自己根据考试成绩决定下一步学习方向。

另一部分为团体活动与创造性活动,以小组为背景开展活动或施教,目的是发展儿童的社会意识,通过手工劳动、音乐、艺术、运动、集会以及商业、编辑、出版等团体活动随机进行,无一定程序,亦不考试。这种教学制度的主要特点是提倡教学个别化、学校社会化。在实验过程中每年均有所调整。①

文纳特卡制提倡教学个别化、学校社会化。因影响学科的深入学习及具体实施颇为困难,1943年实验停止。自20世纪20年代以来,文纳特卡制对美国乃至全世界的教育产生了深远的影响,成为个别教学法的典范。②

(三) 道尔顿制

20世纪的大工业生产工种变化频繁,它不仅要求成批有一技之长的劳动力,而且更需要培养具有适应工种变换的劳动力。班级授课制显然满足不了这种要求。为了克服班级教学的缺点,适应学生的个别差异,更有效地培养人才,道尔顿制(Dalton Plan)应运而生。

道尔顿制是在进步主义教育运动下而创立的一种全新的教学组织形式,由美国教育家海伦·帕克赫斯特于1920年在马萨诸塞州道尔顿中学所创行,因此得名。道尔顿制的实施必须遵循三条基本原则:

(1) 自由。教师依照学生的能力指定作业,而不强迫学生学习相同的功课;学生可以自由支配学习的时间,照自己的速度去学习指定的原则。

(2) 合作。强调儿童在团体生活中的交互作用,在交互作用中得到发展。学校应成为实际的社会组织,打破班级界限,学生在学校中应互相交往,互相帮助,共同地自由生活。

(3) 时间预算。打破班级授课制,使学生明确应该做什么事情后,采用包工的形式,使他们在规定的时间内,自己制定计划,按计划学习。要使每个学生都能够对自己学习的速度和方法负起更大的责任。③

---

① 顾明远.教育大辞典[M].上海:上海教育出版社,1991:385.
② 范婕,张斌贤.使学校适应儿童:华虚朋的文纳特卡制[J].苏州大学学报(教育科学版),2019,7(1):122.
③ 北京大学国情研究所.世界文明百科全书[M].太原:山西教育出版社,1992:139.

这种方法专注于教学组织形式的改革,主张改班级上课为个别教学,改以教师讲授为主的方法为学生自学研究为主的方法。① 该制的实施有四个基本要素,即作业室、作业指定、工作合约和成绩记录。

作业室,原名"实验室"(laboratory),它与普通学校的实验室是不同的。道尔顿制中的作业室一般按学科设置,如物理、化学、语文、算术等,各科有各科的作业室,兼有自修室、实验室、图书室和教室的作用。

> 作业室是班级教室改造而成的,采用分科的形式将其命名为理科作业室、史地作业室等。作业室内的设备依据学科而设,与该科相关的书籍及实验用具均放置于该教室。专科教师是配备于作业室的专业教员,教师不仅要在作业室为个别学生提问作答,还要巡视作业室,给予个别指导,积极鼓励和辅助学生自学。②

道尔顿制将原来的学科分为主要学科与次要学科。主要学科是数学、历史、理科、语文、地理、外语等,次要学科是音乐、美术、家政、劳作、体育等。道尔顿制的特色主要表现在主要学科上。

> 这些主要学科的教学方式是全部废除了班级授课,而代之以实验室。这种实验室分学科设置。各科实验室里备有该学科所需的教具及参考书,实验室中有任课教师负责指导实验室中的儿童。③

作业指定(或称学习公约),是道尔顿制的重要组成部分,目的在于使学生明确自己作业的内容及其对于作业所应负的责任。作业指定为学生明确了应当学习的主题、要点、着眼点、参考书、问题等。为了使作业能适合不同能力的学生的要求,可以分别制定出难易程度不同的几种作业指定,儿童根据自己的实际情况,进入各自的实验室,通过自学进行学习。

工作合约是指学生以合同形式认领学习任务。将各科的学习内容按月制订作业

---

① 郑金洲,程亮.瞿葆奎教育学论要[M].福州:福建教育出版社,2018:69.
② 李茂菊.美国高中走班制的发展历程研究[D].上海:华东师范大学,2019:34.
③ 钟启泉.班级管理论[M].上海:上海教育出版社,2001:8.

大纲,学生按照大纲要求在规定的时间内完成规定的作业量;教师与学生之间订立学习公约,学生按照公约规定在作业室内自主学习和自主作业。①

成绩记录要求记录学生完成指定作业的情况。为了让教师和学生能及时检查学习的进度、成效,道尔顿制要求有一系列的成绩记录表。

道尔顿制废除了课程时刻表和上课铃。学生按照自己的速度进行学习,可以尽早地结束擅长的学科,腾出较多的时间学习不擅长的学科。

在华虚朋和帕克赫斯特等人的推动下,"按能力分组教学在美国中小学非常普遍",一份调查报告显示:

> 20世纪50年代美国有近77%的公立学校采用按能力分组的教学形式,并且中学采用这种教学形式远远多于小学。②

文纳特卡制和道尔顿制均打破传统班级的授课方式,倡导个别化教学,以满足学生的个性需求为前提,为美国走班制的健全奠定了基础。

三、不分年级授课:走班制在美国的正式确立

"走班制"英文确切的叫法是"non-graded instruction",即"非固定班级""不分年级制"教学。1959年,美国课程专家约翰·古德莱德(John Goodlad)在其出版的《不分年级小学》(*The Nongraded Elementary School*)一书中,正式提出"不分年级学校制"(non-graded schools)和"不分年级制"教学。

古德莱德反对教育中的分级制。分级制度把学生按照年龄分成不同的年级,然后按照每个年级的适宜水平教授课程,最后通过考试决定一个学生是否升级或留级。古德莱德认为,班级制教学没有考虑到学生的个体差异和独特性,不符合儿童发展的真实状况,包括儿童的个性差异、发展水平等不同。

> 他在其《不分年级小学》中批判了长期主宰教育的分级思想。他认为,同样是五年级的学生所具备的能力往往相差悬殊,有的可能远远没有达到五年级水平,

---

① 吴洪成,张媛媛,等.中国近代中小学教学方法史论[M].北京:知识产权出版社,2016:315—316.
② Heathers G. Overview of Innovations in Organization for Learning [J]. Interchange, 1972,3(2−3):47-68.

而有的可能智力超群。正如该书所认为，从来就没有一个真正的"五年级"存在过，"五年级"仅仅是我们想象出来的群体。由于把所有的学生都想象为是同一起跑线上的"赛车"，分级制很可能给学生心理带来严重的负面影响。①

在实证研究基础上，古德莱德提出"不分年级教学制"。这种教学组织形式主张学习进度、课程范围和深度乃至学习年限，均按学生个人能力而定，一般采用小队协同教学。② 不分年级制曾在二十世纪五六十年代被美国学校广泛采用，同时也得到了其他一些国家的拥护。

"不分年级的教学组织制度"可以促进和确保每一个学生尽可能顺利和必要地持续不断进步。走班制后来在美国、加拿大推广开来。目前欧美很多国家的中学教育都是以走班制为主要教学组织形式。许多专家认为这已被证明是一种可以保护学生的学习自主权、有利于寻找"适合自己的教育"、实现因材施教的教学组织形式。③

如1999年1月，芬兰颁布《芬兰高中教育法》(Upper Secondary Schools Act)，明确规定所有高中都应采纳不分年级，实行不分年级授课制。④

实行不分年级授课制的学校，不为学生分班或分配固定教室，不同学年入学的学生因选择同一课程而坐在一个教室。学生根据自身情况和各自不同的兴趣爱好，选择制定自己的学习计划，选择不同的学段课程和适合自己的任课教师。⑤

事实上，早在1958年，巴特利·弗兰克·布朗(Bartley Frank Brown)就在佛罗里达州(Florida)的墨尔本高中(Melbourne High School)实施了不分年级授课。⑥ 墨尔本高中的学术课程是按照学习阶段(phases)组织的。

---

① 白莉莉.我们的教育梦：让课程关爱学生的差异发展[M].杭州：浙江科学技术出版社，2007：6.
② 陈晓端，张立昌.课程与教学通论[M].西安：陕西师范大学出版社，2017：322.
③ 《教育史研究》编辑部.教育史研究(第二册)[M].北京：人民教育出版社，2019：220.
④ 余文森，刘家访，洪明.现代教学论基础教程[M].长春：东北师范大学出版社，2007：114.
⑤ 李家永.芬兰普通高中教育的改革[J].比较教育研究，2003(8)：86—90.
⑥ Brown B F. The Nongraded High School [M]. Englewood Cliffs, NJ：Prentice-Hall, Inc., 1963：13.

墨尔本高中未用"年级"一词描述学生的程度,而用"学习阶段"这个术语来描述。布朗认为,年级代表静止的、长达一年的安排,对于学生学术水平的变化的规定也只是一年的,而阶段型的组织仅是一个学习周期,学生可以在其中按照自己的学习速率进步,即有能力的一些学生可以不用等待学习速度稍微慢一些的学生,也无需一年之后才规划自己更高一年级的学习,随时进阶,提高学习的效率。①

学生按照学业成绩分数(achievement scores)来分置于每个阶段;学生通过课程,即可进阶。课程是为学生定制的,每位学生可按照自己的步调进行学习。

在布朗建立不分年级高中后,美国其他地区也纷纷开始进行不分年级高中试验。1959年,第二所不分年级高中——杨百翰大学实验学校(Brigham Young University Laboratory School)在犹他州普罗沃市(Provo)建立。② 同年,第三所不分年级高中于罗德爱兰州的米德尔顿(Middletown)建立。随后,更多的美国高中采用不分年级的教学方式。

需要指出的是,今天的美国高中没有以不分年级高中来命名的,但选课仍采用混龄的方式进行,即不同年级的学生可以根据个人能力选择同一门课程学习。

> 我在一个数学课教室里,看见一张成绩单,共 20 个学生,标明为九年级的学生有 4 位,十年级的学生有 4 位,十一年级的学生有 7 位,十二年级的学生有 5 位。换句话说,不同年级的学生在学同样的内容。③

综上所述,美国高中走班制④的前提基础是选课制与学分制,而按能力分组教学为走班教学提供了可供操作的手段。而不分年级授课,最终让走班制打破年级的界

---

① 李茂菊. 美国高中走班制的发展历程研究[D]. 上海:华东师范大学,2019:53.
② Jenkins J M. Nongrading the High School [J]. International Journal of Educational Reform, 1998(3):277.
③ 李海林. 走班制为什么成为必然——对美国中学教学组织方式的理解[J]. 上海教育,2015(6):62—65.
④ 在美国中小学教育体系中,小学阶段的教育采用包班制,一名老师教多门科目(对应的英文为 multiple subject),班级和学生固定,学生不用走班。在中学阶段,一名老师教单一科目(对应的英文为 single subject),教师有自己固定的学科教室,采用走班教学的形式。"走班制"是中国化的一种表达形式,即"教师固定坐班,学生流动走班",在美国文献中,最接近这一表达的英文对应为:non-graded education、non-graded classroom、non-graded instruction 等。

限,标志着美国走班制的正式确立。这种走班制教学因它打破班级和年级的界限,充分考虑到了学生的兴趣与能力,一经出现很快风靡全美国,现在已经成为美国中学教育的重要组织形式。

第二节 走班制在中国的发展回顾

从推进素质教育再到新高考改革,都强调了教育要满足学生个体之间的差异,尊重学生的自主选择和教育过程中的主动性。但是传统班级授课制下的组织课堂的教学方法,不能满足学生个体间差异的需要,课程的固定和单一也无法适应学生对未来的规划。当现有的课堂组织形式不能适应新的教育目的和学生发展时,走班制不失为一种改变这种局面的教学和课程组织方式。走班制的变革从 20 世纪 80 年代开始至今也历经了四十多年,本课题以走班制在中国的实践情况以及两个标志性文件,即分别在 2003 年和 2014 年印发的《普通高中课程方案(实验)》和《关于深化考试招生制度改革的实施意见》为依据,将走班制在中国的实践探索分为三个阶段:初步尝试阶段、试点实验阶段、深度实践阶段。

一、初步尝试阶段(20 世纪 80 年代至 2002 年)

在这一阶段,走班制在实践中不断发展,众多学校对走班制进行了大胆尝试,由萌芽尝试状态逐步过渡,直至成型。

(一)走班制的发展背景

1978 年,教育部提出有条件的学校可以试行学分制。20 世纪 80 年代,各个高校只能在一种统一的教学计划的培养模式下适当地增加灵活性,比如增加一些选修课程和辅修课程,但是在初等教育领域,在选修课程方面尚未涉及。1995 年,科教兴国战略的提出增强了社会各领域对人才和教育的重视,人们意识到实施全面素质教育以适应社会对各类人才的需求的必要性。

1998 年,《面向 21 世纪教育振兴行动计划》对落实科教兴国战略做出全面部署。1999 年,中共中央、国务院发布《关于深化教育改革全面推进素质教育的决定》,提出了要全面推进素质教育,培养适应 21 世纪现代化建设需要的社会主义新人;深化教育改革,为实施素质教育创造条件;强调教育观念的转变,改革人才培养模式,积极使用启发式和讨论式教学来激发学生独立思考和创新的意识;加快改革招生考试和评价制度,改变"一次考试定终身"的状况。

2001年6月,教育部印发的《基础教育课程改革纲要》中指出改变课程管理过于集中的状况,实行国家、地方、学校三级课程管理,增强课程对地方、学校及学生的适应性,学校应努力创造条件开设选修课程,深入推进课程改革,为学生提供更多选择,促进学生全面而有个性的发展。[①] 2001年9月,教育部在全国范围内设立了国家级基础教育课程改革实验区。在实施学分制得到鼓励以及基础教育改革的实施下,分层走班教学逐渐施展开来。

(二) 走班制的初步探索

1. 分层测评一体化

在素质教育的背景下,以学生发展为本,促进每一个学生个性发展显得尤为重要。但是一个学校、一个年级和一个班级中,学生的差异是巨大的,在传统分数的衡量下有优生,也有相对差的学生。面对学生内部差异较大的情况,如何做到尊重每一位学生的差异和个性呢?将学生分层是一个有效的解决办法,可以做到因材施教。

通过对学生的实际水平进行测评,将学生放到不同层次的班级,学生放入到相应层次的最近发展区,让每一个学生都能根据自己的情况获得最大的进步,从而培养学生的自信心和增强长足学习的动力。对于不同层次的学生,评价的标准和方式也有差异。他们会接受共同的测试,但是也有适合相应层次的特别的测试题目。分层次的筛选和评价方式都为分层教学的实施提供了基础。

2. 选课学分制度化

学分是学生成功完成某个课程所获得的分值单位,一般情况下学分的分值大小与学生修学的课时成正比。学分制是一种用学分来衡量学生学习量,并规定学生修满限定的下限学分作为学生获得某种资格的课程管理制度。而学分制是建立在选课制的基础之上的,没有足够多的可供学生选择的课程,学分制就失去了存在的意义。所以,学校提供给学生多样化可供选择的课程,也需要建立相应的学分制管理制度。

(三) 走班制探索的个案分析

从20世纪90年代左右开始,我国的一些致力于推进素质教育的中学开始了学分制和选课制的试验,这些学校主要分布在我国东南部经济发达地区,如福建省的福州市第八中学,上海的建平中学,江苏的南京师大附中、金陵中学、海门中学等,天津的南

---

① 万作芳.选课走班制历史发展概况及思考[J].教育史研究,2018(2):215—226+244.

开中学,广州的华南师范大学附属中学等,在走班制初步探索这一阶段,本课题将具体介绍福州市第八中学和上海市建平中学走班制的探索情况。

1. 福建省福州市第八中学

福建省福州市第八中学(以下简称"福州八中")前身为美国基督教公理会于1853年(清·咸丰三年)创办的福州私立文山女子中学。1952年福州市人民政府接办文山女中,同时接收福州私立开智中学、福州私立榕工中学部分师生组建成立福州八中。1980年被确定为首批办好的17所省重点中学之一。1998年,学校进行"深化选课制、走班制、学分制,全面变革学习方式"的综合校本教改,顺利实现从校本教改到高中课改的平稳过渡,在省市新课程指导性文件和学科指导性文本的编撰中发挥了省级新课程样本校的作用。

福州八中在1991年开设了高一年级选修课的教学,类似于活动课,学生自主选择参加或者不参加。并且这时福州八中也尝试了分层次的教学,将高一年级的6个班分成了三个层次,虽然分层层次较低,但这些都为后面实行的走班制打下了基础。

1998年,福州八中开始实施"深化分层次教学,试行学分制管理"的教育教学改革。[①] 在福州八中历任校长的共同努力下,几经探索,形成了自己独有的特色。

福州八中的办学理念是"个个成功,人人发展"。为了让每一个学生都能在自身潜能上获得最大程度的成功,福州八中将国家必修课程,如数学、物理、化学、生物、政治等学科,按照学生的学习水平和不同的发展需要,将课程设置为2个或者3个不同层次,学生在评估自身能力的基础上进行分层学习。

具体来说,高一年级上学期以行政班为单位进行教学,在高二年级下学期数学、物理、化学、英语四门学科分成A、B、C三个层次,其余学科继续以行政班为单位进行教学。高二年级开始将分层次教学和国家选修课程融合在一起。这时,政治和生物也分为A、C两个层次,供学生根据自己学习的文理科不同选择相应的层次,高三年级则延续高二时的分层教学。

另外,福州八中在开发校本课程上投入了大量的心血,为学生开设了丰富的校本选修课供他们选择。现有人文类课程25门、自然科学类课程22门、实践类课程15门、学科竞赛类9门、艺术体育类课程13门。[②]

[①] 林公翔,林燕玉.触摸天空[M].福州:福建人民出版社,2009:63.
[②] 杜开颜.福州八中"选课制、走班制、学分制"教育综合改革——普通高中新课程的前期探索[D].福州:福建师范大学,2006:5.

福州八中的"选课制"是让每个学生根据自己的"最佳发展"需求,根据课程体系的要求,选择分类、分科、分层次的课程,从而形成"最适合学生自己发展"的个性化课程。仔细研读他们"选课制"的课程框架图,如同走进了"课程超级市场"。学校为学生提供了"校本选修""研究性学习""综合实践活动课"三类100多门的选修课程,利用这些课程满足不同学生的不同需求。[①]

走班制的教学是在学分制管理下实现的,分为必修学分和选修学分,如果学生一学期可以完成每周一课时的课,课程评价合格就可获得1学分。福州八中采用以学分的方式计量学生学习过程和受教育的程度,以取得最低的必要学分作为毕业标准的管理制度。在高一年级到高三年级的上学期,每个学生要获得3个学分才能获得毕业证书。这样做的好处是在保证国家必修课程基础性、统一性的前提下,激励学生根据自己的层次差异、个性差异、兴趣与爱好差异、将来的择业导向差异进行发展。

另外,福州八中将学生参与各级各类学科竞赛、艺术体育比赛中获得的奖项转化为奖励学分,并进一步归入选修学分。这极大地鼓励了学生发挥个人特长,展示和锻炼自己的积极性。在教师和学生的共同努力之下,福州八中的走班制逐渐走向规范化,形成了一套完整的选课走班的运作模式,保证了教学的秩序和质量。福州八中也建立了简单的指导学生选课的方法,但在操作上仍然出现一些问题,例如,学生在选课上需要花费相当长的时间。

2. 上海市建平中学

上海市建平中学始建于1944年,前身为洋泾中学分校,为当地乡绅募善款筹建。后几经更迭,1954年始定名为上海市建平中学。1978年1月,经市教育局批准,建平中学成为首批上海市重点中学。历经几代建平教职员工筚路蓝缕,勤奋工作,建平中学逐渐成为一所声播海外、饮誉沪上的著名学校。

上海市建平中学遵循"人的社会化和人的个性化的和谐发展"教育理念,办学目的是让学生终身可持续发展以及健康快乐幸福成长。建平中学走班制可追溯到20世纪80年代,因此,建平中学在走班教学方面既有一定历史,又有较好的经验。

上海市建平中学走班教学是先从分层教学的改革开始的。学校认为,分层教学是

---

① 林公翔,林燕玉.触摸天空[M].福州:福建人民出版社,2009:64.

在班级授课制下"因材施教"的最佳选择。按程度分层次教学,一个学生可以在A班学数学,在B班学外语,在C班学物理。也就是说,他可以在A班保证合格,在B班保证优良,在C班发展物理特长。

学校先在初一年级的数学和外语两门学科中进行试点,将学生分为A、B、C三种进度。

> 初一的数学、外语两科实行"一种教材,三种进度":A进度、B进度、C进度。A进度实际上是学习有困难,六七十分,弄不好还要亮红灯的学生;B进度是中等水平的绝大多数学生;C进度是尖子生,拓宽、加深、超前,能学多少,就教多少,没什么限制。根据每一个学生的学习兴趣、实际水平和接受能力,分别按自己的选择进入不同进度的课堂学习。①

第一周可流动,试听、比较;第二周,相对稳定;学期结束,重新选择,小规模地流动。试点取得了较好的效果。1988年,正式在高中部数学和外语两门课程中实施分层教学,并取得了显著成效。

> 按程度分层教学终于显示出它的优越性。1992年,建平中学187名学生参加高考,考取了183个,其中考取重点大学的占70%。特别值得一提的是,按程度分层教学后,建平的数学、外语在会考、高考和各项竞赛中,已跻身上海的前列。②

应该说,分层教学改革获得了成功。于是在2000年,学校除了在原有的数学和英语两门课基础之上,又增加了物理和化学两科参与分层教学改革。至此,学校已有四门学科实施分层走班教学,从基础到提高,分出A、B、C三个课堂层次,以更有针对性地实施教学,从而激发学生的学习潜能,提升学科教学效能,充分贯彻因材施教的教育理念。

在学生出现分化而班级授课制不能满足学生需要的情况下,早在20世纪80年代末,上海市建平中学即对数学、英语等学科进行分层走班教学,即根据课程标准要求和学生的不同特点及个性差异,在一个班内对不同接受能力的学生设计不同层次的教学

---

① 舒达,蒋长好. 素质教育全书[M]. 北京:经济日报出版社,1997:1305.
② 冯恩洪. 创造适合学生的教育[M]. 天津:天津教育出版社,2011:173.

目标,分别给予不同层次的辅导,进行不同层次的检测,从而使不同的学生分别根据自己的基础选择不同层次、不同速度与进度的课程学习。

在新高考综合改革模式下,建平中学除了语文以外,数学、英语、物理、化学、生命科学、思想政治、历史、地理都进行了分层走班教学。具体言之,数学、英语这两门主课进行 B(偏基础)、C(偏深度)分层,物理、化学、生命科学、思想政治、历史、地理进行 A(合格考难度)、B(等级考难度)分层。[①]

考虑到学生语文学习的层次差异不大,同时语文不走班可以培养学生的班级归属感,因此建平中学的语文学科没有实行走班教学。另外,在建平中学,体育课也是走班的科目之一,学生需要根据自己的课表来确定何时上体育课。建平中学长期倡导"合格＋特长""规范＋选择"的办学理念,恰好与新高考综合改革所倡导的选择性理念相契合。

在层次的选择上,建平中学是在家长的参与和教师的指导之下,由学生做出的自主选择。在学生管理上,建平中学实行的是行政班和教学班双轨制的管理体制。在对学生的评价上,实行的是分层选考,并且允许流动。例如,层次从高到低,卷子的难度系数分别控制在 0.9、0.7 和 0.5,并且在基础题上有 40% 相同。

建平中学通过测评给学生两个分数,一个是绝对分数,即学生实际得到的卷面成绩;一个是相对分数,即将学生得到的成绩换算成中间层次的成绩。这样的评价方式可以帮助提高学生的学习兴趣,有利于增强他们的学习信心。总之,建平中学依据素质教育的要求,改变了原先集中统一上课的模式,做到了让学生自己选择,个性发展,为走班制更为广泛的实施奠定了基础。

为了实施因材施教以及对教育教学进行改革,这些学校率先开展了分班教学即走班制的探索。但是在走班制初探时期,走班的程度和范围都还比较小,国家并没有赋予学生选择国家课程的权利,每个学生按照国家规定学习语文、数学、外语、物理、化学、生物、地理、政治等学科。

通过对这些科目进行分层,让学生在适合自己的学习层次学习。而且在这个时期,学生更多的是选修学校开发的校本课程。校本课程建设本着"合格＋特长"的理念,学校开发了 60 多门拓展型课程以供学生自主选择。[②] 这些选修课主要分为科学激趣类、信息技术类、竞赛辅导类、文学艺术类、人文素养类、语言工具类、休闲健身类、

[①] 刘希伟.试点省市高考改革研究[M].杭州:浙江教育出版社,2017:81.
[②] 许安富,全玉书.做精致教育　办伟大学校[M].成都:四川教育出版社,2016:365.

社团活动类等拓展型课程。这类课程既满足了学生个性发展的需要,又充分发掘了学生的个性潜能。

应该说,建平中学实施分层教学已经积累了20余年的经验,这为走班制的全面实施奠定了扎实的基础。自新高考改革以来,建平中学立刻在高一年级全面铺开组合走班制度,其走班制的特点完全满足学生的个性需要,自此建平中学的学生课表正式进入"私人定制"时代。

如今,建平中学高一年级每间教室门上贴的都是寒假里刚挂的"班牌"。比如,高一(8)班教室的门上,还加上其他8个学业等级考"6选3"组合的班牌,分别为:物理B8、生物B3、地理B4、历史A6、政治A8、化学A1。其中,A班表示该学科选择合格考,B班表示该学科选择等级考。

和门上"密码"对应,每个高一学生的课表,从这个学期开始也都是"私人定制"。

高一(1)班怡萍的走班课程安排为物理B1班、化学A3班、生物B6班、历史A7班、政治B2班、地理A4班,组合起来物理、生物、政治班级,编号Z18。走班之外,该生体育课的上课班级为13。[①]

(四) 本阶段发展的基本特征

在这个阶段,我国一些地区的一些高中进行了走班制探索,这个阶段走班制教学改革的特征有如下几点。

第一,走班教学是从分层教学改革开始的。1991年,南京师大附中率先在全国进行"分层走班制"的新尝试。[②] 河南省鹤壁市淇滨中学从2000年初起,在数学、英语学科实施分层教学实验。

第二,走班教学由一科向多科发展。如上海市建平中学从1988年开始,对数学和外语实施分层教学,后又延伸到物理、化学等学科。

第三,初步形成"走班制、选课制与学分制"立体走班模式。如福州八中从1998年开始实施"深化分层次教学,试行学分制管理"的探索等。

总之,这个时期可供学生选择的课程数量有限,而且走班的频率占比整个教学也

[①] 郭冬红,蔡建新. 选择的智慧:高中生涯规划自助读本[M]. 北京:中国科学技术出版社,2017:8.
[②] 纪德奎,朱聪. 高考改革背景下"走班制"诉求与问题反思[J]. 课程·教材·教法,2016(10):54.

不高,这个时期的学生在固定教室上课仍然是一个主流的方式,在选课的指导和相关配套资源发展上也不成熟。我们可以看出,20世纪80年代至2002年这一时期的走班制开展得并不普遍。

二、试点实验阶段(2003—2013年)

2003年,教育部印发了《普通高中课程方案(实验)》,开始在高中实行学分制。方案中明确提出,新的课程内容要遵循选择性原则,在保证每个学生达到共同基础的前提下,各学科分类别、分层次设计多样的、可供不同发展潜能学生选择的课程内容。该方案2004年在山东、海南等部分省市进行试点。根据新课改的要求,大批学校纷纷进行课程结构、培养模式等方面的变革,为走班制的发展提供了新的契机和广阔平台。

(一)走班制的发展背景

2004年,广东、海南、宁夏和山东进入了基础教育高中新课程改革的实验阶段。其中山东省的第一轮实验历经三年,取得了不错的效果。随着素质教育的推进,在2008年山东省教育厅又出台了《山东省普通高中课程设置及教学指导意见(试行)》。

2010年《基础教育课程改革纲要(2010—2020年)(试行)》颁布。浙江省教育厅在2012年6月颁布《浙江省深化普通高中课程改革方案》,全面启动了体现多样性、选择性、个性化特色的新一轮课程改革,并将选修课程所占的学分比例提高到总学分的三分之一,鼓励学生在校内选课走班。① 在这样的背景之下,越来越多的学校加入选课走班的教学模式中。

(二)走班制的实践探索

1. 从必修到选修——课程多样化发展

在这个时期,走班制进一步发展。一方面,学校构建出了多元开放、多层次、有特色可供学生选择的校本课程,充分发挥了学生学习的主体性,给予了学生更多的选择权,有利于实现"全面而有个性的发展";国家对学校课程中的国家课程、地方课程和校本课程的比例进行规定,也激发了中小学进行课程改革的热情,使得不同学校根据自身的区域特色以及校情校史开发适合本学校学生的校本课程,学生对校本课程进行选修。另一方面,走班制的范畴从校本课程扩展到了国家必修课程和大学先修课程,这样更能满足学生多样化、多层次的需求。

---

① 黄晓,李春密,黄瑞文.浙江省普通高中选修课程开发与实施的成绩、问题与建议[J].教师教育研究,2015,27(2):61.

2. 从班级到学校——管理体系化发展

随着走班范围和频率的增大、学生选课和学习的复杂程度提高,对走班制管理提出了更高的要求,前期建立起来的简单的选课指导也不再适用于当时的情况。所以,在2003年至2013年这一时期,走班制的管理取得了长足的进步。

学校通过编写配套指导选课的教材为走班制下的全体学生提供帮助,更重要的是,导师的地位越来越突出。从传统的固定的班级管理变成了导师针对性指导并建立了制度化的管理体系。

3. 从课程到生涯——走班制度化发展

从走班的频次来看,相比于走班制初探时期更多,并且对学生的指导更加地深入。为了满足学生兴趣、个性和未来发展方向的需求,学校注重按照学生的学习能力、性格禀赋、兴趣爱好和对未来的生涯规划给予指导,不再局限于学生的学业和选课上。

(三) 走班制探索的个案分析

1. 河南省鹤壁市淇滨中学

河南省鹤壁市淇滨中学位于鹤壁新区淮河路西段,1999年建校,是市教育局管辖的一所公办中学,学校占地100余亩,建筑面积3.5万平方米。如何让这所新建学校在短期内得到较好的发展成为了一个重要突破口,学校领导通过调研发现,同样的学习内容总有一部分学生"吃不饱",觉得学的知识太容易;但同时有学生"吃不了",越学不会就越没兴趣……面对这种情况,学校从2000年起,在数学、英语两个学科实施小范围的分层教学走班实验,2003年拓展到整个七年级,2005年推广到全校。

> 学校最初提出走班制是为了更好地落实"分层教学、因材施教"的理念,探索出一条学校教改特色之路。实质就是分层教学,即根据学生的学习水平和学习品质把学生分成A、B两个层次。学生可以根据自己学习的情况,自由选择班级,一个学期可调整两次。[①]

走班制最初在八年级6个班的数学和英语两个学科进行。实行这样一种新的教学形式,有效解决了"有的学生'吃不饱'、有的学生'吃不了'"的矛盾[②]。但这绝不是根据成绩把学生分成三六九等,不是一种快班和慢班之分。淇滨中学对于分层教学的

---

① 走班制:适合的才是好的——访市教育局局长王朝庄[N].鹤壁日报,2015-04-03(7).
② 焦来宪.十年磨一剑:"分层教学走班制"促学校内涵发展[J].中小学管理,2013(9):35.

班级,在师资和学习条件上给予相同的待遇。

淇滨中学的走班制按照"教师指导、学生自愿"的原则,根据学生数学、英语等学科的实际水平,同时考虑学生意愿以及学生的学习能力,由学生、家长、任课教师和班主任一起,将学生按学科分成 A、B 两个层次,同时分为 A 班和 B 班两个教学班。A 层、B 层在教学目标、教学内容、课堂练习、课后作业等方面都有着不同的要求。学生根据自己的情况,在 A、B 两个班走班上课。在教师编排上,每位教师都带一个 A 班和一个 B 班。在教学过程中,教师根据 A、B 两个班的不同情况,进行"复式教案"备课,并布置"分层作业"。

分层教学采取"动态走班"的方式,即根据学生英语、数学两门课分层结果,分别到不同的班级上课。教师根据学生的成绩和接受情况,每学期自主进行调整,选择更适合自己的层次。因为 A、B 两个班学生互相流动,无形中增加了班级的管理难度。怎样让班主任不仅能抓好原班的管理,也能把管理的触角延伸到分层教学班中?为此,学校采用一种新型的班级管理模式——"班主任组合制",组成班级管理的团队。班主任组合的原则是老中青搭配、文理科搭配、男女教师搭配。"班主任组合制"主要有两种形式:

一是"一大两小","一大"为总班主任,"两小"为两个分班主任,三个班主任共同管理两个班级。一般情况下,由一位教育教学经验丰富的教师担任两个班的总班主任,宏观指导两个班的全面工作,另外两位年轻的教师担任分班主任。

> 强调合作,明确分工。总班主任和分班主任的职责概括起来可以说一个是"谋篇布局",一个是"遣词造句"。总班主任对本组合班级负总责,进行统筹协调,适时对分班主任进行指导、点拨,侧重于解决本组合班级学生、家长及任课教师中出现的难度大、较为复杂的问题。分班主任则在总班主任指导下主动做好具体工作,侧重于班级日常事务管理。①

二是"两正一小",即由两位相对成熟的班主任担任同一个组合两个班的班主任,再选聘一位新教师担任这两个班的生活班主任。

---

① 邵河根,雷虹彩. 演绎集体智慧——河南省鹤壁市淇滨中学探索"班主任组合制"[J]. 中国德育,2015(5):62-63.

这种体制把两个班分为一组,由经验丰富的老教师任总班主任,负责两班的全面管理和指导,同时两班再各设一个正班主任和副班主任,甲班正班主任同时是乙班的副班主任,乙班正班主任同时又是甲班的副班主任。为确保"分层递进走班制"的规范实施,防止将 A、B 班扭曲为"快慢班",杜绝教师对 A 层重点施教,对 B 层敷衍塞责的现象,学校在"分层教学"实验班中实行"捆绑"评价,即在考核时,将 A、B 两班作为一个整体,以两班的平均成绩为标准进行考核。这样,使得教师更为注重对 B 层学生的管理和针对性教学,这就为"分层递进走班制"的顺利实施提供了体制保障。①

"班主任组合制"让学生受到男女教师、文理科教师的不同影响,对学生完善人格的养成发挥了极大的促进作用。同时,"班主任组合制"还有利于班级之间的均衡发展,使学校教育资源得到合理配置和优势互补,有利于教师以老带新,使年轻班主任迅速成长。

在教师的教学上,教师会为 A、B 两个层次准备两个不同的教案和布置不同的作业,使学生获得自身潜力的最大化成长。经过 6 年的探索,学校现有 14 个班在实行"分层递进走班制",累计 36 个班、2 000 多名学生在"走班"中度过了自己的初中生涯。② 从 2005 年春季对初一学生 A 班和 B 班的学习成绩的统计来看,实行走班制使得学生成绩明显提高,从而增强了学生的自信心。

十年来,学校的分层教学走班制成效显著。2006 年,鹤壁市教育局以文件形式,在全市中小学推广淇滨中学"分层递进走班制"教改经验。2009 年,来自全国各地近千名专家、学者参加了在学校举行的"分层教学走班制"教改实验现场会。③ 应该说淇滨中学"分层教学走班制"已经取得了较好的成绩,在改革中,学校由弱变强,现已经成为市民心目中的优质中学。

2. 上海市晋元高级中学

上海市晋元高级中学(以下简称"晋元中学")创办于 1904 年(清光绪三十年),是一所有 118 年办学历史,具有优良传统、丰富积淀和深厚底蕴的沪上名校。其前身为华童公学,是租界工部局在上海最早开设的华人子弟学校之一。1943 年易名为上海市立模范中学。1945 年抗战胜利,上海光复,为了纪念抗日民族英雄谢晋元将军,学

---

① 教育时报社.推动教育变革榜样力量[M].北京:教育科学出版社,2011:97—98.
② 教育时报社.推动教育变革榜样力量[M].北京:教育科学出版社,2011:96.
③ 焦来宪.十年磨一剑:"分层教学走班制"促学校内涵发展[J].中小学管理,2013(9):35-36.

校更名为市立晋元中学。1999年学校新校舍建成,初高中脱钩,高中部迁至现校址,更名为晋元高级中学。

学校认为,学生之间的差异是客观存在的,因此学校从教育观、学习观、成才观的三维角度,确立了"学会选择、主动学习、卓越发展"的"选择教育"办学理念。1999年,晋元中学开始实施"套餐式课程,走班教学,学分制管理"的课程教学形态,以"套餐式课程"为载体来落实办学理念,用走班教学形式和学分制来实施"套餐式课程"。这期间的套餐式课程改革经历了三个阶段。

第一阶段,基础型、拓展型和研究型三类课程组合的1.0套餐式课程。

第二阶段,基础型、拓展型、研究型与新开发的校本生活经验课程、创新素养课程组合的2.0套餐式课程。

第三阶段,"因能分层、因志分类、因趣分群"(简称"层、类、群"课程)组合的3.0套餐式课程。"层、类、群"课程是建构在基础型、拓展型、研究型三类功能性课程基础之上,为满足学生需求而构建的校本特色课程,其功能是促进学生志、趣、能的协同发展。[1]

第一阶段:1.0套餐式课程改革(1999—2004年)

为解决有的学生"吃不饱"、有的学生"吃不了"的矛盾,学校于1999年进行了第一阶段的课程教学改革,为此,学校打破传统的授课方式,让学生根据自己的兴趣、能力及意愿选择自己喜欢的课程,使学生的个性特长得到充分发挥。这个阶段的1.0套餐式课程由基础型、拓展型和研究型三类课程组成,构建了个别化、高选择性的课程体系。

一是提供适应学生基础性学力的课程,促进学生有选择、主动而全面地发展;

二是提供适应学生发展性学力的课程,促进学生有差异、健康而持续地发展;

三是提供适应学生特需性学力的课程,促进学生有个性、独特而卓越地发展。[2]

---

[1] 季洪旭.课程选择与学生个性发展——上海市晋元高级中学3.0套餐式课程建构探索[J],上海教育科研,2019(2):72.

[2] 上海市教育委员会教学研究室.创·生——上海课改30年区校成果荟萃[M].上海:上海教育出版社,2018:42.

学生在导师和家长的指导下,根据自己的兴趣、特长、发展潜能等,选择、确定所学的课程内容。每个学生都有一张富有个性特色的专属课程表。每天上课铃一响,晋元中学各个班的学生便会根据自己各科的学习能力和兴趣走进不同层次的班级上课,而原有的行政班则保持不变。

另外,学校推行学分管理制度,在学生自主选课的基础上,允许学生在2学年的时间内安排自己的整个高中生活,学生可以在基础型课程(按内容划分板块,并赋予学分)、拓展型课程与研究型课程中选择相应课程,并根据学校规定的总学分数与各门课程的学分,来设计自己的套餐课程。

第二阶段:2.0套餐式课程改革(2004—2016年)

为了培养学生的社会责任感及创新意识与能力,学校从2004年起,运用陶行知"生活即教育,社会即学校"的理论,在1.0套餐中基础型、拓展型和研究型三类课程的基础上,开发生活经验课程和创新素养培育课程,组合成新的套餐式课程。

生活经验课程不是在封闭的课堂里上的,而是以活动形态开展的,这门课对学生的评价不是分数,而是"你经历了什么?""你体验了什么?""你感受到了什么?"。生活经验课程的六大目标是:[1]

(1) 形成学生高尚的情操,成为具有高尚品位的新一代"晋元人";
(2) 满足学生发展自我的多方面的需求,使学生获得个性的充分发展;
(3) 促进学生确立正确的社会生活态度,形成对待社会生活的积极态度;
(4) 增长学生适应社会发展的经验水平;
(5) 激发学生解决实践问题的能力和创造力,形成勇于创新的精神;
(6) 形成学生追求真善美的人格理想。

根据课程目标,学校将生活经验课程内容分为两大类七个系列:一类是由学校策划组织的活动,活动项目由学校利用教育资源,组织实施;一类是由学生策划和组织的活动,活动项目由学生根据本身发展的需要和兴趣爱好提出,并由学生自己组织实施。

在课程开发的过程中,学校对课程的内容设置进行了多次整合,最终按活动内容

---

[1] 翁铁慧.学生为本,育人为先:上海市中小学德育工作论文集[M].上海:上海教育出版社,2004:277.

涉及的不同领域,将两大类课程划分为以下八个系列:①

    (1) 学生学习准备活动系列(高一);

    (2) 学生生活自理活动系列(高一);

    (3) 学生党校团校活动系列(高一、高二、高三);

    (4) 学生生存训练体验活动系列(高一、高二、高三);

    (5) 学生志愿服务活动系列(高一、高二、高三);

    (6) 学生社会考察活动系列(高一、高二);

    (7) 学生毕业准备活动系列(高三);

    (8) 学生主题教育活动系列(高一、高二、高三)。

每一课程系列由多个子课程组成,为学生的学习提供了较为丰富的选择空间。这是素质教育的新尝试,学生们在这一过程中接触了社会,品尝了五彩生活,经受了实际锻炼,获得了丰富体验,提高了生活实践能力,这将使他们受益终生。

创新素养培育课程主要由"创新文化课程""创新活动课程"和"创新学科课程"组成,是具有社会发展前沿性特色的系列化课程。② 这类课程包含了高校衔接课程和网上课程,课程的学习有理论联系实际、动脑动手的基本要求。创新素养培育课程供全体学生必修和选修。

这个阶段的走班教学采用校内与校外结合、线上与线下结合,构建"一体两翼"实体走班和网上走班相结合的教学形式,建立适合每一个学生充分发展的有机整体,不断提高套餐式课程的实施水平。

第三阶段:3.0套餐式课程改革(2016年至今)

2016年起,为了充分尊重每一个学生的选择权,进一步挖掘"选择教育"的内涵,学校打破原有课程组织形式,打通基础型课程、拓展型课程、研究型课程边界,设置"因能分层、因志分类、因趣分群"(简称"层、类、群"课程),进入了学校走班教学的第三个阶段,即3.0套餐式课程改革阶段。

---

① 朱吉政,陈佳彦.谈德说道:高考改革中沪上名校的育人思考[M].北京:世界图书出版公司,2019:147.
② 胡立德.中小学特色办学顶层设计指南[M].上海:上海社会科学院出版社,2020:225.

"层、类、群"课程是建构在基础型、拓展型、研究型三类功能性课程基础之上,为满足学生需求而构建的校本特色课程,其功能是促进学生志、趣、能的协同发展。[①]

"因能分层"课程基本对应于基础型课程,它是根据学生的学科学习能力和学习水平,进行分层教学,满足学生不同学习水平的需求。在考试功能上,"因能分层"属于等级考3+3的3课程(必考),这类课程满足了学生等级考的需求,因此对于升学而言,"因能分层"是必修课程。

"因志分类"课程基本对应于拓展型课程。"因志分类"课程是在生涯规划选择理论指导下,针对学生生涯发展意向对知识和技能的要求差异、生涯理想的差异而设置的课程。在考试功能上属于高考3+3中的"+3"课程(选考)。学生按照自己在学科及生涯发展上的志向,从物理、化学、生物、历史、地理和政治六门学科中选出三门等级考科目,形成自己的高考选科组合。

在晋元中学,课程选择依据"必修必考、选修选考"的原则,学校指导学生参照高校12个专业大类90个专业,在"因志分类"课程中选择相关的高考组合课程;并配套对应拓展型和研究型课程,在社会实践课程中匹配与认知相对应的践行课程,形成知行合一的课程体系。如生涯发展为医学的学生,在"因志分类"课程中会选择物理、化学、生物课程,在拓展型和研究型课程中选择与医学相关的课程,在社会实践课程中选择参加与医学相关的活动。[②]

"因趣分群"课程基本对应于研究型课程。"因趣分群"课程是在智能发展理论指导下,针对学生爱好特长和优势潜能的差异而设置的跨学科课程。根据学生的生涯发展需求及学科学习兴趣,"因趣分群"课程分为"媒体与艺术""科学与技术""人文与社会""金融与管理""创新与创业"以及"生活与技能"六大学科群。[③]

3.0套餐式课程以学程化和模块化组合的方式实施教学,学生能自由选择课程学

---

① 季洪旭.课程选择与学生个性发展——上海市晋元高级中学3.0套餐式课程建构探索[J],上海教育科研,2019(2):72.
② 季洪旭.课程选择与学生个性发展——上海市晋元高级中学3.0套餐式课程建构探索[J],上海教育科研,2019(2):74.
③ 朱吉政,陈佳彦.谈德说道:高考改革中沪上名校的育人思考[M].北京:世界图书出版公司,2019:146.

习,实现志、趣、能的协同发展。

所谓课程学程化,就是根据学生不同的发展需要,依据"预期学生学习结果的适当性、学习能力的适当性、动机和可行性"四个原则,将课程划分成不同阶段的学程。

> 晋元中学整体设计学生高中三年的学习进程,以学程为管理单位,从时间跨度上形成与模块化组合相对应的学习周期。每9个教学周为一个学程,每学年4个学程,高中三年共12个学程。一个学生在校的学程为:"因能分层"个性化学程42—48学分+"因志分类"个性化学程32—38学分+"因趣分群"个性化学程70—100≥144学分。[①]

所谓教学模块化,就是根据学生不同的发展需要,将相关课程分成若干模块实施课程教学,学生自由选择相关联的模块个性化学习。

总之,"因能分层、因志分类、因趣分群"课程改造了原有课程内容组织的线性梯状序列,使课程内容以多开端、多系列、多层级的方式组织,从而实现课程内容之间的纵横沟通及相互联系。

3. 山东省青岛第一中学

山东省青岛第一中学(以下简称"青岛一中")创建于1924年,前身是私立胶澳中学。1929年,该校更名为"青岛市立中学"。青岛解放后,改名为山东省青岛第一中学。现在的青岛一中是一所由青岛市教育局主管的公立普通高级中学,是山东省首批被确认的省重点中学。截至2015年4月,该校占地面积5.1万平方米,其中建筑面积4.2万平方米,绿化面积1.2万平方米。有高中教学班40个,在校学生1972人,专职教师178人。

2004年,山东省在全国率先进行高中新课改实验。经过三年的探索,第一轮实验取得了预期效果,为下一轮课改打下了良好的基础。2008年,山东省教育厅出台了《山东省普通高中课程设置及教学指导意见(试行)》,要求各高中学校做好课程规划工作,为2009年在高二年级学生中施行选课走班教学做好准备。2009年,在山东省高中课程改革的大背景下,青岛一中从高一年级开始了走班制教学的探索工作。

开展选课走班教学,首先要有合适的课程供学生选择。为此,青岛一中鼓励高一

---

① 季洪旭.课程选择与学生个性发展——上海市晋元高级中学3.0套餐式课程建构探索[J],上海教育科研,2019(2):75.

教师人人都要开选修课,同时建立了严格的选修课审核制度。选修课开发的流程为:任课教师将开发的选修课提交到学校"校本课程审核管理小组",该小组成员由分管校长、年级主任、教研组长组成;通过课程审核管理小组的审核后,任课老师在备课组的指导下,认真备课,努力将选修课打造成精品课程。

学校在进行选修课研发时,要求课程设计者考虑到不同学生的兴趣爱好、能力水平,体现为全体学生服务的宗旨。因此,开发的选修课既要有学科的延伸和补充,又要有视野的开阔和拓展,继而实现"尖子生冒出来,中间生迈大步,后进生向前走"的目标。

根据学校的实际情况,高一第一学期正是各学科"必修一"模块的授课阶段,为此在不影响"必修一"学习的前提下,学校开发具有学校特点的选修课程,最终形成高水平的校本课程。选修课的讲课人既有本校任课教师,也有大学教授和本校退休老教师。

> 记者见到一张2009年3月26日的选修课课程表,课程有"元素周期律、周期表习题课""万有引力定律巩固提高""定语从句疑难点拨""区域定位""历史必修二单元知识整合及材料题审""经典英语电影赏析""化学专家讲座""物理专家讲座""国际形势与中国外交"等。可以看出,课程的设计充分体现了选修课的特点。[①]

为了让学生更好地了解自己(包括性格、兴趣、气质等)及社会,让学生科学、理性地选择适合自己的课程,学校开设了《生涯规划》精品课程,通过课程系统地了解生涯规划相关理论,以及自己选择的课程与未来的职业关系等。为了更好地指导学生进行选课,青岛一中依靠大数据智能多元生涯测评系统,研发"基于专业认识下的高中生涯发展指导"课程。

> 该课程采用国际先进的"学科与专业多元智能测评系统",从学科擅长度、专业适合度、潜能与技能匹配度以及职业类型趋向性四个维度对学生进行测试。发掘学生的兴趣爱好和潜能特长,并将这些测评数据与其擅长的科目数据加权分析,融合到教育部规定的12个学科,92个专业类,506个专业中,从专业类的视角

[①] 陈为友,任军涛.流动的风景——青岛一中在高一年级进行选课走班尝试[J].山东教育,2009(17):6.

帮助学生确定其最适合发展的专业方向,并推荐排名最靠前的5个专业类为最适合学生学习的专业类。[①]

学校还编写了《选课指导手册》,在选课之前,学校会向全体学生宣讲手册内容及选课要求。班主任及任课教师也会及时做好指导学生选课的工作。第一次选课结束后,学校会对选课人数较少的课程延期开课,同时让第一次选课失败的学生进行二次选课。

为了减少走班带来的混乱,青岛一中采取"套餐"式的选课,学生根据自己情况一次性选三门课,这三门课程就固定在一间教室里上,学生不再"奔跑",教师则一节课一"走班"。学校将校本课程和选修课结合起来,学生在每周四下午根据自己所选的课走班上课,课时为3节。学校通过编写的《选课指导手册》对学生的选课工作进行指导,并根据学生的选课情况合理编排课程。

学校定期对教师所开设课程进行考核,考核的指标包括选课的人数、课程效果、领导与教师听课评价、学生问卷调查的结果等,重点对课程的内容、教学过程和学习效果三方面加以考核。根据评价结果,对于不合格的课程学校将进行整顿甚至停开。

学校对学生的评价采取学分制。主要从学分数量、过程性评价和终结性评价这几个维度进行。一是根据学生学习选修课的学时总量进行评价,根据《青岛一中课程实施方案》规定,学生毕业学分最低要求为144学分,其中,必修课程88学分,选择性必修课程42学分,选修课程14学分(含校本课程8学分);二是综合考虑学生在学习过程中的态度、参与情况等表现;三是评价学生学习的客观效果,主要根据学生的论文、调查报告、参加活动情况、作品、答辩等。

4. 深圳市深圳中学

深圳市深圳中学创办于1947年,1983年获评深圳市唯一的省重点中学。学校位于罗湖区,初中部占地面积2.2万平方米,老校区占地面积7.6万平方米,新校区占地面积10.3万平方米。学校现有博士教师100余人,清华、北大毕业的教师100余人,哈佛、麻省理工、牛津、剑桥等海外顶尖名校毕业的教师60余人,教授、特级教师、竞赛金牌教练、名班主任30余人。深圳中学从1997年就进行了走班制教学的探索工作,已经积累了丰富的经验。

---

① 崔桂利.生涯发展指导引领选课走班——青岛一中智能多元生涯测评系统破解选课走班难题[J].山东教育,2019(Z3):45.

（1）走班制教学改革回顾

1997年，深圳中学将学科"分层走班制"教学作为现代化教育思想的体现而进行社会宣传。①

早在2004年，深圳中学就率先在全市推行"走班制"。学校对8类学科全面实施选修与必修课程，增设校本选修课程，打破班级与年级的界限，让学生自由选课。② 但由于学校教师资源有限，难以满足学生的选课需求，再加上学生选课缺乏智能化平台支撑，导致走班教学管理混乱，效果欠佳。因此当时的"走班制"改革遭到一些家长的反对，最终不得不放缓。

在高考改革方案已成型的背景下，深圳中学在《2014级高中课程建设和学生综合素养评价方案》中，再次重启走班制教学改革。此次走班教学改革与之前不同的是，学校建立了导师制，开发深圳中学文凭课程，同时探索弹性学制等。

2017年10月，应对新高考新课程，深圳教育部门开启"高中教育教学管理模式"实验，将深圳中学等5所高中确立为深圳市首批试点学校，为在全市全面实施的选课走班教学等改革积累经验。

（2）加强走班教学的课程建设

选课走班，课程是关键。为此，在走班制的实施过程中，学校注重加强课程建设，将学校的课程分为基础学术课程和深圳中学文凭课程两部分。基础学术课程和深圳中学文凭课程都设有必修课和选修课。

基础学术课程是学生参加高考及高中学业水平考试所需要学习的科目和模板，它由语言与文学、数学、人文与社会、科学四个领域若干科目组成。文凭课程旨在培养具有中华底蕴和国际视野的拔尖创新人才。

> 文凭课程由认知技能、自我成长、文化审美、体育健康、实践服务和研究创造等六大课程群组成，涵盖语言与文学、数学、社会科学、自然科学四大领域，包括语文、英语、数学、政治等9个学科，总计184门课程。③

---

① 陈玉红,等.培智学校"走班制教学"的实践研究[M].天津:天津教育出版社,2016:7.
② 冯帮,邓红玲.分层走班制教学研究的回顾与展望[J].教师教育学报,2018(7):44.
③ 朱华伟.深圳中学：为创新培养设一个"文凭"[EB/OL].(2019-10-16)[2021-10-21]. https://chuzhong.eol.cn/jisuzoudu/201910/t20191016_1687388.shtml.

学校遵照"学校按需施教、学生按需选学"的课程观,形成"一体两翼"的课程模式(以多元课程为"主体",以社团活动和学术竞赛为"两翼"),开设校本选修课360余门。深圳中学通过丰富多彩的选修课程满足不同学生的不同教育需求。

学校还实施了"课程连排"制度,这样可以使学生的流动相对减少,这不但有利于学校资源的整合利用,更有利于学校管理的实施。

1000多名学生就有1000多张课程表。一个年级有20个班,一个班大约有50名学生,每10周就换一次课程表。这样算来,1000多名学生可能同时存在1000多张课程表,而每学年就要全校性替换4次课程表。①

(3) 加强学生的选课指导

为了让学生了解学校的课程体系、走班管理制度及选课注意事项等,学校编制了《深圳中学学生手册》和《学生选课指导手册》。学校不仅把这两本手册发给新生,同时会对全体高一新生宣讲,让学生了解如何根据自己的兴趣、能力和志向等进行选课,同时也会提醒学生理性选课,不盲目跟风。高年级的学长也会向新生分享选课经验与建议等。新生也可向导师或辅导教师咨询,获得个性化指导。课程选好后,学生有6节课的试听阶段,若对所选课程不适应,可向学校提出申请,学校审批通过后,学生按新选的课程学习。

(4) 走班教学的分段设置课程

在新高考的背景下,为了让学生最大限度地实现课程的个性化选择,深圳中学采取分段设置课程,具体做法是高一、高二、高三分段设置课程,高二实现真正走班。

高一:以必修课为主,以行政班的方式上课。因为语、数、外有多个必修模块,政、史、地、生也有固定必修,理、化除了固定必修外还有必选。具体安排是语、数、外排四个必修模块,政、史、地、理、化、生根据情况排两个必修模块,其他学科如技术、体育、音乐、美术、艺术和校本课程等从高一开始可选课。

高二:完全放开让学生自主选课。5—8学段必修的选修模块和任意选修模块同时开设,以选修为主。学生开始真正的走班上课,即不同的学生在不同的教

---

① 马云鹏,王永胜. 校长与课程实施[M]. 长春:东北师范大学出版社,2009:55.

室上课。

高三:按选修的"X"科分班复习。①

(5) 走班教学下的学生管理

走班教学后,原有的行政班不复存在,对学生的管理带来了挑战。为解决这一难题,深圳中学的主要举措是撤销班主任,替而代之的是导师制、辅导员对学生进行管理。首先,深圳中学在传统行政班建制的基础上,实行单元制管理,将 20 个班分为 7 个单元,每个单元由 3 个班组成。每个单元有 150 名学生,设有学生单元长,配有 6 位导师。② 其次,采取"辅导中心＋导师"模式。辅导中心于 2004 年 9 月成立,组建专职辅导员队伍,对学生开设校本辅导课,为学生提供心理辅导和专项团队训练。同时,规定每位任课教师作为本单元 25 名学生的导师。学生的一切活动,包括选课,都由辅导员和导师这个团队指导完成。

深圳中学率先实施走班制,为学生拓展了选择的空间,满足了学生发展的多样化需求。走班制有助于学校实施新课程改革、分层教学、因材施教,从而增强学校办学的灵活性和自主性,促进学校多元化和自主化发展。

(四) 本阶段发展的基本特征

这个阶段走班制教学改革的特征有如下几点。

第一,走班的范围不断扩大。一是学科的增加,由一个或几个学科,延伸到更多的学科。二是由一个年级,扩展到其他年级。如青岛一中 2009 年开始从高一年级开始了走班制教学的探索工作,后又扩展到高中所有年级。鹤壁市淇滨中学从 2000 年在数学、英语两个学科实施小范围的分层教学走班实验,2003 年拓展到整个七年级,2005 年推广到全校。

第二,走班的科目从必修课扩展到选修课。如北大附中从 2009 年推行走班制教学改革,除了必修课外,学生还可以选择符合个人兴趣和未来发展方向的选修课。福州八中开设了丰富的校本选修课供学生选择,现有人文类课程 25 门、自然科学类课程 22 门、实践类课程 15 门、学科竞赛类 9 门、艺术体育类课程 13 门。③

---

① 北京教育科学研究院基础教育课程教材发展研究中心.课程设置方案与实验教材比较研究:北京市普通高中新课程实验指导手册之二[M].北京:首都师范大学出版社,2007:430.
② 马云鹏,王永胜.校长与课程实施[M].长春:东北师范大学出版社,2009:54.
③ 杜开颜.福州八中"选课制、走班制、学分制"教育综合改革——普通高中新课程的前期探索[D].福州:福建师范大学,2007:5.

第三，逐步构建走班制实施的完整体系。如上海市晋元高级中学的走班教学改革已经形成了"套餐式课程，走班教学，学分制管理"较为完备的体系，以"套餐式课程"为载体来落实办学理念，用走班教学形式和学分制来实施"套餐式课程"。

总的看来，走班制在 2003 年至 2013 年十年的探索中，不管是课程开发还是学校管理都相较于前一个阶段更为成熟。走班制范围的扩展，不仅尊重了学生之间学习程度的差异、个性的差异，还将学生课程的选择和未来就业或者大学专业的选择结合了起来，对学生进行了有效的指导，有利于学生全面、主动以及和谐地发展。

三、深度实践阶段(2014年至今)

2014 年新一轮高考改革正式启动，对考试内容、考试方式、录取制度等方面提出了新要求，走班制再次引起广泛关注，越来越多的中学纷纷进行走班制实践。

(一)走班制的发展背景

2014 年 9 月 3 日，国务院印发了《关于深化考试招生制度改革的实施意见》，对考试科目设置进行改革，新一轮高考改革正式启动。

> 增强高考与高中学习的关联度，考生总成绩由统一高考的语文、数学、外语 3 个科目成绩和高中学业水平考试的 3 个科目成绩组成……计入总成绩的高中学业水平考试科目，由考生根据报考高校要求和自身特长，在思想政治、历史、地理、物理、化学、生物等科目中自主选择。……切实通过综合改革，更好地贯彻党的教育方针，全面实施素质教育，增加学生的选择性，分散学生的考试压力，促进学生全面而有个性地发展。[①]

新高考的改革使得"考生可以在 6 科中自主选择 3 科"，将所选的 3 科称为"选考科目"，这样就"增加学生的选择性"。紧接着，教育部发布了《教育部关于普通高中学业水平考试的实施意见》，强调各高中"要加强学生生涯规划指导……要调整教学组织方式，满足学生选学的需要，把走班教学落到实处"[②]，国家对走班教学的重视和强调

---

① 中华人民共和国中央人民政府. 国务院关于深化考试招生制度改革的实施意见[EB/OL]. (2014-09-04)[2022-09-11]. http://www.gov.cn/zhengce/content/2014-09/04/content_9065.htm.
② 中华人民共和国教育部. 教育部关于普通高中学业水平考试的实施意见[EB/OL]. (2014-12-16)[2022-03-13]. http://www.moe.gov.cn/srcsite/A06/s3732/201808/t20180807_344610.html.

对走班制的发展产生了巨大影响。

在2017年1月国务院发布的《国家教育事业发展"十三五"规划》中强调"支持有条件的地方推行小班化教学,鼓励普通高中实行'选课制''走班制',开设多样优质的选修课程"。①

2019年6月,为了推进普通高中新课程改革和高考改革,国务院出台了《关于新时代推进普通高中育人方式改革的指导意见》,也同样对走班制的实施提出了设想。"普通高中新课程新教材全面实施,适应学生全面有个性发展的教育教学改革深入推进,选课走班教学管理机制基本完善",也强调有序推进选课走班,"适应普通高中新课程改革和高考综合改革,依据学科人才培养规律,高校招生专业选考科目要求和学生兴趣特长,因地制宜、有序实施选课走班,满足学生不同发展需要"。以上种种政策制定都激励了越来越多的学校采取走班制的教学。

在率先开始新高考改革的浙江,制定了《浙江省深化高校考试招生制度综合改革试点方案》,规定学生可以从"思想政治、历史、地理、物理、化学、生物、技术等7门设有加试题的高中学考科目中,选择3门作为高考选考科目"。在走班制的实践上,也取得了较大的突破,随着新一轮高考的正式启动,浙江省加大了走班制试点的力度。在原先的基础上,杭州二中、杭州师大附中、鄞州中学、温州中学、嘉兴一中、上虞春晖中学、天台中学7所学校自愿加入了试点工作,并且原先的义亭中学调整为义乌中学。②

上海也根据实施意见制定了《上海市深化高等学校考试招生综合改革实施方案》,学生可以从思想政治、历史、地理、物理、化学、生物等6门学科中选择3门作为高考科目。

(二) 走班制的深入发展

1. 课程多样化

课程能够最大程度地促进学生的成长,多样化的课程不仅使学生在知识的学习上都能达到一个基础的水平,课程的设置和选择还充分地考虑了学生在知识经验、能力基础、兴趣爱好、性格特征和生涯规划等方面的个体差异。学生在多样的课程之间走班,也加深了进一步的交流和合作,一方面扩大了学生的交际范围,一方面培养了学生

---

① 中华人民共和国中央人民政府. 国家教育事业发展"十三五"规划[EB/OL]. (2017-01-19)[2022-09-12]. http://www.gov.cn/zhengce/content/2017-01/19/content_5161341.htm.
② 万作芳. 选课走班制历史发展概况及思考[J]. 教育史研究,2018(2):215—226.

的合作意识。

2. 管理体系化

新高考改革和新课程改革促进了走班制的深层次改革,走班制不仅改变了教师教学方式和学生学习方式,学校的学科建设、课程开发、后勤保障以及资源配置等方面也在走班制下进行全方位的深度改革,系统化的管理制度形成。走班制下的选课管理不仅有配套资源和导师指导,也更加科学化;走班制下的班级管理调动了学生自己的主动性,进行自主管理;走班制下的资源管理在软件资源和硬件资源上都得到了更多的关注,保障了走班制的顺利进行。

3. 在全国各地推行

国务院从2014年至今出台的一系列文件表明了我国的走班制在新高考改革以及国民教育上的意义和价值,而且这种认同逐渐加深。我们也可以看出国家在实行走班制这项决定上从鼓励有条件的学校实施到越来越硬性化,走班制也逐渐地从经济发达地区向欠发达地区慢慢发展起来,以后将会成为我国教育尤其是高中教育阶段的一种主流趋势。

(三) 走班制探索的个案分析

1. 北京大学附属中学

北京大学附属中学(以下简称"北大附中")创办于1960年,地处中关村高科技园区,是北京市重点中学、北京市示范中学。北大附中是北京大学四级火箭(小学-中学-大学-研究生院)培养体系的重要组成部分,同时也是北京大学基础教育研究实践和后备人才培养基地。

北大附中从2009年9月份起,正式推行走班制教学改革。走班制有利于实现北大附中的培养目标——"个性鲜明、充满自信、敢于负责,具有思想力、领导力、创新力的杰出公民"。[①] 实行走班教学的初衷是为了给予学生更多自主选择的权利,让每一个学生都能根据自身的特点,选择符合个人兴趣和未来发展方向的选修课。北大附中走班制改革包括如下几个部分。

(1) 成熟的课程体系

2015年,北大附中高中部形成了较为成熟的课程体系,其课程是通过行知、元培、博雅和道尔顿四个学院来实施的。

---

① 徐丹.北大附中:由走班带来的学校组织结构创新[J].中小学信息技术教育,2015(12):13—15.

到 2015 年,北大附中高中部形成了较为成熟的课程体系,其课程是通过设置四个学院来实施的,分别为:行知学院(高一、高二国标课程)、元培学院(校本课程)、博雅学院(经典原著阅读)、道尔顿学院(中英文双语人文课程和中外比较课程)。①

配合学院的课程体系设计,北大附中设置了四大中心,形成对学院课程体系实践的细化与拓展。四大中心分别是运动与健康教育中心、视觉与表演艺术中心、信息和通用技术中心、成长与实践体验中心(以生涯规划为主体)。每一类课程下都开设了丰富的课程,例如,下属学科类的行知课程就涵盖了 9 个学科的 160 门课程,元培课程有 24 门核心课程,博雅课程也开设了 27 门核心课程。② 相比于 2009 年刚开始实行走班制时,课程体系变得更为丰富和系统。

(2) 学段制与四大赛事

北大附中的每一个学年分成 2 个学期,每个学期分为 2 个学段。也就是说,每年共有 2 个学期,4 个学段,每个学段大致为 10 个星期。在学段末就要进行所谓的模块考试(段考),时间上与其他学校的期中考试和期末考试接近,以考试成绩检测学生在一个学段内的学习成果。

另外,北大附中有四大赛事,即足球赛、戏剧节、篮球赛、舞蹈节。排练的舞蹈剧、戏剧从剧本编排、灯光、道具、音响,到人员演出,都是完全由学生自己决策,最后会根据专业评委打分和观众人气投票选出排名。这四大赛事各个学院的学生都可以参加,每个学院都配备专业足球和篮球老师指导。戏剧和舞蹈则会安排中戏的学长前来排练,排练和演出的场地在学校的黑匣子剧场。学校四大赛事的安排和四个学段相对应(图 2-1)。

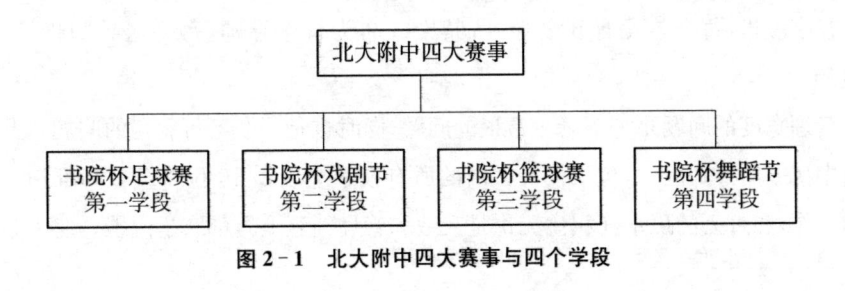

图 2-1 北大附中四大赛事与四个学段

北大附中四大赛事
- 书院杯足球赛 第一学段
- 书院杯戏剧节 第二学段
- 书院杯篮球赛 第三学段
- 书院杯舞蹈节 第四学段

---

① 魏书生.学生核心素养教育教师指导读本[M].天津:天津教育出版社,2018:64.
② 徐丹.北大附中:由走班带来的学校组织结构创新[J].中小学信息技术教育,2015(12):13—15.

(3) 书院制与导师制

实施走班后,学校打破了原来固定的行政班级和年级的界限,推行"单元制"和"导师制"管理制度。即学校在高一、高二取消了年级、班级和班主任、班级教室等实体,形成了以单元和导师制为核心的新体系。学生被分为六个单元加以管理。

> 在初始阶段,两个年级的学生被组成六个单元,一、二、三单元为理科单元,四单元为文科单元,五单元为竞赛单元,六单元为出国单元,实行小班化教学,采用学分制,学生每天背着书包,穿行在不同教室、不同课程之间,开始了全新的走班体验。[①]

在上述6个单元中,计划参加国内高考的学生为1—4单元,理科竞赛学生为5单元,出国学生为6单元。2013年以来,学校借鉴欧美house制和我国古代书院制度,将"单元"更名为书院,明确将学生身份固定到书院。[②]

> 目前,北大附中设有格物书院、致知书院、诚意书院、正心书院、明德书院(原元培书院)、至善书院(原博雅书院)、新民书院(原道尔顿书院)、熙敬书院、弘毅书院共九大书院作为学生的生活社区和行政实体。[③]

书院是由100—200人左右的高一和高二学生共同组成的学生社区,书院给了学生充分交流的机会,让学生在走班制的学习情况下拥有归属感。书院由学生自治管理,每个书院都有自己的特色。

在书院里,每个单元有6名导师,其中一名为首席导师,每一名导师指导15名学生。[④]

管理宽度的问题是一个老生常谈的问题,同时也是一个不可忽视的问题。此次北大附中实施的导师制中,包括校长在内的所有校领导以及16位特级教师都担负起导师的工作,和过去的班主任相比无论是人数和管理经验上等都有了改善。北大附中原

---

① 沙蕙.想象有这样一所学校[M].北京:中国青年出版社,2016:23.
② 沙蕙.想象有这样一所学校[M].北京:中国青年出版社,2016:204.
③ 王利利.对北大附中书院制下学生共同生活的考察与思考[J].中小学管理,2021(6):50.
④ 崔玉婷.普通高中特色发展研究[M].北京:知识产权出版社,2016:261.

来每个班主任要带六七十名学生,现在一位导师只带 15 名学生。管理幅度的缩小使得导师能够有足够的精力去熟悉其所指导的每名学生,为因材施教提供了条件。①

每个星期,导师都会按照约定时间与学生见面,对学生进行面对面指导和帮助,引导学生进行自我管理和规划。

> 导师制弥补了过去班主任模式的缺陷,人太多而老师难以应付的状况会得到改善,更为重要的是,全员育人很自然地得到了落实,学生实现了从班级人到学校人的转变,并实施自制,进而形成以自主为特征的教育模式,最终达到"主动发展、共同成长、不断超越"的目标。②

学生可以根据自己个性化的课表到不同的教室上课。在北大附中现行的课表中,一堂课的时长为 90 分钟,也就是相当于每天都在上"连堂课"。除周三以外,每天上四门课。周三仅在上午上两门课,下午供学生自由安排,学生可以在周三下午组织演出与排练,或自习等。他们希望通过走班制培养学生的时间观念、自主选择和自理能力。

北大附中还通过导师制对学生学业、心理及生活等方面进行指导。因为走班制的实施给学生选课带来一定的混乱和困难,在对学生足够了解和与学生、老师和家长充分沟通之后,导师协助学生进行选课。北大附中无论是课程管理、考勤管理还是成绩记录都要在网络平台上记录,信息技术的发展也为走班制的实施带来了巨大保障。

2. 上海市浦东复旦附中分校

上海市浦东复旦附中分校是应浦东新区教育局邀请,由复旦大学附属中学于 2012 年举办的一所全日制寄宿制普通高中。从建立以来,浦东复旦附中分校一直在探索现代高中教育制度的基本定位,积极开展学校制度创新,变革学生培养方式。

经过实践,浦东复旦附中分校确立了高中教育的三种状态,即走班分层教学的修业形式、学分绩点的评估方式和灵活有弹性的学习时间。③ 根据上海市颁布的《上海市深化高等学校考试招生综合改革实施方案》以及复旦附中分校自身的情况和校本课

---

① 唐鑫,谭群芳. 班级导师制分析并浅议北大附中管理模式[J]. 文艺生活,2011(1):209.
② 王铮. 学校课程改革与学生自主发展——北大附中的探索与实践[J]. 创新人才教育,2013(3):29.
③ 虞晓贞,平原. 对现代高中教育制度的几点认识——基于上海市浦东复旦附中分校的实践探索[J]. 上海教育,2017(9):75—76.

程体系,该校将基础型课程按照考核目标分为三类:

第一类为统一高考科目,包括语文、数学和英语;

第二类为市级学业水平测试科目,包括物理、化学、生命科学、思想政治、历史、地理、信息科技;

第三类为校级学业水平考试科目,包括体育与健身、艺术、劳动技术、拓展型研究型课程。

学生在第一类课程中将进入语文、数学、英语的A、B、C三个层次班级中学习,而第二类课程也分为了标准和高级两个层次供学生选择。

在走班制课程的实施上,同北大附中一样,也是一个逐渐展开且分阶段的过程,不同的是,复旦附中分校在学程上划分得更为细致。高中三年每半个学期为一个单位,这样就被划分为了12个学程。在第一个学程结束之后,也就是高一下学期开始,学生们开始第一类课程的数学和英语以及第二类课程的物理和化学分层教学。数学和英语的分层制度持续到学生毕业,而物理和化学的分层制度则在第5个学程。从第6个学程开始,物理化学的分层教学按照学生参加合格考试和等级考试的标准调整。属于第二类课程的政治、历史、生物从第7个学程开始按学生合格考试和等级考试实施分层教学。第三类课程实行选课走班而不实行分层教学。

在评价方式上,复旦附中分校以学分和绩点来评价学生学习的"量"和"质",学生选择课程并通过考试才能达到学分标准,而绩点越高在很大程度上证明学生对知识掌握得越好。但为了减轻学生负担,只有第一类课程和第二类课程计算绩点,第三类课程仅以优秀、合格、不合格来评价学生。这样的评价方式既有利于在走班制下掌握学生的学习状况,又激发了学生根据自身的兴趣选修课程的积极性,促进了学生的多元全面发展。

此外,学校还使用文字实录和描述来对学生的综合素养表现给予写实性的评价,内容有:一是对纳入学校课程体系的活动内容,如修学活动、志愿者活动等的评价;二是学生在校内外取得的各种成就;三是教师对学生的评语。[①] 在对学生的管理上,传统班主任的角色也不能满足学生的需要,因为走班,人人都是班主任。大部分老师扮

[①] 虞晓贞.刍议"走班制"下的学校管理创新——以浦东复旦附中分校为例[J].教育参考,2016(3):71—76.

演的是导师和班主任的双重角色,在学生选课以及生涯规划方面提供指导。①

(四) 本阶段发展的基本特征

这个阶段走班制教学改革的特征有如下几点。

其一,形成完备的走班课程体系。如北京市十一学校目前已经形成了分层课程、分类课程、综合课程和特需课程四大课程体系,让学生自由选择。② 学校已经构建了一套分层、分类、综合、特需的课程体系,创立了265门学科课程、30门综合实践课程、75个职业考察课程供学生选择。在这些课程中,除了少数的必修课外,其余大部分是选修课程。③

第二,走班模式多元化。例如,北大附中实行书院制和导师制,高一、高二取消了年级、班级和班主任、班级教室等实体,形成了以九大书院作为学生的生活社区和行政实体,以导师制为核心的新体系。每个书院配备6名导师(其中一名首席导师),每一名导师指导15名学生。④

其三,完善走班保障机制。如上海浦东复旦附中分校积极施行学校管理变革,加强走班教学师资及硬件设施建设,以保障走班顺利开展。⑤

在高考改革的背景之下,学校实施走班制改革的步子迈得越来越大,也对学生的学习和发展发挥了更重要的影响,扩大了学生们的交际面,多样的班级组合促进了学生的了解,组成一个又一个学习共同体,贴合了学生的兴趣和个性。未来,为了发展更有质量的教学,走班制改革仍需要继续探索。

---

① 徐星.高中走班:"分"出个性,"走"向自主:浦东复旦附中分校探索走班分层教学[J].上海教育,2015(15):34—37.
② 李希贵,等.学校转型:北京十一学校创新育人模式的探索[M].北京:教育科学出版社,2016:36.
③ 江海燕,邱黎明.觉民教育理论与实践[M].广州:广东高等教育出版社,2017:43.
④ 崔玉婷.普通高中特色发展研究[M].北京:知识产权出版社,2016:261.
⑤ 徐星.高中分班:"分"出个性,"走"出自主:浦东复旦附中分校探索走班分层教学[J].上海教育,2015(15):34—37.

第二编

国 际 比 较

第三章　美国高中走班制的组织与管理

2014年9月,《国务院关于深化考试招生制度改革的实施意见》的发布,标志着我国新高考改革正式启动。本次高考改革"旨在给予学生更多的教育选择权,让他们按照自己的潜力与兴趣选择高考学科"。① 为了满足学生的个性化选择,应对新高考改革选学选考的要求,走班教学应运而生。其实,走班制最早萌芽于美国,它是指"学生从一个班换到另一个班去见不同的老师上不同的课,每次课约一小时"。② 美国走班制的主要特征为:"教师固定于学科教室,学生移动到所选课程教室去上课;课程丰富多样;采用选修制与学分制;重视学生辅导;学生学业评价综合化;教学空间开放、便捷等"。③ 由于走班制打破了班级和年级的界限,尊重了学生的差异性与选择权,现已经成为美国高中教育的重要特色。美国高中走班制以选课制与学分制为抓手,在课程的选择、安排与组织、管理等方面都积累了较为成熟的经验,为我国普通高中走班制的顺利开展提供了一个很好的参考。

第一节　美国高中走班制的课程设置

美国的学制从20世纪初的"六三三"制,逐渐发展出多种多样的类型,即:六三三制(高中三年)、八四制(中学不分初级、高级阶段,实行四年一贯制)、六六制(中学不分初级、高级阶段,实行六年一贯制)、四四四制(高中四年)、五三四制(高中四年)并存。

---

① 周彬.高中走班教学:问题、路径与保障机制[J].课程·教材·教法,2018(1):54—59.
② Cuban L. How Teachers Taught: Constancy and Change in American Classrooms, 1890 - 1980 [M]. New York: Longman, 1984:43.
③ 李茂菊.美国高中走班制的发展历程研究[D].上海:华东师范大学,2019:4.

因此,美国的学制可以用"统一性"与"多样性"两个词加以概括。美国把整个基础教育阶段称为 K-12,其中,"K"代表幼儿园(kindergarten),"12"代表 12 年级。

"K-12"是指从幼儿园到 12 年级的教育。统一性是指从小学至高中共 12 年,这是统一的。不管怎样,美国高中教育一直指 10—12 年级或 9—12 年级,这样美国高中阶段的学制就有三年制和四年制两种类型。①

在了解美国高中的走班制之前,我们必须对美国高中的课程设置情况加以了解。美国高中的课程可谓五花八门,被喻为"商场式课程"(shopping-mall curriculum)。② 在这里,你想"买"什么就有什么,你想学什么就有什么课程。美国高中数量众多的课程极大地满足了学生们的选择要求,课程类型多样化也是走班教学的重要基础。多样化的课程为美国高中实施走班教学提供了可能。

一、课程类型:必修+选修+教育计划

美国高中课程的设置因州、因地、因校而异,高中的课程大致可划分为必修课、选修课和教育计划三大类课程。③

(一)必修课

必修课一般是由学区或州教育局规定的课程,这类课程是所有高中生都必须掌握的基础知识。大多数学校把必修课分成不同的水平来设置,如:"基础""普通""先进"和"高级"四级,或"普通""先进"和"高级"三级。④

其中,高级课程也被称为大学先修课(the advanced placement courses,简称 AP),就是把大学的课程超前地放到高中来上的意思。AP 考试是由大学理事会(The College Board)主办的全国性的统一考试。1956 年,美国大学理事会首次举办 AP 考试。AP 考试在每年 5 月初的头两个星期举行,全美统一。AP 成绩可作为美国大学重要录取依据,可折抵大学学分。

---

① 杨光富.国外普通高中教育多样化特色比较[J].外国中小学教育,2014(3):41.
② Powell A G, Farrar E, Cohen D K. The Shopping Mall High School: Winners and Losers in the Educational Marketplace [M]. Boston Massachusetts: Houghton Mifflin Company, 1985:1.
③ 李其龙,张德伟.普通高中教育发展国际比较研究[M].北京:教育科学出版社,2008:54.
④ 李其龙,张德伟.普通高中教育发展国际比较研究[M].北京:教育科学出版社,2008:55.

AP课程共有38门，分为7大类，分别为艺术类、英语类、历史与社会科学类、数学与计算机科学类、自然科学类、世界语言与文学类，以及AP文凭项目（AP Capstone Diploma Program）。

美国高中生可以选修这些课程，在完成课业后参加AP考试，得到一定的成绩后可以获得大学学分。目前，在全美国的25 000所公私立高中里，已经有60％的高中，也就是15 122所高中开设了AP课程。[①]

一般在大学修一门课程要花费数千美元，而参加AP考试只需要82美元，因此选修AP课程不仅可以展现学生的能力，还是一种省钱的措施，同时对于一些有志申请优质大学者，AP课程也可作为学校评鉴学生学习能力的方式之一。[②]

尽管没有一所美国大学在招生简章中明确要求学生提供AP大学课程考试成绩，但AP大学课程考试成绩已然成为进入美国顶尖大学的另一个必要的敲门砖，因为AP课程成绩是美国高校录取的重要参考。

首先，大学通过学生是否选修AP课程这一行为本身来判断学生的学习能力和未来发展潜力。在美国高中，并非所有学生都可以选修AP课程。要想参加AP课程学习，必须先要通过荣誉课程，而要想参加荣誉课程，必须先要通过普通课程。因此，能够参加AP课程学习这一事实本身已经证明了学生的优秀程度及其学习能力。

其次，AP课程门类众多，与大学相关专业的联系极为紧密，因此，学生对于AP课程的选择既表明了他（她）对未来专业发展方向的兴趣，也表明了他（她）在面临不同机会时的选择能力和自我认知能力。这一点恰恰是美国顶尖大学招生时所要重点观测的目标。

再次，从性质上说，AP课程是大学一年级的课程，其难度要远远超过中学普通课程，因此，学生是否选修AP课程、选修多少门AP课程等，都能体现出学生是

[①] 高燕定.人生设计线路图：美国升学与前途[M].桂林：广西师范大学出版社，2005：40.
[②] 小雨姐姐.青春闪耀美利坚：我在美国上高中[M].北京：生活·读书·新知三联书店，2012：338.

否具有挑战困难和自我的信心与能力。①

因此,那些基础较好、能力突出的学生大多选择了提前选学 AP 课程,以便能进入一所更好的大学。

(二) 选修课

选修课是学校根据自身的办学特色和学生的个性需求而开设的课程。每个美国高中的选修课可谓种类繁多,选修课能极大地满足学生的个性化需要,不仅内容丰富多彩,而且数量众多。一般来说,选修课在高中整个教育课程体系中所占的比例在59%左右。② 不同的学校可以完全根据自身的特色来确定选修课的种类和数目,包括体育、音乐、艺术、计算机、语言、职业技能等。③ 这也反映了美国"通识教育"的教育理念。

  具体来说,美国高中的选修课程可分为学术性和非学术性两类课程。学术性课程是为大学入学做好准备的课程,如数学、英语、科学、社会科学等;非学术性课程与日常生活密切相关,如婚姻与家庭指导、绘画、音乐、药物教育、性教育等。学生可根据自己的兴趣特长、就业以及升学的需要选择不同取向、不同模块的课程。

美国高中种类繁多的选课能够考虑到学生的个体差异,较好地满足不同学生的个性化需求。一般来说,衡量一个学校水平的高低就是看这个学校选修课的数量。选修课越多说明这个学校越好,如马萨诸塞州沃尔瑟姆综合中学,可供 12 年级选修的课程就有 202 门。④

(三) 教育计划

它是以活动(activities)或项目作业(projects)的形式出现的教育计划,旨在培养学生情意品质,促进和发展学生的个性化体验。这类课程也被称为"情意课程"或"活动课程",这类课外活动是高中教育的重要组成部分。

课外活动主要分为学术性、娱乐性、体育活动和社区活动四类,各种活动都配备专

---

① 储朝晖. 中国第三方教育评价探路[M]. 福州:福建教育出版社,2020:122.
② 王定华. 走进美国教育[M]. 北京:人民教育出版社,2004:53.
③ 雷冬冬. 做最好的自己:教育改变人生[M]. 上海:复旦大学出版社,2015:124.
④ 强海燕. 中、美、加、英四国基础教育研究[M]. 北京:人民教育出版社,2005:164.

门的指导老师。美国学校鼓励学生参加校内外的各种社会活动,学生可以按照自己的兴趣来选择所参加的活动,这些活动都是由学生或社会机构来组织的。通过参加课外活动,学生学到了一技之长,增长了社会经验和组织才干,同时也能得到推荐信,这为他们以后竞争"考"大学打下了非常有利的基础。这是美国教育鼓励学生走出校门、参与社会实践的措施之一。

如想攻读医学博士的学生,最好到医院当当"小护士"或医务助理;想攻读政治学当社会活动家的,可去当竞选填表的义工、扶贫救灾的积极分子,到市、州政府乃至国会或白宫做实习生等。这样,这些不同的社会组织的负责人就会给高中生参与者写推荐信。①"两耳不闻窗外事,一心只读圣贤书"的学生,在美国考大学是"不吃香"的。②

美国中学的课程内容丰富多彩,与课程内容相配套的作业也很灵活实用,各科老师经常给学生布置项目作业。项目作业是某一门课布置的专题任务,不同课程有不同的专题项目,可由高中生按兴趣自选。如科学课可做一项实物设计,文科的课可做一项展示的模型设计等。③

如有个学生做国际货币的换算率这个项目时,他搜集到几张美国的美元、墨西哥的比索、法国的法郎、德国的马克、中国的人民币等,把它们贴在一张很大的画有世界地图的纸板上,再添上一些如玩具、服装、电脑、汽车等商品,标出图标,让人看到这个学生对知识的理解、构想的创新和动手的技巧等。从这个例子可以看出,通过动手又动脑的"项目"作业,真正促进了学生全面素质的提高,更有利于创新精神的培养。④

至于选修课的教材,教师可以选用正式出版的教材,也可以自己编写教材,但必须

---

① 注:在美国上大学推荐信不可缺少。美国教育比较注重学生的全面发展,除了平时成绩和 SAT 或 ACT 成绩作为参考条件外,高中生要考上自己渴望的大学,还要有与众不同的推荐信,推荐信一般由任课教师或社会组织负责人撰写。
② 杨光富.美国高考制度的三大特色[J].中小学管理,2003(5):56.
③ 杨光富.美国高考制度的三大特色[J].中小学管理,2003(5):56.
④ 杨光富.传奇教育家杜威[M].太原:山西人民出版社,2018:132.

通过学校的审核才可以作为课程的正式教材。另外,教师若想上某门课程,必须提前获得官方认可该门课程的资格证书。也就是说,教师开设几门课程,就必须获得几个相应的资格证书,以确保课程的高质量。

二、个性化课程表,教师坐班学生走班

由于课程数量众多,学生课表不一,课程的开设时间和教室的安排就成为一件极为复杂的事情,再加之大部分学校的人力资源和物质资源有限,选修课为学校的教学管理带来了极大的困难。为了解决这一问题,美国高中采取了选课走班,打破了传统固定教室授课的模式,按照学科划分教室,如语文教室、数学教室等,学生需要上什么课,就选择到什么学科教室去上课。因为每个学生所选课程是不一样的,所以每个学生还有一张专属自己的个性化课程表。

美国高中学生有自己不一样的课程表。一般来说,开学后课表就固定下来,学生不能随便换课。只有两种情况可以申请换课:

> 一种是中途被选去运动队参加训练,可以由辅导中心开出单子,提供学生几个时间段的排课选择,学生决定后,学生、家长签字认可,录入系统。
>
> 第二种是十一或十二年级的学生学分基本修满,如果不愿继续上某门原先选择的课程,可以申请停课,但是必须申请做助教。得到任课老师同意后,学生可以在低年级课堂中协助老师批试卷、收发作业等,同样可以拿到相应学分。[①]

当然,也有一张全校教师的课程表,这张学校的总课程表一般按照教师的姓氏排序列出,这样便于学生查找。上面清晰地罗列出全校每位教师的姓名、课程名称、上课地点和时间等信息。大部分教师每天6节课,小部分教师每天4至5节课。[②]

美国高中走班制的一大特点是"教师固定坐班、学生流动走班"。美国高中的教室是按照学科划分的,如数学教室、物理教室、化学教室等,什么学科的教师,在相应的学科教室里办公、授课。

> 因此,每门课程的上课地点既是学科教室,也是老师的办公室。每个教室的

[①] 张晓冬.一人一张课表的高中课程[J].上海教育.2017(23):56.
[②] 王珏."难懂"的课表:美国加州高中教学组织管理形态[J].上海教育,2015(26):64—67.

门口墙上还写有老师的姓名、所教的学科。各个班级没有固定的教室,学生上什么课就到那门课任课老师的教室。

每位老师从早到晚,全天候与学生们在一起,学生在学习上遇到任何问题,都可以随时在教室里问老师,师生关系非常密切。

为了让自己的学科教室具有学科特色,每一位老师都使尽浑身解数布置自己的教室,充分利用教室的空间资源。

  在美国中小学,教室既是老师上课、办公的地方,也是他们在学校的"家"。每个教室的布置都体现了浓郁的学科特色及任课老师的个性风格。我参观了一所高中的汉语选修课教室,后墙上有一幅中国万里长城的图像,右墙上布置着中国的书法和山水画,左墙上张贴着学生们写的中文作品,散发出浓浓的中国味。各个教室的布置是多样的,不拘一格,有的教室里有沙发、地毯,学生们下课后可以坐在地毯上甚至躺在沙发上阅读。学生们在课堂学习中表现出的自然和自在,令我们赞赏和深思。这种自然和自在不仅表现于坐态和站姿,更表现在参与教学和思考讨论的积极状态上。正是师生之间亲密无间的关系,以及具有家庭氛围的教室布置,才孕育出这样自然舒适的学习状态。①

因此,在学科教室,任课教师在墙壁上,甚至天花板也贴满了与课程相关的图片和资料,如地理和历史教室,会贴一些地图、历史大事记、研究专题等。在教室书架里陈列着教材、辅导材料等,学生可以随时取阅。在自然学科教室里,教室与实验室合二为一。

  书籍、教具、学具、标本、模型、药品(有毒的另放)、实验器具等有序地摆放在教室周围的书架、架台上,或者透明的橱柜内。你走进教室,就像进了小型图书馆,或者实验室,或者是它们的综合。②

这样的布置,让学生置身于情境之中,非常有利于学科教学。

---

① 邱玉生.感悟美式教育[M].杭州:浙江工商大学出版社,2014:90.
② 李善良.美国学校的教室文化建设[J].江苏教育研究,2012(10):58—64.

美国高中一节课时间长度并不统一,短的一般为50分钟,长的甚至为95分钟。① 但课间休息时间,即学生走班换课的时间却只有短短的3—5分钟。

（美国）中学以上的学生到不同教室学习,即走班(小学不走班),像工厂似的,学生匆匆忙忙,从一个教室到另一个教室。美国学生在学校里没有太多自由的时间,一般课间3—5分钟,非常紧张。②

所以下课铃声一响,原本空无一人的走廊立刻挤满了换课的同学,大家行色匆匆地走向各自的下一个教室,短短的几分钟后,走廊又归于宁静。

第二节 美国高中走班制的学分管理

学分制是美国高中走班制的一大抓手,其中学年学分制确保了各个年级所选课程的均衡。另外,美国普通高中有两种职能,即升学与就业,不同的目的决定了学生所选的课程。因此,学分制管理成为了美国高中走班制的法宝之一。

一、普通毕业证和荣誉毕业证要求不同

学分制指学生学习的每一门学科或者课程都有一定的分值,美国各州都明确地规定了高中毕业时必须拿到多少学分。从美国绝大多数州的毕业要求来看,对学分总数的规定一般为23学分左右,如俄克拉荷马州为21学分,夏威夷州为24学分,佛罗里达州为24学分,华盛顿州为23.5学分,北卡罗来纳州为20—22学分。③ 在23学分课程中,一般必修课程和选修课程各约占一半。

美国高中一般每天安排7—8节课,按照学分制的要求,学生所有必选课和选修课加在一起,每天平均不到6节课,也就是学生每天有约2个学时的时间可以自由支配。④

---

① 王珏."难懂"的课表:美国加州高中教学组织管理形态[J].上海教育,2015(26):64—67.
② 陶燕珍.追寻本真教育[M].北京:现代出版社,2017:372.
③ 张继华,赵正,漆明龙.大学学分制新论[M].成都:四川人民出版社,2008:120.
④ 徐辉,任钢建.六国普及高中教育政策与改革的国际比较[M].北京:教育科学出版社,2010:68.

另外,所选课程不同,所获学分也就不同,获得毕业证书的种类也不同。美国高中毕业证书分为普通毕业证书和荣誉毕业证书两种类型。如果学生选修学术性较强的课程,并得到一定的学分,即可获得荣誉毕业证书。印第安纳州格林菲尔德中央高中(Greenfield-Central)规定,学生获得42学分就可获得普通毕业证书。而要获得荣誉毕业证书则至少需要48学分,具体情况详见表3-1。

表3-1　格林菲尔德中央高中普通毕业证书和荣誉毕业证书学分[①]

类别	普通毕业证书	荣誉毕业证书
英语	8学分	9学分
数学	4学分	8学分
科学	4学分	6学分
社会	4学分	6学分
外语	0学分	6学分
艺术	0学分	2学分
计算机	1学分	0学分
体健	2学分	2学分
选修	19学分	9学分
总计	42学分	48学分

从表3-1中可以看出,荣誉毕业证书要求最低48学分,而普通毕业证书仅需42学分,荣誉毕业证书学分比普通毕业证书要高6学分。另外,在选修课方面,普通毕业证书选修课高达19学分,而荣誉毕业证书选修课较少,只有9学分,这就要求学生把绝大多数时间和精力用于学术类课程的学习,学术性取向非常明显。

二、学分制保证阶段平衡及学术性要求

为了确保各个年级所选课程的均衡问题,美国高中的学分制还规定了学年学分制。它既规定了修业年限,又规定了修习学分数。学年学分制可以平衡各个年级所选课程的量,从而避免学生在某个阶段所选课程过少或过多的问题,有助于学生均衡发展。如康涅狄格州教育委员会规定:

[①] 陈月茹.美国高中学分制及其意义[J].全球教育展望,2003,32(1):24.

高中毕业时至少要修满 21 学分,该委员会还对 9—12 年级学生升级的学分标准做出了规定:10 年级 4 学分,11 年级 9 学分,12 年级 15 学分。①

也就是说,学生按照规定取得所在年级的全部学分后,才能够进入下一年级学习。如果学生想提前毕业,必须先提出申请,经校长同意后,在指导教师的帮助下,调整选修课程,修完高中阶段所规定的学分后,才能正式毕业。

此外,各州均对必修课的门数、学分数和时长做出了规定,以确保必修课必须达到一定的量。在实践中,有些学生为了凑学分会选择一些比较容易的选修课而放弃难度系数较大的必修课,有了这样的规定,也就避免了这样问题的发生,突出了必修课的重要性。

三、学分不同,为升学和就业做准备

美国高中兼有升学与就业双重功能。如果选择毕业后就业的,在高中阶段要多选择职业性课程;如打算读大学的,就要多选修学术性课程。其实,美国高中规定毕业学分数是最低的基准线,达到一定学分后,学生因选修课程的不同,拿到的高中毕业证书也不同。学生如果想获得荣誉毕业证书,必须要修读大学先修课程(AP 课程),因为大学,特别是一些名牌大学在招收学生时,都把选修 AP 课程作为录取学生的一个重要指标。

学校 AP 课程的数量和质量决定了一个高中的办学水平。很多高中生非常热衷于 AP 课程的学习,在高一时就选修了这类课程,甚至一些学有余力的学生在毕业时就已经修读了七八门 AP 课程。学了这些课程,到了大学就可以免修了,从而起到省时、省钱的作用,同时也为学有余力的同学提供了充分发挥他们潜力的机会。

第三节　美国高中走班制的学生管理

美国高年级学生没有"行政班"的概念,实行"走班制",学生每天按照自己的课表穿梭于学校的各个教室,每节课的同学都是不同的。因此,在一个课堂里面,可能有高中一年级的学生,也可能有高中四年级的学生。这也导致一个学生很少有几节课都在

---

① 徐辉,任钢建.六国普及高中教育政策与改革的国际比较[M].北京:教育科学出版社,2010:64.

一个班的同学,更不要说全天都在一个班学习的同学了。老师的任务就是在课室(通常也是该老师的办公室)等学生来上课,上完课就走人,无所谓管理。在这种情况下,学生的管理是一大难题,但美国高中的学生管理分工较为明确,指导较为专业,参与管理的人员除了任课教师外,还有学生指导教师(counselor)、训导主任(dean)以及家房老师(homeroom teacher)等,呈现出全员管理的状态。

一、学生指导教师:注重加强学生指导

美国高中生的选课与分班是在指导教师(counselor)的帮助下完成的,"学生指导教师"在中文文献中被翻译为"学生顾问"或"心理咨询师"等。在美国高中,一名指导教师负责 300—500 名学生,专业指导教师需要至少获得学生指导专业硕士及以上文凭,美国现在有 400 多所高校参与培养。[①]

专业指导教师是一种专业性职务,收入较高,须有州政府颁发的资格证书。美国现有 400 多所高校设有学生指导专业,主要培养中小学的指导人员。美国专业指导人员与学生比各州不一,根据 2007—2008 年各州专业指导教师与学生统计数据,全美的平均比为 1∶460。但美国学校指导教师协会(The American School Counselor Association,ASCA)建议理想的比例应为 1∶250。由于政府资助加强,专业协会不断努力,学生指导已日益向专业化发展,这一比例在不久的将来一定会达到。[②]

1997 年,美国颁布了《学校指导项目的国家标准》(The National Standards for School Counseling Programs),明确规定学生指导教师的工作主要聚焦于"学业发展(Academic Development)、职业发展(Career Development)和个人/社会性发展(Personal/Social Development)三个方面"。[③] 该标准第三部分"学校指导项目的国家标准"列出了三大领域学生应达到的能力要求:[④]

[①] 杨光富.国外中学学生指导的实践与特色[J].全球教育展望,2011(2):70—71.
[②] 杨光富.国外中学学生指导制度历史演进[M].上海:华东师范大学出版社,2015:316.
[③] Campbell C A, Dahir C A. National Standards for School Counseling Programs [M]. American School Counselor Association, Alexandria, VA, 1997:20-31.
[④] Campbell C A, Dahir C A. National Standards for School Counseling Programs [M]. American School Counselor Association, Alexandria, VA, 1997:20-31.

学业发展方面

标准A:学生将获得有效的学校学习与终身学习所需的态度、知识和技能。

学生能力要求:(1)增进学业方面的自我概念;(2)获得提高学习成效的技能;(3)获得学校学业的成功。

标准B:学生将为能够进行广泛的中学后选择(包括大学)做好基本的学业准备。

学生能力要求:(1)不断改进学习;(2)为达成目标而做好计划。

标准C:学生将理解学业同工作世界、家庭及社会之间的关联。

学生能力要求:建立学校与生活经验之间的联系。

职业发展方面

标准A:学生将获得结合自我认知了解工作世界,并做出明智的职业决定的技能。

学生能力要求:(1)发展职业意识;(2)为受雇做好准备。

标准B:学生将能够运用策略达到未来的职业成功和满意。

学生能力要求:(1)获取职业信息;(2)明确职业目标。

标准C:学生需理解个人素质、教育及训练与工作世界之间的关系。

学生能力要求:(1)获取达到职业目标所需的知识;运用达到职业目标所需的技能。

个性/社会性发展方面

标准A:学生将获得理解与尊重自己和他人所需的态度、知识与人际技能。

学生能力要求:(1)达到自我了解;(2)获得人际技能。

标准B:学生将能做决策、确定目标并为实现目标采取必要的行动。

学生能力要求:自我认识的运用。

标准C:学生将了解安全与生存技能。

学生能力要求:获得个人安全的技能。

可以看出,在学业方面,指导教师主要是帮助学生选课。新生进校后,指导教师将为每一个学生进行心理和个性倾向测试,并为学生建立电子档案,包括姓名、性别、家庭情况、学业表现、兴趣爱好等多方面的信息。高一新生入校后,指导教师就为学生开设选课方面的专题讲座或进行个别谈话,向他们介绍学校课程的开设情况、学分要求、个性倾向与职业的关系、各种职业和学科的关系等。

  为了让每一位学生能够选到自己所喜欢的课程,美国高中生的选课工作通常提前3至6个月完成,这也是为了确保新学期学校能按时、保质地开出学生们所需要的课程,同时学校也有比较充裕的时间来调配任课教师。

  每年的3月底,学生要把9月开学时的课选定。因此,每年的三四月份是美国高中生的选课季。任课教师会把开课的信息交给分管教学的副校长,信息包括课程名称、内容、上课时间和地点、选修要求、参考资料等。副校长审核后,将相关信息输入电脑,这项工作一般在学年结束前完成。接着,学校还会编写一份选课指南,指南涵盖的信息广泛,有助于学生选课。①

  如加州韦伯(Webb)高中在每年发给学生的选课指南中,对学校的教育理念、教育目、选课说明、所开设的各类选修课以及选择每门选修课所要满足的条件都做了详细的说明。②

  在指导教师的指导下,学生根据自己的个性和特长、生涯规划(如要报考的大学专业,升学还是就业等)、课程大纲等信息选择所要修习的课程。在选课的过程中,指导教师会通过讲座、家访与电话等形式与家长保持联系。学生也会与父母和同学商量,决定好后,学生和父母必须在选课卡上签字,并交给指导教师。

  指导教师收到学生的选课单后,他们将学生所选的课程与电脑中教师的课表进行配对。同一门必修课由几位老师分别开设,而多数选修课每门只有一位老师。虽课程众多,但选课前做了充分的指导,很少发生学生所选课程时间冲突的问题。即使有冲突,很多时候,学生也可以选择替补性课程退而求其次。

  在学习过程中,学生如果需要改变自己的课程,也需要指导教师负责解决。

  一些大型的学校,学生顾问的分工比较细。比如有学业顾问、健康顾问(青少年不便向其他人启齿的问题,可以找健康顾问谈)、大学顾问(负责指导学生如何申请大学、奖学金)和职业顾问(负责指导学生如何找工作,并联系社会上的公司

---

① 杨光富,李茂菊. 尊重个性与选择权:美国高中走班制的核心[J]. 外国教育研究,2020(8):23.
② 杨鸿燕. 美国加州韦伯高中选修课的设置和实施研究[D]. 长沙:湖南师范大学,2014:27.

到学校举办招聘大会)等,每一个顾问有不同的服务范围,学生可以得到全面的服务。①

学校将根据学生们的选择,划出教学班,由各学科教研组长提供任课教师名单,最后由学校排定任课教师及课表。美国高中班级规模一般为 20—25 人,小班化教学使学生得到老师更多的关注。指导教师除了选课指导外,还肩负其他方面的任务。

指导教师除了帮助学生选课、提供职业信息外,很大一部分时间是花在帮助解决学生与同伴、学生与教师的冲突,解决一些情绪上和心理上的问题。当然,在他们工作中,仍然是以帮助学生自己解决自己的问题为目标的。因此,指导教师本人必须具备心理学知识,熟悉并掌握各种指导方法和技巧,能体谅学生的处境、尊重学生的个人尊严并具有理解和帮助学生的愿望。为此,美国大多数州都规定,要有教学经验并获得学校指导工作的硕士学位的教师才可担任指导教师。通常,学校中每 500 个学生就设有一位指导教师。②

因此,在整个高中阶段,指导教师对学生的学分积累、所选课程和学业进展、特长发展、生涯规划、心理辅导、升学指导、奖助学金咨询等提供全面的帮助。

二、训导主任:负责处理违纪学生

使用法律来管理学生,是美国公立学校学生管理的核心原则。公立高中通常都会有一个到几个专职人员负责学生管理,他们被称为"训导主任",他们是全校学生管理的主管,主要是协助校长处理严重违纪的学生,比如处理学生的停课、停学、处分、开除等。

每一个在美国公立高中读书的学生,进校的时候都会拿到一本《学生管理手册》。这本手册有上百页,详细说明了学生的行为准则。旷课怎么处理、什么行为是违规等都讲得明明白白。而且,学生手册没有一条是抽象的、无法实施的。在手册里,经常会看到如下的规定:③

---

① 关荣泰.班主任微话题150[M].太原:山西教育出版社,2019:371.
② 钟启泉,黄志成.西方德育原理[M].西安:陕西人民教育出版社,1998:335.
③ 方帆.给学生无限可能:细说美国教育[M].北京:中国人民大学出版社,2016:17.

1. 禁止穿这种长度的短裤或者短裙：伸直双手下垂，放在大腿上，裙子下摆或者短裤的裤脚短于最短的手指的长度。

2. 禁止穿暴露上身1/4肉体的衣服。

3. 禁止穿低V领的背心以及细吊带背心。

4. 进入教室比上课时间晚5分钟以上、20分钟以下为迟到。迟到三次算一次旷课。一个学期累积三次旷课，家长可被判罚25万美元或徒刑六个月。

5. 携带任何武器进入校园，或携带看上去像武器的玩具进入校园，可被开除。

6. 携带毒品或者酒精类饮品进入校园，可被开除。

7. 在学校财物（比如墙壁、课桌）上面乱写乱画，可被判徒刑六个月。

8. 学生如在上课期间离开学校，必须申请"家长允许离开学校"通行证。没有通行证，外出可随时被警察逮捕。

9. 以侮辱性言语在网络或者现实中辱骂他人超过三次者，可被罚停学处分或承担更严重的法律后果。

如果学生在课堂上违反《学生管理手册》，经任课教师教育仍然不服从管教者，任课教师会填写一张学生违纪单交给学校训导主任，训导主任联系学生或学生家长进行批评教育。假如学生在课堂上严重违纪，导致课无法正常进行，老师通常会叫学校保安，把学生带到训导主任办公室。

训导主任会跟警察合作，保证《学生管理手册》上面的所有学生行为准则得到遵守。尤其对那些严重违纪的学生，警告、停学、开除等处分都由训导主任负责处理。此外，训导主任会对问题学生或监外执行的学生尤为关注。也就是说，对那些犯法但没有坐牢、监外执行的在校生，训导主任要全程监控，如有问题会及时与警方沟通。

三、家房老师：负责班级学生日常管理

美国高中采取走班教学的形式，那么，美国的高中到底有没有"班级"概念呢？答案当然是肯定的，而且美国中学特别注重加强"班级"的管理与团队建设。美国的班级管理是通过"家房"（homeroom）进行的，"家房"是班级同学情感联系的纽带，家房老师主要负责学生的日常管理。

笔者认为"homeroom"译为"指导教室"更为贴切,因为它一般由学校家房老师负责。维基百科是这样解释"家房"的:"家房"亦称为"咨询室"(advisory),它是家房教师点名和发布通知的地方。

美国的公立中学没有固定的班级,有"年级"的概念,没有"班"的概念。学生是选课的,老师在不同的课室,等着学生来上课。但是,有一个东西,是中国的学校没有的,叫"家房",有的地方也叫"辅导课"或"咨询课"(advisory)。这个东西就是学生的"母班"。在很多中学,学生每天要先去一次"家房",然后才各自到不同的课室上不同的课。因此,在某种意义上,跟中国的"班"是一样的。在美国中学里,"家房"首先是按照年级来分的,同一个年级的学生,分成几个大组,每一个大组(或者从某种意义上我们也可以叫"班")是一个"家房",每一个"家房"都有一个"家房老师"(homeroom teacher)。①

家房现已经被世界各国的中小学普遍接受,并加以实践。② 家房的成员由同一年入学的学生组成,一般为20—30人,成员相对稳定。如洛杉矶罗斯福高中将每一届新招收的学生随机分成许多班级,每个班级三十人左右。③

美国高中家房活动一次约为30分钟,一般放在第一节课前,也可以放在午餐时间、所有课结束之后或放学前进行。如学生每天早上到学校先到各自的家房集中,做上课前的各项准备工作。家房里开展活动的内容和形式多样,具体来说主要涉及以下几个方面:④

    1. 点名考勤。教师会利用这个时间点名,以此督促学生按时上课。

    2. 处理班级的事务。教师利用这个时间交代一下琐碎事项,如发课程表、发放学校无线网络密码、发锁柜密码、收缴作业、上交各种表格、通知照相时间、通知学校各类活动等。

    3. 与缺席者和后进生谈话。指导教师会利用这个时间找上课缺席者或后进

---

① 关荣泰. 班主任微话题150[M]. 太原:山西教育出版社,2019:369.
② Homeroom [EB/OL]. (2018-08-02)[2018-08-02]. https://en.wikipedia.org/wiki/Homeroom#United_States.
③ 孙政庭. 我眼中的美国高中教育管理[J]. 中国德育,2018(18):77—79.
④ 杨光富,李茂菊. 尊重个性与选择权:美国高中走班制的核心[J]. 外国教育研究,2020(8):24.

的学生谈话,问明原因,鼓励上进。

　　4. 对学生进行学业、生涯、品德、心理等方面的指导。学业指导方面,其选课、填报等工作就在此完成。

　　5. 学习娱乐的场所。有时家房活动被用来阅读、看电视或做家庭作业,也可以用来小组活动。

　　6. 重要的考试所在地。如决定学校排名的统考就在此进行。

　　7. 学生各类投票所在地。如学生会竞选,竞选和投票均在家房中进行。

　　8. 课前宣誓。活动结束前,全体同学起立,面对美国的星条旗进行宣誓。当铃声响起,学生就各自奔向自己的课堂。

另外,家房还要选举家房学生代表,协助家房老师管理好班级。同时,学生代表还通过参加每周一次的校长内阁会议,向学校反映家房学生的意见。

　　美国的中学是由学生跟成人共同管理的。"家房"要选举"家房学生代表"。这个学生代表,集中"家房"同学的意见,也就是同一个年级的同学的意见,代表"家房",参加"校长内阁会议"。在每星期一次的"校长内阁会议"中,向校长做出报告,反映"家房"里面同学的要求,诸如教室的冷热、厕所臭味、老师不公平等,都是每周的例行会议中要说的问题。①

可以看出,家房承担了类似我国班级的各项功能,它为同一个年级的学生提供了在一起的机会。在整个高中阶段,同一个家房的学生都在一起度过家房时间,它是这些学生之间情感联系的纽带。因此,家房所开展的工作也是走班制中必不可少的、重要的一项工作。

第四节　美国高中走班制的主要特色及对我国的启示

　　2014年12月,我国颁布了《关于普通高中学业水平考试的实施意见》,确定我国于2017年起在全国全面启动高考综合改革,采取"3+3"的高考考试科目形式。随着

---

① 关荣泰.班主任微话题150[M].太原:山西教育出版社,2019:370.

高考改革的启动,高中阶段的教学模式必然要做出相应的变化,其中"走班制"改革是大势所趋。美国高中的"走班制"虽然存在学生选课的盲目性、学生间学业差距加大、班集体概念淡化等诸多问题。但总体来看,它在实践中已被证明是应对选修课门类众多行之有效的方法。通过上文可以概况出美国高中走班制有以下几个方面的特色,并为我国高中"走班制"提供了借鉴。

一、美国高中走班制有完善的选课制与学分制

走班制既考虑到毕业的要求,又考虑到升学的要求,其中宽松的毕业要求为学生个性化的发展提供了可能。为满足学生个性化需求,我国高中应加大选修课的比例,完善课程体系,同时要建立符合我国国情的学分制。我国高中主要是以学年制管理为主,将学年制和学分制结合起来。这样做"既可以满足课程多样性的需要,体现以学生发展为本的教育理念,又可以在全国范围内顺利地实施。"[①]

二、美国高中走班制有学生指导作保障

美国的高中生在指导教师的指导下,通过生涯规划课程及与生涯有关的讲座、活动等,对自我和社会将会有较为充分的了解,这为他们的选课走班、选高校、选专业打下了较好的基础。因此,我们应尽快加强指导教师培养,配齐专职指导教师,为学生的学业、生涯规划、心理等做出专业的指导,为走班教学的顺利实施保驾护航。

三、美国高中走班制有专门的学科教室

美国教师的办公室就是学科教室,每个教师都会精心布置自己的教室,教室充满学科氛围与特色。还有的老师会把课程规则和相关规定张贴在墙上,如学生着装要求、作业收缴方式和评分标准等。另外,美国高中老师也会在学科教室里开辟一个展览区,专门展示学生们的一些作品、研究报告或项目作业等,鼓励学生更加努力学习。

选科走班教学以后,由于班额减少及组合增加,需要更多的教室和教师配备,导致普通教室和专用教室数量不足。[②] 针对这一问题,我们可以把大教室改为20—30人的学科教室,以增加教室的数量。同时,精心布置,让学生耳濡目染。我们也可以把各类实验室改为自然学科教室,让学生充分利用各种实验仪器,体验实验的无穷奥妙,培

---

① 崔允漷.我国普通高中学分制方案:问题与建议[J].全球教育展望,2003(1):12—16.
② 冯建军,汤林春,徐宏亮."新高考改革与普通高中教育发展"笔谈[J].基础教育,2019,16(1):39—46.

养学生的动手能力和创新意识。

四、美国高中走班制通过家房加强班级文化建设

美国的高中生虽然走班,上课教室和学生均不固定,但通过家房活动的指导,让学生选择自己喜欢的课程,又能让学生获得班级稳定的情感联系。如果我们的高中实行走班制,班级的概念势必会越来越模糊。为此,我们可以专门开辟一个教室作为行政班的活动场所,安排导师或班主任管理,让学生获得归属感与集体责任感,这方面美国家房的管理和运作就是一个很好的参考范例。

五、美国高中走班制空间布置合理,相关设施齐全

美国高中的教室一般为1—3层的结构,楼与楼之间的距离也比较近,各个楼层的走廊也比较宽敞,便于学生在短时间内能快速地到达上课的教室。

美国高中拥有开放、便捷的教学空间。走班制高中的教学楼相对比较矮,一般是三楼,较高楼层的较少,同时会为每位学生配备储物柜方便学生储物。教室会根据学科的特质进行合适的布置,固定的教室与灵活的教室相结合达到学校资源利用最大化。[1]

因此,我国开展走班制时,合理的空间布置也需要考虑。其中,可以考虑在每个教室的走廊或教室里面为每个同学配置一个专属的柜子,便于学生存放物品,同时加强学生的安全教育与自我管理的能力与意识。

(感谢美国加州圣何塞州立大学学生指导系胡晓璐教授在本章内容写作过程中提供的帮助与指导。)

---

[1] 李茂菊.美国高中走班制的发展历程研究[D].上海:华东师范大学,2019:98.

第四章 芬兰不分年级高中的组织与管理

芬兰高中的一大特色是采取不分年级制(non-graded system)的教学模式。该种教学模式打破传统固定的班级和年级,虽然学生入学年份不同,但因同时选择同一门课程而在同一个班级上课。20 世纪 80 年代,芬兰普通高中开始实施不分年级制。之后,芬兰又经历了几次课程改革,不断对不分年级高中的课程、教学、评价及管理制度加以完善,以更好地满足时代的需要。不分年级制因充分考虑学生的个性需求,极大地满足了学生的选择权,深受学生的喜欢。经过三四十年的发展,不分年级高中最终形成了独具特色的"芬兰模式"。① 在新高考改革背景下,我国普通高中由传统行政班到走班教学的实践中遇到了诸多亟须解决的问题。如教学班管理难度的增大②、学生选课的盲目性③、学生个性化学业指导的缺席④、课程多元评价⑤等问题。芬兰不分年级高中实践的成功经验已经引起其他国家的高度关注,对我国新高考普通高中走班教学实践中出现的以上诸多问题也有一定的借鉴与启发价值。

第一节 芬兰不分年级高中的由来与发展

不分年级制学校最早诞生于美国,随后席卷欧美各国的中小学。20 世纪 70 年代

---

① 杨光富. 个性与选择:芬兰不分年级高中的组织与管理[J]. 外国教育研究,2022(5):60.
② 纪德奎,朱聪. 高考改革背景下"走班制"诉求及问题反思[J]. 课程·教材·教法,2016(10):53—57.
③ 周彬. 高中走班教学:问题、路径与保障机制[J]. 课程·教材·教法,2018(1):54—59.
④ 刘志军,王宏伟. 学业水平考试改革背景下的高中教育:困境与超越[J]. 全球教育展望,2016,45(12):63—69.
⑤ 冯成火. 高考新政下高中课改的评价、问题与策略——基于浙江省的实践与探索[J]. 教育研究,2017,38(2):123—131.

起,芬兰借鉴德国不分年级实践的成功经验,在成人夜校和普通高中的教学中试点。由于该教学模式满足了学生的个性化选择,因此自 20 世纪 90 年代起,不分年级教学模式在芬兰普通高中全面实施。

一、不分年级高中最早源于美国

1959 年,美国课程专家约翰·古德莱德(John Goodlad)在其出版的《不分年级小学》(*The Nongraded Elementary School*)一书中,正式提出"不分年级制"。其实,早在 1958 年,佛罗里达州(Florida)的墨尔本高中(Melbourne High School)就实施了不分年级制。[①]

在墨尔本高中建立不分年级制后,美国其他地区的高中也开始开展不分年级的试点工作。1959 年,第二所不分年级高中——杨百翰大学实验学校(Brigham Young University Laboratory School)在犹他州普罗沃市(Provo)建立。[②] 同年,第三所不分年级高中在罗德岛州(Rhode Island)的米德尔顿(Middletown)建立。

不分年级教学最终让走班制打破班级和年级的界限,充分考虑到了学生的兴趣与能力,一经出现很快风靡全美国,并传至欧美各国。

二、芬兰不分年级教学的早期试点

芬兰高中不分年级的实践是借鉴德国的成功经验,并最早用于成人夜校的教学中。二战后,由于需要赔付大量的战争赔款,刺激了芬兰国内经济的发展和工业化进程。

20 世纪六七十年代,芬兰正从农业社会发展成为北欧福利国家。随着社会地位的提升,社会各界对教育改革的呼声越来越大。早在 20 世纪 70 年代,芬兰教育变革的重点就聚焦在高中教育阶段。

20 世纪 70 年代初,芬兰国家基础教育事务委员会(后改为芬兰国家教育委员会)委派专家到德国考察"不分年级制"成人夜校。专家们"对这种授课形式机动灵活、课程设置注重实用而大受补习高中课程的成人学生们欢迎的教学机制非常感兴趣"[③]。

---

① Brown B F. The Nongraded High School [M]. Englewood Cliffs, N J: Prentice-Hall, Inc., 1963:13.
② Jenkins J M. Nongrading the High School [J]. International Journal of Educational Reform, 1998(3):277.
③ 张瑞海.芬兰普通高中教育的特色[J].课程·教材·教法,2003(4):73.

随之,在委员会的建议下,芬兰政府决定将不分年级制引入普通高中。自 1982 年起,芬兰普通高中采用模块化课程,并从 1987 年起,开始在全国的多所普通高中实施不分年级教学模式。①

三、不分年级制在芬兰普通高中的确立

芬兰普通高中不分年级教学模式正式确立于 20 世纪 90 年代。由于不分年级教学模式满足了学生们多样化的选择及个性化的需求,在实践中取得了较好的效果。经过教育部门的研究与论证,芬兰于 1994 年颁布《高中学校课程框架》(Framework Curriculum for the Senior Secondary School),正式提出在普通高中普遍实行"不分年级、不分班级"的教学组织方式。②

芬兰不分年级教学意味着学校不再需要把学生编入固定班级或分配固定教室,不同学年入学的学生完全有可能因选择同一教师的同一课程而坐在同一个教室。③

实施不分年级制后,高中学业完成时间不再局限于三年,高中的留级或重读制度随之被废除。1998 年,不分年级制正式写入《普通高中教育法》(810/1998)(Decree on General Upper Secondary Education),该法明确规定"所有高中都应采纳不分年级制"。④ 自此,不分年级教学模式在芬兰普通高中正式确立。

第二节　芬兰不分年级高中的课程与学制

提到芬兰高中不分年级授课,必须先了解芬兰高中的课程类型、课时及课程模块。2014 年,芬兰颁布了《政府关于普通高中教育总体目标和课程学时分配的法令》(942/2014)(Government Decree on the General Objectives for General Upper Secondary Education and Lesson Hour Distribution),规定普通高中课程主要包括必修课程

---

① Antikainen A. Transforming a Learning Society: The Case of Finland [M]. Bern, Frankfurt, Brussels, New York: Peter Lang, 2007:27.
② 程振响. 芬兰普通高中课程改革新进展[M]. 北京:中国科学技术出版社,2006:15.
③ 石鸥. 教育困惑中的理性追求[M]. 长沙:湖南师范大学出版社,2005:178.
④ 李家永. 芬兰普通高中教育的改革[J]. 比较教育研究,2003(8):88.

（compulsory courses）、专业选修课程（specialization courses）和应用性课程（applied courses）三类。①

必修课程由国家统一规定，地方或学校也可以在本地区的地方课程中挑选一部分课程作为必修课。专业选修课程是指国家或地方规定的与必修课程相关的选修课程，主要是对必修课程的拓展或加深。应用性课程是指那些学科课程无法包含的综合性、实践性课程，这类课程由学校自行开发与实施。

三类课程中的每门学科有若干个课程模块，每个模块统一为38课时，便于学生选择。同时，学校打破传统三年学制的传统，提出弹性学制，学生可选择在二至四年内完成学业。

一、芬兰不分年级高中的模块课程

1992年，芬兰政府颁布《普通高级中学法案》（Upper Secondary School Act），1993年又颁布《普通高级中学法令》（Upper Secondary School Decree）。这两个法规性文件是芬兰普通高中课程方案出台的法律依据。

1994年，芬兰国家教育委员会根据上述两个法规，制定并颁布《高中学校课程框架》。2003年芬兰全国教育委员会修订了1994年颁布的《高中学校课程框架》。

目前的课程标准于2014年颁布，并于2016年8月生效。② 根据2014年《政府关于普通高中教育总体目标和课程学时分配的法令》（942/2014），芬兰普通高中课程框架及课时分配情况如表4-1所示。

根据目前芬兰普通高中课程框架，芬兰普通高中的课程按照学科（subject）或学科群（subject group）分成不同的课程。目前的学科或学科群有：母语与文学、语言、数学、环境与自然科学、人文社会科学、宗教/伦理、健康教育、艺术与体育、学生咨询与指导、专题研究等共计10门。

---

① Valtioneuvoston Asetus Lukiolaissa Tarkoitetun Koulutuksen Yleisistä Valtakunnallisista Tavoitteista Ja tuntijaosta [EB/OL]. (2014-12-01) [2021-09-10]. https://www.finlex.fi/fi/laki/smur/2014/20140942.

② Jenna Lähdemäki. Case Study: The Finnish National Curriculum 2016—A Co-created National Education Policy. In: Cook J. Sustainability, Human Well-Being, and the Future of Education [M]. Palgrave Macmillan, Cham, 2019:398.

表 4-1 芬兰普通高中课程框架及课时分配情况(2016 年 8 月起生效)[①]

学科或学科群		必修课程数	专业选修课程数
母语与文学		6	3
语言	A 类语言	6	2
	B 类语言	5	2
	其他语言	/	8+8
数学	普通数学	1	/
	基础数学	5	2
	高级数学	9	3
环境与自然科学	生物	2	3
	地理	1	3
	物理	1	6
	化学	1	4
人文社会科学	哲学	2	2
	心理学	1	4
	历史	3	3
	社会学	3	1
宗教/伦理		2	4
健康教育		1	2
艺术与体育		5	/
体育		2	3
音乐		1—2	2
视觉艺术		1—2	2
学生咨询与指导		2	/
专题研究			3
必修课程数目		47—51	
专业选修课数目		10	
毕业最低要求的课程数目		75	

[①] The Finnish National Core Curriculum for the General Upper Secondary Education (LUKION OPETUSSUUNNITELMAN PERUSTEET 2015) [EB/OL]. (2015 - 02 - 05)[2021 - 09 - 12]. https://www.oph.fi/sites/default/files/documents/172124_lukion_opetussuunnitelman_perusteet_2015.pdf.:140-144, 252-253.

从表 4-1 中可以看出,芬兰普通高中的课程有两个显著的特点:

一是以课程模块为主,便于集中学习;
二是选修课的比例较高,满足学生的个性化需求。

首先,在课程模块方面,每个学科或学科群又有若干门"课程"(course),这些"课程"相当于教学模块或单元。如环境与自然科学学科群,分为生物、地理、物理、化学四门学科,每门学科又分为若干个课程模块。如生物学科必修课程模块 2 门(生命与进化、生态与环境)、专业选修课程模块 3 门(细胞与遗传、人类生物学、生物学的应用)。①

每个学科有 8 至 10 门课程模块,这样 10 个学科或学科群就有上百门课程模块。每个模块的课程就相当于一个"积木",每个模块课程(积木)统一为 38 个学时,不仅便于各个"积木"之间的随意置换、搭配,同时还便于学生的选择。

另外,每门课程课时较短,仅为 38 学时,便于集中学习。

其次,选修课所占的比例较高。芬兰《普通高中教育法》(810/1998)第一条规定,学生最少修读 75 门课程才能获得毕业文凭。② 根据 2014 年新颁布的国家课程,每位高中毕业生毕业前至少完成 75 门课程,其中包括 47—51 门必修课,占全部课程的63%—68%,选修课占 32%—37%。"通常芬兰学生在高中期间都会修完 80 个以上的课程模块,不少学生甚至修完 100 多个课程模块。"③

二、芬兰不分年级高中的弹性学制

芬兰高中原本的学制为固定的三年,但为了适应不分年级教学模式改革的需要,

---

① The Finnish National Core Curriculum for the General Upper Secondary Education (LUKION OPETUSSUUNNITELMAN PERUSTEET 2015) [EB/OL]. (2015-02-05)[2021-09-12]. https://www.oph.fi/sites/default/files/documents/172124_lukion_opetussuunnitelman_perusteet_2015.pdf.:140-144, 252-253.
② Decree on General Upper Secondary Education(810/1998) [EB/OL]. (1998-11-06)[2021-10-08]. https://www.finlex.fi/fi/laki/ajantasa/1998/19980810.
③ 浙江省教育厅赴北欧教育考察团. 走进芬兰高中课程改革[J]. 外国中小学教育,2008(8):37.

后来打破固定的普通高中的修学年限,实行灵活化的弹性学制。1994年的《高中学校课程框架》提出了弹性学制,它规定:

> 高中基本学制仍为三年,并按此设计高中阶段的学习内容。但学生可以在二至四年内完成高中的学业。①

这就是说,芬兰的高中生可以根据自己的实际情况,选择两年、三年或四年毕业,甚至少数特殊情况的学生也可将学制延长至五年。

> 芬兰"不分年级制"高中实行2—4年的弹性学制。学生可以根据自身条件、学习计划和安排等情况,自行决定完成高中教育的年限。学习进度快、成绩优异的学生2年可以毕业,学习进度较慢或学习兴趣较广的学生4年毕业。绝大部分学生都是在学满3年之后毕业的。②

可以看出,这个弹性学制的好处是,每个学生都可以根据自己的兴趣爱好、能力特长、智力水平等情况,自行决定高中阶段的学习年限,并不需要经过老师或校长的批准。因此,对那些天资聪明、学习进度快、基础好的学生,两年内便可完成高中学业。而那些天资一般、学习进度较慢的学生,四年内完成学业也属于正常。

从多年的实践来看,芬兰的高中生大多数选择三年毕业。"如赫尔辛基市的罗苏高中每年仅有1—2名学生两年完成高中学业,也有几名学生需要四年才能毕业。"③

当然,一些选择四年或五年毕业的学生也不是所谓的"差生",而是一些成绩优异的学生。其原因有三个方面:

> 一是由于他们的兴趣较为广泛,选择了超过学分规定的课程;
> 二是学生不选择过多的课程学习,这样就可以有更多的闲暇时间去做自己感兴趣的事情,如从事自己喜欢的体育或其他娱乐活动,甚至外出旅行等;

---

① 李家永.芬兰普通高中教育的改革[J].比较教育研究,2003(8):88.
② 季明明.北京教育发展研究报告2003年卷:开创首都教育现代化新局面[M].北京:民族出版社,2004:411.
③ 何晓娜.芬兰中小学个性化教育研究[D].上海:华东师范大学,2004:15.

三是为考一个好的大学做充分的准备。如学习期限延长,这样就有了更多的时间准备毕业会考及大学组织的入学考试。

总之,芬兰普通高中多样化的课程,尤其是数量众多的选修课极大地满足了学生个性化发展及多元的职业取向,同时,模块化课程便于学生选修与集中学习。另外,芬兰高中这种灵活弹性的学制有效地促进了不分年级教学模式在普通高中的推广,它为学生根据自身实际情况自行选择学习内容及学习年限提供了重要保障。

第三节　芬兰不分年级高中的教学与评价

芬兰不分年级高中按照学段进行教学,学生每学完一门课程,授课老师按照十分制对学生的课程学业加以评价(course assessment)。另外,每位高中毕业生还要参加入学考试(matriculation examination),为选择高校和专业做好准备。

一、芬兰不分年级高中的按学段教学

选择同一课程的同学既有刚刚入学的,也有即将毕业的学生。"一般来说,只要有8—10名学生选择同一门课程,学校就要提供条件开设。"[1]如果选修某门课程的人数不足8人,或者学生喜欢某门课程,但因学校师资问题无法开设,学生可以到其他学校或校外的教育机构选课学习,学校承认该门课程的成绩。或者让学生另外选修其他的课程,以保证选修的学生能够达到开班所必需的人数。除了支持学生到外校选课外,学校还鼓励一些学有余力的同学或特长生选修大学课程或利用大学教学、实验设备进行研究工作,其在大学的学习成绩不仅可以计入普通高中选修学分,而且将来进入大学学习时,其学习成绩也会被大学认可。

芬兰不分年级高中是按学段进行教学的,它没有传统的上、下两个学期,而将一学年分为5—6个学段,每个学段6—8周。芬兰高中的每个课程模块有38课时,每节课45分钟。[2]

---

[1] 赖凤照.芬兰"不分年级制"高中课程改革研究[D].南投:台湾暨南大学,2007:84.
[2] Unesco-IBE. World Data on Education: Finland [EB/OL]. (2012 - 03 - 02)[2021 - 08 - 13]. http://www.ibe.unesco.org/fileadmin/user_upload/Publications/WDE/2010/pdf-versions/Finland.pdf.:10.

一般情况下,学校要求每位同学每个学段至少学习4门课程,学生通常会每周选修6门课程,每门课程每周5节课(以前每周2课时),一周就有30节课,这样下来,三年基本达到高中毕业的要求。

为了保证课程的完整性,让学生更好地掌握课堂所学知识,很多高中将每节课由45分钟延长至75分钟,这样每门课程上23节课即可。如赫尔辛基市罗苏高中2001年实行每节课45分钟,2002年已改为75分钟一节课。① 实践和研究表明,75分钟是高中阶段每节课最佳的学习时长。

高中的课程通常在上午8点开始,下午4点结束,在午休时间,学生可以免费享用午餐。②

每个学段的最后一周为考试周,通过考试后再进入下一个学段的学习。以前一学年两个学期,每门课程每周2节课,一个学期才能学完,学习周期太长,学生容易遗忘前面所学的知识。现在一学年分为5—6个学段,每个学科的知识分为几个模块,每个学段的课程由每周2节提高到5节,基本上每天都能接触到所选的课程,这样有助于学生集中学习,也有助于学生集中记忆。

二、芬兰不分年级高中的内外部评价

芬兰不分年级高中对学生的评价分为内部评价和外部评价两个部分。内部评价的目的"是促进学生的学习,其出发点是帮助学生了解他们应该学习什么以及如何评估学习,……同时也可让学生家长了解学生在校的学习情况"③。而外部评价主要是为了上大学而做的准备。

(一) 内部评价:平时课程评价

学生在一个学段里参加课程的学习,学段的最后一周为考试周。学生每学完一门

---

① 张瑞海.芬兰普通高中教育的特色[J].课程·教材·教法,2003(4):74.
② Finland: Organisation of General Upper Secondary Education [EB/OL]. (2019-12-30)[2021-10-10]. https://eacea.ec.europa.eu/national-policies/eurydice/content/organisation-general-upper-secondary-education-15_en.
③ The Finnish National Core Curriculum for the General Upper Secondary Education (LUKION OPETUSSUUNNITELMAN PERUSTEET 2015)[EB/OL]. (2015-02-05)[2021-09-12]. https://www.oph.fi/sites/default/files/documents/172124_lukion_opetussuunnitelman_perusteet_2015.pdf.:228.

课程都要结业考试。"课程评价(course assessment)由任课教师负责,同时结合学生的自我评价和同伴评价综合打分"①。任课教师结合考试成绩、平时学习表现及课堂作业完成情况对学生的课程学习情况进行综合打分。另外,《普通高中教育法》1116/2008 规定,"学生有权获得有关学业评价的标准及其适用情况的信息"②。因此,《普通高中国家核心课程 2015》明确规定,任课教师必须在课程开始的时候告诉学生课程评价的目标与标准。

学生修完每一门学科或学科群,"由任课教师进行评价,如果由多位老师任教,则这些任课老师共同进行评价,最终由校长和任课老师一起给学生做出评价"③。根据 1998 年芬兰《普通高中教育法》(810/1998),学生内部学业评价按照 10 分制计分,成绩等级范围为 4 分到 10 分。

其中,4 分为不及格;5 分表示"一般"(adequate);6 分表示"中等"(moderate);7 分表示"满意"(satisfactory);8 分表示"好"(good);9 分表示"非常好"(very good);10 分表示"优秀"(excellent)。④

如没有通过某门课程的考核,可以重新选修,直到通过为止。"未通过课程考试或希望提高成绩的学生,应有机会参加单独考试,以提高成绩"⑤。即使通过考试,但学生认为考试成绩不够理想,也可以再次重修参加考试,以最理想的成绩计入成绩单。

---

① The Finnish National Core Curriculum for the General Upper Secondary Education (LUKION OPETUSSUUNNITELMAN PERUSTEET 2015)[EB/OL].(2015-02-05)[2021-09-12]. https://www.oph.fi/sites/default/files/documents/172124_lukion_opetussuunnitelman_perusteet_2015.pdf.:228.

② The Finnish National Core Curriculum for the General Upper Secondary Education (LUKION OPETUSSUUNNITELMAN PERUSTEET 2015)[EB/OL].(2015-02-05)[2021-09-12]. https://www.oph.fi/sites/default/files/documents/172124_lukion_opetussuunnitelman_perusteet_2015.pdf.:228.

③ Finland: Assessment in General Upper Secondary Education[EB/OL].(2019-02-05)[2021-10-14]. https://eacea.ec.europa.eu/national-policies/eurydice/content/assessment-general-upper-secondary-education-15_en.

④ General Upper Secondary Schools Decree (810/1998)[EB/OL].(1998-08-10)[2021-11-12]. https://www.finlex.fi/fi/laki/ajantasa/1998/19980810.

⑤ The Finnish National Core Curriculum for the General Upper Secondary Education (LUKION OPETUSSUUNNITELMAN PERUSTEET 2015)[EB/OL].(2015-02-05)[2021-09-12]. https://www.oph.fi/sites/default/files/documents/172124_lukion_opetussuunnitelman_perusteet_2015.pdf.:233.

如果同一学科有 2 门课程没有通过考试,该学科的学习就必须终止,但这并不影响其他学科的学习。

学生完成并通过一门课程时,学校给学生颁发课程结业证书。但《高中课程 2015》规定:

> 每门学科中如超过如下课程没有通过,则这个学科就不能通过考试:1—2 门课程都不及格、3—5 门课程有 1 门不及格、6—8 课程有 2 门不及格、9 门或更多课程有 3 门不及格。①

如这个学科规定至少学 8 门课程,若其中有 2 门不及格,则判定这个学科不合格。学生完成教学大纲所规定的课程后,最终将得到一张普通高中毕业证书,证书信息中除包括各学科的等级外,还将普通高中教育法规定的口语技能考试合格证书附在里面。

(二) 外部评价:大学入学考试

外部评价主要指的是高中毕业会考,它是每位学生在高中学业结业后必须参加的全国统一考试。它同时也是大学入学考试,由芬兰大学入学考试委员会(the Finnish Matriculation Examination Board)组织。另外,各大学现在也单独组织入学考试,大学最终录取的依据是"高中毕业会考(即大学入学考试)及高校自己组织考试的分数"②。因篇幅限制,本部分仅对大学入学考试(毕业会考)做一分析。

大学入学考试每年举行两次,分别在春季三月份和秋季九月份。时间安排在每周的一、三、五三天,每隔一天考一次,每次 6 个小时,两周考完。

大学入学考试共考四门科目。母语是必考科目,大部分学生的母语是芬兰语,部分学生的母语为瑞典语或萨米语。其余三门分别是:第二语言(母语为芬兰语的考瑞典语、母语为瑞典语的考芬兰语)、外语(英语、德语或法语等)、数学和综合科目(the general studies)。

---

① The Finnish National Core Curriculum for the General Upper Secondary Education (LUKION OPETUSSUUNNITELMAN PERUSTEET 2015) [EB/OL]. (2015-02-05)[2021-09-12]. https://www.oph.fi/sites/default/files/documents/172124_lukion_opetussuunnitelman_perusteet_2015.pdf.:233.
② Sharon O'Donnell. Upper Secondary Education in Finland Full Review [EB/OL]. (2017-10-09)[2021-09-23]. https://www.ncca.ie/media/3329/finland-full-review-1.pdf.:31.

"母语"考试要求学生至少完成两篇论文的写作,一篇是根据题目写论文,另外一篇是根据材料自拟题目写论文。在外语科目考试中,英语、德语和法语是学生选择最多的三门外语,此外,学生还可以从俄语、意大利语、西班牙语、葡萄牙语、拉丁语、萨米语中选择一门参加考试。外语考试包括听力、语法、阅读理解和作文等几项内容。数学考试共有15题,考生从中选做10题即可,并且可以经考试委员会的允许携带计算器及有数学公式和表格的书籍。①

"综合科目"包含"自然和社会科学12个科目的知识,包括的科目有:宗教(福音路德)、宗教(东正教)、伦理道德史教育、哲学、心理学、历史、公民、物理、化学、生物、地理、健康教育"。②

每门科目的试卷有八道题目,每一题的分值都相同。考生从这些科目的考试题中选择八道题即可,多做无效。考生既可以从一门科目中选八题,也可以从多个科目中选做一道或多道题。选择考题的依据是自己对知识的掌握情况及未来高校的专业选择。如学生准备在大学学习中选择化学专业,他就会尽可能多地选择化学考题中的题目,甚至选择全部的八道题目。

考试结束后,芬兰大学入学考试委员会会给学生寄一个成绩单,成绩采用等级计分,分为7个等级,以拉丁文的首字母表示。等级、对应分数及所占考生的比例如表4-2所示。

表4-2 芬兰大学入学考试成绩等级、对应分数及所占考生的比例③

等级	对应的拉丁文语	对应的分数	所占考生的比例
L(优秀)	laudatur	7	5%
E(很好)	eximia cum laude approbatur	6	15%
M(好)	magna cum laude approbatur	5	20%
C(较好)	cum laude approbatur	4	24%

---

① 刘彬.芬兰大学入学考试制度及对我国高考制度的启示[J].教育与考试,2009(5):85-87.
② Matriculation exam (Finland) [EB/OL]. (2019-10-19)[2021-12-09]. https://en.wikipedia.org/wiki/Matriculation_exam_(Finland).
③ Matriculation exam (Finland) [EB/OL]. (2019-10-19)[2021-12-09]. https://en.wikipedia.org/wiki/Matriculation_exam_(Finland).

续　表

等级	对应的拉丁文语	对应的分数	所占考生的比例
B(满意)	lubenter approbatur	3	20%
A(一般)	approbatur	2	11%
I(不及格)	improbatur	0	5%

从表 4-2 中可以看出,优秀(L)和不及格(I)分别是前后各 5%的考生;很好(E)占 15%;好(M)和满意(B)分别占 20%;较好(C)所占人数最多,为 24%;一般(A)占 11%。整个等级呈正态分布状态,可以很好地区分各个层次的考生,为高校选拔人才提供了科学的依据。

第四节　芬兰不分年级高中的咨询与指导

2015 年 12 月,芬兰国家教育委员会(Finnish National Board of Education)发布了《普通高中国家核心课程 2015》(National Core Curriculum for General Upper Secondary Schools 2015)(以下简称《高中课程 2015》),并于 2016 年 8 月正式生效。生涯与学业指导在不分年级的管理中显得尤为重要。为此,《高中课程 2015》将《学生咨询与指导》列为必修课程,同时还对咨询与指导工作进行了详细的规定。另外,由于芬兰高中实行不分年级的教学模式,传统的班级和年级被取消之后,学校在学生管理方面会面临各种各样的问题。为适应不分年级的教学组织形式,芬兰普通高中对原有的教学管理机构进行了改革和调整,同时学校增设了教导咨询办公室,负责学生的咨询与指导工作。参与咨询与指导的人员有:学生顾问、指导员和新生辅导员。这支队伍既有专业的指导教师,也有学生自主参与管理,它为不分年级的选课走班与日常管理的顺利实施提供了保障。

一、开设学生指导课程

《高中课程 2015》在咨询与指导方面,明确规定将"我作为一名学生"(I as a Student)和"未来学习和工作世界"(Further Studies and the World of Work)作为必修课。

"我作为一名学生"的课程目标是:

熟悉普通高中的课程结构和大学入学考试；获得高中所需的学习技能；了解自己优势及未来的职业选择。课程内容包括：掌握学习与信息获取的技能，学会学习；规划高中阶段的学习，制定个人学习及大学入学计划；对未来的学习和职业选择加以思考，并制定未来学习与职业规划；掌握生活管理技能；掌握自我评价能力；了解与未来的学习与规划有关的信息；熟悉未来工作世界及高校与专业。①

"未来学习和工作世界"的课程目标是：

　　发展自我认识，掌握生活的管理技能；了解高等教育机构；加深对工作世界的了解。课程内容包括：在芬兰和国外深造的机会；了解不断变化的工作世界；求职技巧；规划未来学习，了解升学的申请程序；不断更新个人学习计划、入学考试计划及生涯规划。②

从两门课程来看，芬兰高中咨询与指导的课程内容非常广泛，主要涉及学生的生涯、学业、生活三个方面，为学生当下及未来的发展提供了有效指导。

二、建立一支学生指导工作队伍

《高中课程 2015》明确指出，参与学生指导工作的人员有：学生顾问（counsellor）、小组指导员（supervisor）及学科老师等。"学生顾问负责全校学生咨询与指导工作，并加以规划与实施。小组指导员监督所负责小组学生的学习。学科教师指导学生学习及相关技能。"③下面重点对学生顾问及小组指导员的工作进行介绍。

---

① The Finnish National Core Curriculum for the General Upper Secondary Education（LUKION OPETUSSUUNNITELMAN PERUSTEET 2015）[EB/OL].（2015-02-05）[2021-09-12]. https://www.oph.fi/sites/default/files/documents/172124_lukion_opetussuunnitelman_perusteet_2015.pdf.：219.

② The Finnish National Core Curriculum for the General Upper Secondary Education（LUKION OPETUSSUUNNITELMAN PERUSTEET 2015）[EB/OL].（2015-02-05）[2021-09-12]. https://www.oph.fi/sites/default/files/documents/172124_lukion_opetussuunnitelman_perusteet_2015.pdf.：219.

③ The Finnish National Core Curriculum for the General Upper Secondary Education（LUKION OPETUSSUUNNITELMAN PERUSTEET 2015）[EB/OL].（2015-02-05）[2021-09-12]. https://www.oph.fi/sites/default/files/documents/172124_lukion_opetussuunnitelman_perusteet_2015.pdf.：18.

(一) 学生顾问：为选课与生涯提供指导

学生顾问（student counsellor）制度是芬兰高中学生管理的一项重要制度。一般每200名左右学生配备1名学生顾问。

> 芬兰的学校都设有学生顾问的职位。学生顾问是芬兰教师培养系列中一个独立的角色。根据芬兰的经验，一名学生顾问（学生顾问一般不负责学科教学，专门负责指导学生）指导250—300名学生。要做好对学生的指导工作，关键要加强对新入学学生的指导。对新入学的学生的指导工作做好了，以后的工作就好做了。学生在制定个人学习计划时，学校应重视和加强学生之间选课经验的交流，其中包括同一学年同学间的交流和不同学年学生之间的交流。①

有些高中的学生顾问甚至由校长或副校长亲自担任，足见学校对学生顾问工作的重视。学生顾问对学校课程体系、师资队伍、教学管理及学生的基本情况都必须了如指掌，以便帮助学生选课走班。

学生顾问的一项重要任务是帮助学生选课走班。芬兰的高中有大量丰富的课程，如何让学生结合自己的兴趣与爱好，以及未来的专业和职业规划选择适合自己的课程，学生顾问功不可没。在新学期选课之前，学校会发给每位学生一本选课手册，手册内容也通过校园网发布。手册一般包括以下信息：

> 国家普通高级中学核心课程设置、各必修和选修科目模块及学分、各学科和模块代码、内容简介、毕业和升学要求、选课指导工作程序、选课登记方法、意向性科目选择登记表、意向性模块选择登记表、调整性模块登记表，以及休学后课程改动申请须知。②

学生顾问会在选课之前，帮助学生了解自己的性格、气质、兴趣等，同时通过各种活动帮助学生了解行业与职业、高校与专业等，明确未来的专业与职业的选择。在此基础之上，帮助学生了解学校课程的基本情况，并让学生结合自己的实际情况选择自

---

① 张铁道.跨文化视野中的教育改革动态:北京教育科学研究院国际交流报告集(2004—2006) [M].北京：北京出版社,2007:46.
② 程振响.芬兰普通高中课程改革新进展[M].北京：中国科学技术出版社,2006:19.

己要上的课程。

另外,学生顾问还要帮助学生制定自己的学习计划,并不断地加以调整。除了指导学生选课及制定学习计划外,学生顾问还要接受学生关于学段安排、考试准备、学习方法与策略、未来择业等方面的咨询与指导,解决学生关于人际关系、情绪调控、学习压力舒缓等心理等方面的咨询问题,并提供帮助。

学生毕业前,学生顾问还要指导学生如何完成学校所规定的课程,并对学生未来高校和专业选择上遇到的问题提供指导。应该说,学生顾问的工作涉及学业、生涯、生活和心理等多方面的工作,学生顾问所从事的工作既繁杂琐碎,也十分重要,它对于不分年级、无班级教学的芬兰高中生的健康成长起到了保驾护航的作用。

(二) 小组指导员:负责班级日常事务管理

芬兰的高中采取不分年级的授课方式,在取消了传统的行政班级后,因为没有固定的班级和年级,对学生的日常管理也提出了新的挑战。芬兰高中采取不分年级走班教学的模式,那么到底有没有"班级"的概念呢? 答案不仅是肯定的,而且芬兰的高中还特别注重加强"班级"的管理与团队建设。

芬兰的高中新生入学后,学校就进行分班,每个班级 25 人,学校给每个班配备一名指导员(相当于我国中小学的班主任)。指导员由学校教师担任,主要负责学生的日常事务,组织每周一次例会,解决学生日常生活中的困难。① 指导员在行政管理上受学校学生顾问的领导,具体执行学校及学生顾问对学生管理的各项工作。指导员的具体职责有:②

(1) 管理协调班级事务,从新生入学开始直至毕业;

(2) 学校的每周或每月工作安排和任务的落实;

(3) 学校或班级活动安排;

(4) 转达学校的临时通知(有时统一由学校广播通知);

(5) 校规的执行与检查等。

(三) 新生辅导员:发挥同辈互助作用

除了学生顾问和指导员外,芬兰高中还注重引导学生参与自主管理。为此,芬兰

---

① 肖远骑. 教育的瞭望[M]. 北京:新华出版社,2014:145.
② 陈才锜. 芬兰普通高中导师制的特色及启示[J]. 全球教育展望,2014(1):90.

的高中还设置了新生辅导员职位。担任新生辅导员的一般为进校第二年品学兼优的学生。这样既有利于学校对学生的有效管理,又锻炼了担任学生辅导员的学生组织管理等各方面的能力。担任新生辅导员的同学不仅可以获得相当于一门课程的学分,同时学校也为他们颁发聘书,算作他们的工作经历,可为他们今后的升学与就业"加分"。

这些担任新生辅导员的同学可帮助新生尽快熟悉校园生活、结识新同学,以自身的经历帮助新生了解高中的学业,指导他们选课、制定学习计划等。另外,新生辅导员也经常参与课堂教学,协助新生课堂表演或给予及时的指导。有时新生辅导员还组织新生参加社会公益活动、夏令营或户外活动等。

新生辅导员制度不仅能帮助新生尽快地适应新学校的新生活,而且对新生在日常学习中遇到的各种棘手问题,也会给予及时的指导与帮助。另外,对新生辅导来说,也有助于培养他们的组织管理能力及责任感。

除了新生辅导员制度外,芬兰高中还有学生会参与自主管理。学生经过竞选担任学生会的各部门干部,定期或不定期开展丰富多彩的活动。学生会分别有两位学生代表参加教师会议和学校董事会的活动。这些学生代表成为校方和学生沟通的桥梁,他们不仅把学生们的意见与建议带给教师和董事会,同时还积极参与学校的管理,既培养了他们的荣誉感,也达到了自我管理的目的。

第五节 芬兰不分年级高中的问题与展望

总体来讲,芬兰不分年级高中已经取得了令人瞩目的成绩,但在实践中也存在一些亟须解决的问题,这些也是未来改革的重点。

一、芬兰不分年级高中的现存问题

(一) 弹性学制导致学习周期的延长

弹性学制虽然使得大部分学生能自由安排自己的学习进度,满足自己的个性化需求,但也会导致学习周期延长的问题。"实行弹性学制的出发点,是充分照顾到学生的个别差异……这一措施也带来了令决策者们所没有预料到的一个结果。有不少学生选择四年毕业,但他们中的大多数并不是人们所想当然认为的'差生',而是学习非常

优秀的、用三年的时间是可以顺利完成高中学业的学生"①。究其原因,至少有如下两个方面:

第一,对于一些自制力差的学生,会养成学习无计划、散漫懒惰的坏习惯。虽然学校要求每个学段至少参加4门课程的学习,但有的同学可能为了减轻学习压力,参加课程学习的门数以学校的最低要求为准,甚至低于学校对学习课程门数的要求,从而造成毕业时间延长至4年或5年。

第二,对有些成绩优异的学生,为了能够轻松学习或为了能考更好的分数,也会导致学习时间的延长。因为,所有课程都可以重修参加考试,并以最理想的成绩为准,这会使部分优生为了能考更好的成绩,会再次重修,无形中导致学习期限的延长。

当然,由于学习周期的延长,也会造成教育经费的浪费问题。

(二) 部分新生难以适应不分年级教学

芬兰初中阶段实行的是传统有班级和有年级的教学,他们进入高中时,一下子很难适应"无班级、不分年级"的教学模式。其原因除了新生刚入校不了解新教学模式外,也反映出学校的学生顾问、指导员、新生辅导员在学生适应方面指导的缺乏。因此,有的学校除了加强指导外,还采取先传统的班级教学,再逐步过渡到不分年级的授课模式。如锁敦基中学在实践过程中是这样解决的:

在第一学段和第二学段实行有年级、有班级的教学管理模式,让学生尽快熟悉和适应新的教学环境和教学模式,以帮助学生向"不分年级、无班级"教学模式的自然有序过渡。②

(三) 语言科目的学习较为繁杂

芬兰是一个多语言国家,因此十分重视母语和其他语言的教学。从"芬兰普通高中课程框架及课时分配情况"一表中可以看出:

---

① 李家永.芬兰普通高中教育的改革[J].比较教育研究,2003(8):88.
② 程振响.芬兰普通高中课程改革新进展[M].北京:中国科学技术出版社,2006:208.

芬兰非常重视语言,除了母语外,还有 A、B 类语言及其他语言,必修课程共计 17 门,占总必修课(47—51 门)的 33%—36%,占毕业最低课程数(75 门)的 23%。如果算上选修课(15 门),语言类课程(共计 32 门)共占毕业最低课程数(75 门)的 43%。

另外,大学入学考试共考四门,其中母语是必考科目,除了母语外还要考第二语言和外语。语言类课程过多,加之高考对语言的重视,势必会造成高中生在语言学习上投入的时间增多,进而忽视其他学科的学习。另外,这样的学习和考试制度对于语言有优势的学生来讲是极其有利的,但对那些语言学习不具有优势的学生来讲是极其不公平的。

(四)忽视对英语学科的学习与考试

英语是国际通用语言,芬兰高中虽然重视语言的教学,但对英语学科的学习重视程度不高。英语不仅不是必修科目,在选修科目中,它是与其他外语一起,供学生选修学习。另外,大学入学考试中,英语仅列在"其他语言"学科中,考生能在"英语、德语或法语等"外语中选择。因此,不论是教学和考试,对"英语"学科都不够重视。

二、芬兰不分年级高中的未来展望

2018 年 3 月,芬兰教育与文化部发布了《芬兰普通高中教育的十一项重要变革》,其中"加强国际化""帮助每一位学生制定个人学习计划""给学生更多的学习指导"等措施①,都是对当前芬兰高中不分年级教学中出现的各种问题的应对措施。

(一)在学习周期的延长及学生适应性方面,提出了两项措施

首先,帮助学生制定学习计划。学生顾问和指导员为了让学生更好地适应高中学习,在开学伊始就指导新生如何制定自己的学习计划,并在后面的学习中督促学生完成并不断地调整。另外,学校将通过团队或个别的方式,在学习和生涯方面给予学生更多的指导。同时,加强学校与家长的沟通与合作。期望通过学习计划制定及多方面指导,解决部分学生无故延长学制问题。

---

① Ministry of Education and Culture. Eleven Most Important Changes in the Reform of General Upper Secondary Education[EB/OL].(2018 - 03 - 23)[2021 - 11 - 12]. https: //minedu. fi/documents/1410845/5394394/11%20most%20important%20changes. pdf/df474839-9c46-4040-b339-0dbfa1bc0eae.

（二）在英语学科方面，通过国际化战略，加强外语特别是英语的教学

芬兰教育与文化部部长桑尼·格拉恩-拉索恩（Sanni Grahn-Laasonen）在会见芬兰主要城市领导人时指出：

> 为吸引世界各地的专家及其家人来到芬兰，也为芬兰人的国际化提供机会，未来芬兰的英语教育将增加一倍。目前许多城市已经决定大幅度增加英语教育。例如，赫尔辛基的英语教学将迅速翻番。①

另外，在大学入学考试改革中，英语的地位也将得到极大的提高，"将英语提升为必修课，使其成为与母语（芬兰语或瑞典语）同等地位的科目，并作为大学考试的一个科目，此项改革将于2021年秋正式实施"②。

结语

综上所述，芬兰不分年级高中在多年的实践中形成了如下四个方面的特色：

第一，注重满足学生的个性化需求。 高中毕业最低要求完成75门课程，其中选修课就占到32%—37%。大量丰富的选修课，极大地满足了不同学生的个性需求。

第二，尊重学生的选择权。 如学生虽然已经通过考试，但为了更好的成绩可以再次重修某门课程；弹性学制可以让学生自主决定高中的学习年限；大学入学考试中的"数学"及"综合科目"让考生从多道考题中选做自己最擅长的题目。这些选择让学生有了更多的发展机会。

第三，加强学生指导工作。 为了应对走班教学管理问题，各个高中都有学

---

① Ministry of Education and Culture. The Minister of Education Met Cities: Provision of English-language Education to be as Much as Doubled. [EB/OL]. (2018－02－07)[2021－11－14]. https://minedu.fi/en/article/-/asset＿publisher/opetusministeri-tapasi-kaupungit-englanninkielisen-koulutuksen-tarjonta-jopa-kaksinkertaistetaan.

② Finland: the Matriculation Examination is Renewed-in the Future, All Students Will Write at Least Five Subjects [EB/OL]. (2018－11－16)[2021－08－13]. https://search.proquest.com/docview/2134131222?accountid＝10659.

生顾问、指导员和新生辅导员参与学生指导工作,为不分年级教学模式选课和日程管理的顺利实施提供了保障。

第四,充分利用网络资源。 学校在选课之前,会把选课手册通过校园网发布,所有的选课和排课都通过网络平台进行。另外,学校平时的日程管理、学生作业、学校与家长的沟通联系等都可以在网络上进行。

总之,芬兰不分年级高中在实践中虽存在一些问题,但总体上,该模式下大量丰富的模块课程、富有弹性的学制、分多个学段的教学、专业的学生指导队伍、科学的学业评价体系等,在实践中已经被证明是行之有效的。我国当前新高考改革旨在满足学生的个性需求,让学生有更多的选择权,选课走班应运而生。芬兰高中不分年级教学模式和我国走班教学在很多方面有相通之处。因此,当务之急是,我们应该本着"洋为中用"的原则,摈弃其糟粕,积极汲取其成功的经验,为我国普通高中走班教学的改革服务。

第五章　新加坡学校按科目编班的改革与探索

"分流制"(streaming)是新加坡基础教育的一大特色,最早于1981年开始实施。所谓分流制度,"就是将某一年龄组儿童,根据他们的能力,编到分成等次的学校或班级"①。四十余年来,分流制为新加坡培养了大量各界优秀人才,但它也存在个别学生因考试成绩不理想而被编入慢班,被贴上"后进生"标签的问题。为了改变这种现状,新加坡将废除分流制,实施按科目编班教学(subject-based banding, SBB)。2019年3月5日,时任新加坡教育部长王乙康(Ong Ye Kung)宣布,"新加坡将从2024年起,中学不再分流,将全面推行按科目编班,让学生根据能力修读适合自己水平的科目,因材施教的同时,也减少分流的标签效应"②。同时,为了配套按科目编班教学,新加坡教育部将从2027年起,把目前的N水准和O水准会考整合成统一的全国考试。

第一节　新加坡学校的现行分流制度

新加坡教育的特色之一就是分流制度,这也是新加坡精英教育的体现。新加坡的分流制度最早于1981年实施,到2021年已有40年的历史。

一、新加坡学校分流制度的由来

1959年自治以前,是新加坡长达100多年的殖民地时期,在教育领域,新加坡没

---

① 李健,兰莹.新加坡社会保障制度[M].上海:上海人民出版社,2011:115.
② Mokhtar F. Secondary School Streaming to be Abolished in 2024, Replaced with Subject-based Banding [EB/OL]. (2019-03-05)[2021-09-04]. https://www.todayonline.com/singapore/secondary-school-streaming-be-abolished-2024-replaced-subject-based-banding.

有统一的学制。第二次世界大战期间,新加坡被日本占领几年,1945年日本投降后,英国恢复其在新加坡的殖民统治。对日益突出的教育问题,英国殖民者做出了相应的设计与规划,于1946年颁布了"十年教育计划"。这是第二次世界大战后新加坡政府公布的第一个教育计划。1946年提交咨询会议,1947年8月通过。该计划规定:

> 除英文学校外,各民族语文学校(包括马、华、印学校)以民族语言为教学媒介,从第三年起加授英文;各民族语文学校逐渐实施免费初级教育。1948年秋起,由政府资助5%学生额,每人每月按2.5马元计算。1949年1月起实行完全免费教育,按每人每月最高款额2.5马元计划资助,但每班级免费生额以40人为限。①

此计划规定小学以母语为教学用语,并允许父母选择其子女接受教育的语言,在强调母语教学的同时,也鼓励用母语以外的语言教学,因此形成了多种教学媒介语言并存的现象。

1959年新加坡自治后,开始了首次教育改革,提出了"6·4·2"统一学制,即小学六年,中学四年,大学先修班两年。该学制要求所有学生在相同的时间里学习同样的课程。

> 这种单一的教育学制的缺陷是没有充分考虑到不同学生所具备的不同学习能力和态度,也没有顾及到不同学生拥有的不同潜力与爱好……②

针对当时统一学制的弊端,时任新加坡副总理兼教育部长吴庆瑞(Goh Keng Swee)于1979年公布《吴庆瑞报告书》(The Goh Report),首次提出分流制度。

为了提高基础教育质量,1978年新加坡总理李光耀任命副总理兼教育部长吴庆瑞组织教育研究小组,调查并解决新加坡教育制度中存在的问题。1979年3月,《1978年教育部报告书》(即《吴庆瑞报告书》)公布。该报告书对新加坡的教育制度、政策、运作系统、语文教学等,做了非常详细的分析和研究,并提出了著名

---

① 顾明远.教育大辞典4[M].上海:上海教育出版社,1992:410.
② 洪玲玲.新加坡教育分流理念下基础教育课程设置及其启示[D].沈阳:沈阳师范大学,2018:16.

的有关分流制度(streaming)的建议,以解决辍学率过高的问题。在报告书所建议的分流制度下,约80%的小学毕业生能升入中学,其余学术科目能力较弱的20%学生,将进入职业专科学校,学习一技之长。①

该报告提出的第一次分流考试在小学三年级期末。根据学生三年级末分流考试成绩以及前三年的期中、期末及平时成绩,分别分流到以下三个班级:普通双语班(normal bilingual,简称 N)、延长双语班(extended bilingual,简称 E)和单语班(monolingual,简称 M)。② 具体情况如表5-1所示。

表5-1 第一次分流具体情况③

分流班级	所占比例	学制	学习对象
普通双语班	约90%	3年	分流考试合格者
延长双语班	约5%—6%	5年	分流考试合格者及二年级考试合格者
单语班	约4%—5%	5年	分流考试和二年级考试均不合格者

吴庆瑞提出的第二次分流是小学毕业会考(Primary School Leaving Examination,简称 PSLE)。考试科目是英语、母语、数学和科学,总分为300分。根据考试成绩分别分流到特别班(special course)、快捷班(express course)和普通班(normal course)三类不同的班级,如表5-2所示。

表5-2 第二次分流具体情况④

分流班级	所占比例	学制	招考对象
特别班	约10%	4年	成绩最优异的小学毕业生
快捷班	约50%	4年	普通双语班及个别延长双语班学生
普通班	约40%	5年	普通双语班和延长双语班学生

---

① 黄明.新加坡双语教育与英汉语用环境变迁[M].厦门:厦门大学出版社,2012:186.
② Goh Keng Swee. Report on the Ministry of Education 1978[EB/OL].(1979-03-16)[2021-06-02]. https://www.nas.gov.sg/archivesonline/data/pdfdoc/956-1979-02-10.pdf.
③ 姜峰,万明钢.发达国家促进民族教育均衡发展政策研究[M].北京:民族出版社,2011:190.
④ Goh Keng Swee. Report on the Ministry of Education 1978[EB/OL].(1979-03-16)[2021-06-02]. https://www.nas.gov.sg/archivesonline/data/pdfdoc/956-1979-02-10.pdf.

其中 250 分以上的学生可以进入中学特别班;190 分至 250 分的学生进入四年制的中学快捷班;140 分至 190 分的学生则进入五年制的中学普通班;而 50 分至 140 分的学生可以选择重考,也可以进入四年制的工艺班进行职业技术学习;50 分以下的学生也可选择重考,或可直接进入两所特殊学校接受特殊教育。①

第三次分流是特别班和快捷班的学生在完成四年中学课程后,参加新加坡-剑桥普通教育证书"O"级水平考试(GCE"O")。成绩优良的学生进入两年制初级学院或三年制的大学预科中心学习,其余学生进入理工学院或职业培训机构学习。普通班的同学学习四年后参加新加坡-剑桥普通教育证书初级水平考试(GCE"N"),成绩优良者再读一年,五年级结束时参加 GCE"O"级水平考试。

二、新加坡学校分流制度的发展

1979 年的改革,受到家长和社会抨击的主要问题是小学学制过长,分流过早。为此,新加坡教育部于 1991 年将小学三年级的分流推迟至四年级末,并将小学学制统一为六年。②

根据四年级末分流考试成绩,将学生分流到 EM1、EM2 和 EM3 三类不同的课程,EM 是 English Mother-tongue(英语与母语)首字母的缩写。EM1 课程的学习对象是考试成绩最优秀(10%)的学生,他们将英语和母语都作为第一语言来学习;EM2 课程要求 80% 左右的学生将母语作为第二语言来学习;学习 EM3 课程的学生(约占 10%)成绩较差,只能接受慢节奏的教育。③

EM1 和 EM2 学习的科目和内容大致相同,只是前者学习进度较快,学习内容比较深而已。2004 年,新加坡教育部代部长尚达曼(Tharman Shanmugaratnam)宣布合并 EM1 和 EM2,EM3 组仍被保留,使教育体制更加灵活。④ 2006 年 9 月 28 日,尚达

---

① 夏惠贤.教育公平视野下的新加坡教育分流制度研究[J].上海师范大学学报(哲学社会科学版),2018,47(5):98—107.
② 张凤莲.亚洲"四小龙"教育制度与管理体制研究[M].福州:福建教育出版社,1998:111—112.
③ 日本大宝石出版社.新加坡(最新版)[M].北京:中国旅游出版社,2012:351.
④ 潘洪建,等.中外小学科学课程标准比较研究[M].兰州:甘肃教育出版社,2017:193.

曼再次宣布,"在小学推行多年的分流制度于2008年正式取消"。[①]

中学方面,1994年起,新加坡教育部将中学的普通课程分化为普通学术(Normal Academic, NA)和普通工艺(Normal Technical, NT)两类课程。

普通学术课程的学生约占中学阶段总数的20%—25%,学习四年后,参加GCE"N"级水平考试。有相应能力且有继续学习愿望的学生,可再学一年后参加GCE"O"级水平考试。该课程大部分学生在完成学业后,将继续接受职业技术教育,只有少数在GCE"O"级水平考试中成绩优良者才可以进入初级学院或理工学院学习。

进入普通工艺课程的学生约占15%—20%,按1979年的教育体制,普通工艺课程的学生没有机会接受中学教育。1991年改革后这些学生可以进入普通工艺课程,以便进一步加强对英语和数学的掌握,并同时接受职业技术训练。

> 尽管普通工艺课程属于普通教育范畴,但它是职业教育走向的。普通工艺课程是一种比较偏重实用的课程,学术能力较弱,但能满足学生修读的实用性科目需求,目的是帮助这部分学生在中学毕业后更好地接受工艺职业教育。[②]

在中学四年级底,参加普通工艺课程学习的学生将参加新加坡-剑桥普通教育证书初级水平考试(GCE"N"级)。有能力者或在GCE"N"级测试中成绩优异的毕业生,可进入中学五年级,在中学五年级底参加GCE"O"级水平考试。[③]

1995年,中学的特别班并入快捷班,因此,目前中学主要有快捷班和普通班。[④]

2004年,新加坡首次推出直通车课程(Integrated Program),小学六年级会考分数在前10%的学生可以参加该项课程。参加直通车课程的学生将不需要参加"O"水准会考。六年后直接参加A-level("A"水准)考大学。2004年,有7所学校推出直通车课程,目前有19所中学提供IP课程,预计将来会有更多学校加入。

2006年9月28日,新加坡教育部代部长兼财政部第二部长尚达曼宣布,在因材施教(Ability-Driven)教育理念框架下,推行多年的小四分流制度将于2008年正式

---

① 胡乐乐.新加坡将于2008年废除小学分流制以推进因材施教[J].基础教育参考,2006(12):27—28.
② 蔡昌卓.东盟教育概论[M].桂林:广西师范大学出版社,2015:224.
③ 姜峰,万明钢.发达国家促进民族教育均衡发展政策研究[M].北京:民族出版社,2011:196.
④ Ministry of Education of Singapore. Evolution of Streaming [EB/OL]. (2020-11-06)[2021-04-03]. https://www.moe.gov.sg/microsites/psle-fsbb/full-subject-based-banding/about-full-sbb.html.

取消。

尚达曼部长强调,实施多年的教育分流很好地适应了过去经济和社会发展的需要,是值得肯定的。但不容忽视的是,日益变化的环境,尤其是不断创新的工作环境对教育提出了更高的要求,而且,新加坡的教育分流体制不够灵活,为了更好地促进每个学生发挥自身的特长,小学教育分流体制有待进一步提高和完善。[①]

从图5-1可以看出,新加坡目前中学分流考试共有三次:

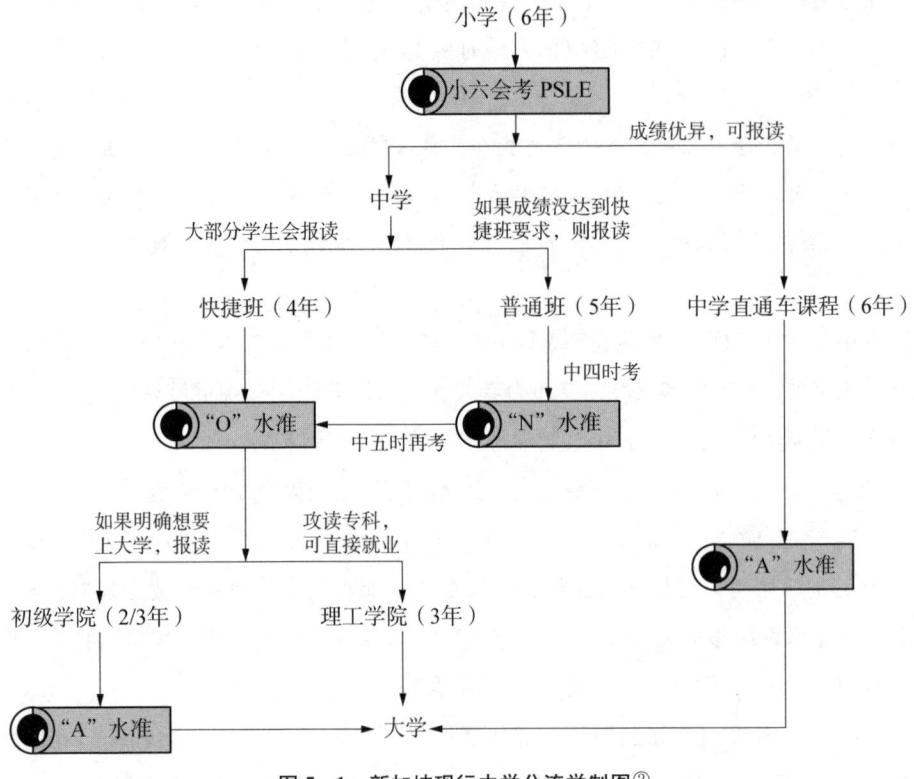

```
                        小学(6年)
                           ↓
                    ◉ 小六会考 PSLE
         ┌─────────────┼──────────────────┐
         │             │   成绩优异,可报读
         │           中学                    │
  大部分学生会报读  如果成绩没达到快
         │         捷班要求,则报读
         ↓             ↓                    ↓
     快捷班(4年)   普通班(5年)    中学直通车课程(6年)
         │             │                    │
         │           中四时考                │
         ↓             ↓                    │
      ◉"O"水准 ← ◉"N"水准                  │
         │     中五时再考                    │
    ┌────┴────┐                             │
 如果明确想要  攻读专科,                     │
 上大学,报读  可直接就业                     ↓
    ↓         ↓                         ◉"A"水准
 初级学院(2/3年) 理工学院(3年)               │
    │              │                        │
    ↓              ↓                        │
 ◉"A"水准 ────→ 大学 ←─────────────────────┘
```

图5-1 新加坡现行中学分流学制图[②]

---

① 姜峰,万明钢.发达国家促进民族教育均衡发展政策研究[M].北京:民族出版社,2011:193.
② Tan E. Singapore School System: The Stages of Education [EB/OL]. (2021-05-11)[2021-09-01]. https://www.tutopiya.com/blog/singapore-school-system-the-stages-of-education/.

第一次分流是在小学六年级离校考试,是由新加坡教育部举办的一项国家统一考试,以评估小学六年级学生升读中学课程的能力,以及分配学生到合适的中学。

第二次分流在中学二年级,仍然是根据考试成绩,对各个不同层次班级的学生进行适当调整,培养目标分别是剑桥普通教育文凭考试 O-level 和 A-level。

最后一次分流是在初中毕业,剑桥普通教育文凭考试 O 水准的可以进入初级学院或高中学习 2—3 年(快捷课程 2 年,其他 3 年),准备高中毕业的剑桥普通教育文凭 A 水准考试;其他学生分别进入理工学院或工艺学院,为升学或就业做准备。

第二节　现行分流制度的主要弊端

新加坡的教育分流的核心是,按学生的实际能力,把他们分流到不同的班级,学习不同的课程。该制度可根据不同学生的个性特长,因材施教,有助于提高教育治理效率。另外,分流制也适应了国家对不同层次人才的需求,为社会各界培养了大量的人才。但也不可否认,它在实践过程中出现了无法解决的诸多问题,这也是新加坡按科目编班改革的主要动因。

一、分流考试前后四次,学生承受压力过大

新加坡教育分流是通过考试来检测学生在各阶段所表现出的学习能力和智力水平,分流考试贯穿整个基础教育阶段。目前,分流考试前后共有三次,即第一次是小六会考、第二次在初中二年级、最后一次是初中毕业考试。

可以看出,分流制度突出了竞争机制,学生在小学阶段就要参加两次考试,进行两次分流。"新加坡逐层竞争的教育体系较为残酷,教育成为决定新加坡人社会分层和社会流动的主要手段"[①]。多次的分流考试,势必给学生带来巨大的考试压力。

分流教育制度突出了竞争机制,在选择与淘汰中,势必造成"一考定终身"现

---

① 顾明远,鲍东明.推进共建"一带一路"教育专题研究[M].北京:教育科学出版社,2017:187.

象,给学生造成了十分沉重的心理压力。①

二、分成快慢班,易造成学生自卑心理

根据学生的考试成绩,学生被分流到不同的班级,这样人为地把学生分成了三六九等,过早地给学生打上标签。一位在普通学术班级的学生乔伊(Joey)说:

> 大多数快捷班的同学看不起我们,因为认为我们太笨,因此他们很少和我们说话。②

来自普通工艺班学生穆赫德·纳迪·拉津(Muhd Nadiy Razin)也表示:

> 来自快捷班的朋友通常不会和我们在一起,他们在学校都很安静整洁,不像我们通常制造混乱。③

那些因考试成绩不理想而被分流到低等水平慢班的同学,自然会觉得低人一等,这也容易造成学生自卑的心理。教育部长王乙康指出:

> 有些被分流到慢班的同学会感到耻辱,并限制了他们潜在的发展。④

另外,在分流到慢班的同学中,来自弱势家庭的孩子居多,因此班级学习氛围往往不够理想。

---

① 王学风.新加坡基础教育[M].广州:广东教育出版社,2003:47.
② Yeohh G. CNA's 'Regardless of Class' Seemed Too Perfect. So We Dug Deeper [EB/OL]. (2018-10-19)[2021-5-30]. https://sg.style.yahoo.com/cna-regardless-class-seemed-too-230004399.html.
③ Paulo D A. Class-Not Race Nor Religion-is Potentially Singapore's Most Divisive Fault Line [EB/OL]. (2018-10-01)[2020-12-22]. https://www.channelnewsasia.com/news/cnainsider/regardless-class-race-religion-survey-singapore-income-divide-10774682.
④ Mokhtar F. Secondary School Streaming to be Abolished in 2024, Replaced with Subject-based Banding [EB/OL]. (2019-05-05)[2021-04-01]. https://www.todayonline.com/singapore/secondary-school-streaming-be-abolished-2024-replaced-subject-based-banding.

这些被打入"另册"的学生往往容易失去社会、学校、家长的信任和期望,极有可能产生自卑心理,不利于他们的身心健康发展,不利于对他们的教育。①

三、学生发展各不相同,不利于体现教育公平

我们知道,学生发育进度并不完全相同,过早的分流对发育迟缓的学生有不公平之嫌。如有的孩子发育较早,表现为懂事、肯学,学习成绩自然较好;而有些孩子发育较晚,比较调皮,自主性较差,成绩不够理想,但不能说他智商有问题。他们学习成绩不好,主要是因为受到了兴趣、动机、意志等非智力因素的影响。

学生一旦分流,则未来所受教育的模式与内容基本上确定,即便学生在某一方面有特长,也难有进一步发展的可能。这对于偏科或某一方面有专长的学生尤为不利。②

对于那些发育迟缓的学生来说,过早地被分到第三组(即差班),不利于他们享受到公平的教育资源。③

第三节　按科目编班的前期试点情况

科目分班为学生提供了更灵活的选择。学生可以根据自己的专长,去选择普通或基础水平课程。例如,如果他的英文和母语成绩优异,数学和科学却需要更多的帮助,他可以选修普通水平的英文和母语,以及基础水平的数学和科学。这样的选择可让他专心修读自己较强的科目,并发挥他在英语和母语方面的潜能。同时,也能帮助他打好数学和科学这两个有待加强的科目的基础。

---

① 李晓明.新加坡的精英教育[J].外国教育研究,2004(8):4.
② 陈雪芬,蔡瑞琼.为生活而学习:新加坡基础教育改革新动向[J].比较教育研究,2021,43(5):47.
③ 侯静.新加坡小学分流制度及对我国民族教育的启示[J].民族教育研究,2007(3):97.

一、按科目编班试点回顾

(一)按科目编班源于对分流制度的改革

按科目编班源于20世纪90年代,当时新加坡不断尝试分流制度的灵活性。1995年,新加坡允许快捷班的学生学习高级母语课程(Higher Mother Tongue Language, HMTL);2002年起,允许普通学术班的高年级学生选择1—2门科目参加更高级别的国家考试;2006年起,普通工艺班的高年级学生也获得了同等选择权;2009年起这一权限放宽至3门。[①]

(二)在四门科目中试点按科目编班

为了让普通班的学生有更多的选择,新加坡教育部于2014年正式提出科目编班计划(subject-based banding),并在12所中学试行。这12所中学分别为:[②]

　　茂桥中学(Ang Mo Kio);

　　育青中学(Bedok Green);

　　圣婴女子中学(CHIJ St. Joseph's Convent);

　　圣婴德兰女校(CHIJ St. Theresa's Convent);

　　裕廊中学(Jurong);

　　裕廊西中学(Jurong West);

　　培华中学(Pei Hwa);

　　平仪中学(Ping Yi);

　　长老会中学(Presbyterian High);

　　女皇镇中学(Queenstown);

　　圣伯特理中学(St. Patrick's);

　　协和中学(Unity)。

李显龙总理指出,按科目编班旨在"让学生能够灵活地按照自己的节奏学习每一

---

① Ministry of Education of Singapore. Evolution Of Streaming [EB/OL]. (2020-11-06)[2021-04-03]. https://www.moe.gov.sg/microsites/psle-fsbb/full-subject-based-banding/about-full-sbb.html.
② Lee P. Subject-Based Banding: Normal Stream Students to Get More Options from 2014 [EB/OL]. (2013-11-17)[2021-09-02]. https://ifonlysingaporeans.blogspot.com/2013/11/normal-stream-to-get-more-options.html.

门学科"①。因此,这一改革可让中一和中二普通学术班和普通工艺班的学生根据自身情况,在英语、母语、数学和科学四门科目中选择修学更高级别的课程。②

(三) 2018 年的试点科目涵盖面更广

2020 年,新加坡有 28 所中学试推行全面科目编班制度。参加试点的 28 所学校是:③

茂桥中学(Ang Mo Kio);

圣升英校(Assumption English School);

育青中学(Bedok Green);

博文中学(Bowen);

锦文中学(Clementi Town);

德义中学(Deyi);

育德中学(Edgefield);

永青中学(Evergreen);

颜永成中学(Gan Eng Seng);

绿苑中学(Greendale);

裕廊中学(Jurong);

裕廊西中学(Jurong West);

美华中学(Mayflower);

蒙福中学(Montfort);

巴耶利峇美以美女校(Paya Lebar Methodist);

培华中学(Pei Hwa);

平仪中学(Ping Yi);

---

① Lee P. Subject-Based Banding: Normal Stream Students to Get More Options from 2014 [EB/OL]. (2013-11-17)[2021-09-02]. https://ifonlysingaporeans.blogspot.com/2013/11/normal-stream-to-get-more-options.html.
② Ministry of Education of Singapore. Evolution of Streaming [EB/OL]. (2020-11-06)[2021-04-03]. https://www.moe.gov.sg/microsites/psle-fsbb/full-subject-based-banding/about-full-sbb.html.
③ Ministry of Education of Singapore. Which Schools are Piloting Full SBB? [EB/OL]. (2020-11-06) [2021-09-03]. https://www.moe.gov.sg/microsites/psle-fsbb/full-subject-based-banding/piloting-schools.html.

女皇镇中学(Queenstown);

立德中学(Riverside);

圣安德鲁中学(St. Andrew's);

圣安东尼女校(St. Anthony's Canossian);

圣伯特理中学(St. Patrick's);

瑞士村中学(Swiss Cottage);

淡马锡中学(Temasek);

伟源中学(West Spring);

惠厉中学(Whitley);

育英中学(Yuying);

正华中学(Zhenghua)。

本次试点的科目涵盖面更为广泛,并对不同类型科目班级采用了不同的组织形式。首先,在英语、母语、数学和科学等四门科目中试点,中学按学生学习程度、进度进行分班教学。以选择快捷课程水平数学班级为例,该班学生有可能来自快捷班、普通学术班及普通工艺班三类不同班级,但是他们在数学学科学习上程度相当。如果学生水平低,则根据自己需要选择水平较低的班级。这一做法减少了高水平学生重复学习知识及低水平学生跟不上学习进度的现象,能引导学生有效学习。

另外,参加试点学校除了英语、母语、数学和科学四门科目外,还在美术、品格与公民教育课(Character and Citizenship Education)、设计与工业(Design and Technology)、食品与消费教育(Food and Consumer Education)、音乐和体育等课程采取混合编班的方式,将不同学术课程的学生组织到同一形式的班级,为他们创造更多共同学习和互动的机会。[①]

> 这种混合式的班级创建有利于学生之间的交流,减少因教育分流制度而造成的"贴标签"或受歧视现象。[②]

[①] Ministry of Education of Singapore. One Secondary Education, Many Subject Bands: 28 Secondary Schools to Pilot Full Subject-Based Banding [EB/OL]. (2021-09-03)[2021-09-03]. https://www.moe.gov.sg/news/press-releases/one-secondary-education-many-subject-bands-28-secondary-schools-to-pilot-full-subject-based-banding.

[②] 陈雪芬,蔡瑞琼.为生活而学习:新加坡基础教育改革新动向[J].比较教育研究,2021(5):47.

到了 2021 年，这些中学会从中一开始，把不同源流的学生分配到一个班级里，或为普通学术和工艺源流的中二学生提供程度更高的人文科目，供他们选修。

在圣安德鲁中学(St. Andrew's)，大约有 80％普通工艺班(NT)的学生至少选修一门 SBB 科目，这意味着他们在英语、数学、科学和母语这四门学科中至少选修一门更高级别的课程。大约 25％的普通学术班(NA)学生在中一时选修在一门快捷班级别的 SBB 科目。①

从 2020 年开始，圣安德鲁中学有 7 个中一班，由快捷班、普通学术班和普通工艺班学生组成。为了让学生更好地适应混合编班，学校一直采用不同的教学方法适应不同的学习者：如通过论文写作、考试或增加课中及课后提问的方式，加深不同的学生对所学内容的理解；把成绩优异的学生安排到不同的小组里，带动小组其他同学；使用差异化的学习材料等。圣安德鲁中学课程负责人瓦莱丽·杨(Valerie Yeo)女士说：

> 对于完全相同的课程和主题，不同学生可能会收到不同的材料，一些学习速度较慢的同学会有额外的补充材料。②

二、按科目编班试点的成效

新加坡按科目编班实施以来，已经取得了较好的成效。

(一) 更多学生选修更高水平的课程

根据教育部的调研，所有推出 SBB 计划的学校都取得了积极的成效。2018 年，在试点学校中，有大约 60％普通工艺班的学生以及 40％普通学术班的学生在中一时选修了更高水平的科目。③ 还有专家强调：

> SBB 计划不仅帮助学生在自己优势的学科领域深化学习，而且还可以帮助学

---

① Tan A. 28 Schools to Pilot Aspects of Full Subject-based Banding [EB/OL]. (2021-09-04)[2021-09-03]. https://www.tnp.sg/news/singapore/28-schools-pilot-aspects-full-subject-based-banding.
② Tan A. 28 Schools to Pilot Aspects of Full Subject-based Banding [EB/OL]. (2021-09-04)[2021-09-03]. https://www.tnp.sg/news/singapore/28-schools-pilot-aspects-full-subject-based-banding.
③ Mokhtar F. Secondary School Streaming to be Abolished in 2024, Replaced with Subject-based Banding [EB/OL]. (2019-03-05)[2021-09-04]. https://www.todayonline.com/singapore/secondary-school-streaming-be-abolished-2024-replaced-subject-based-banding.

生建立信心,并为他们开辟未来进入高等教育路径的可能性。①

(二) 让参与 SBB 的学生增加信心

来自锦文中学(Clementi Town)的乔斯琳是普通学术班学生,她在中一时就选择了快捷班母语和数学两门课程。她说:

> 尽管我进入了普通学术班,但我有机会在更高水平上完成这些科目,这让我对自己感觉更好……我在普通学术班不再感到那么糟糕了,因为我仍在学习快捷班的科目。②

另外一个例子来自培华中学的马尔达·阿卜杜勒·阿齐兹(Maldaa Abdul Aziz)。尽管她在中一普通学术班上历史成绩名列前茅,但当学校老师建议她中二到快捷班学习该科目时,她最初是犹豫不决的,不过后来她还是选择了快捷班。她说:

> 我是快捷班上唯一一个来自普通学术班学习历史的人,在 40 人的班级中,所以压力很大。我还担心自己跟不上。③

但在上了三周快捷班历史课后,马尔达非常自豪,因为:

> 她在这门学科上比同学"更好",这让她有信心在更高的水平上学习更多的科目。④

---

① Mokhtar F. Normal Stream Students Can Take Subjects at Higher Level from Sec One from 2018: MOE [EB/OL]. (2017-03-07)[2021-09-04]. https://www.todayonline.com/singapore/normal-stream-students-can-take-subjects-higher-level-sec-one-2018-moe.
② Elangovan N. The Big Read: As Subject-based Banding Takes Root, Labels on Students are Fast Shedding. [EB/OL]. (2020-01-10)[2021-09-02]. https://www.channelnewsasia.com/singapore/subject-banding-education-how-are-students-teachers-coping-775926.
③ Elangovan N. The Big Read: As Subject-based Banding Takes Root, Labels on Students are Fast Shedding. [EB/OL]. (2020-01-10)[2021-09-02]. https://www.channelnewsasia.com/singapore/subject-banding-education-how-are-students-teachers-coping-775926.
④ Elangovan N. The Big Read: As Subject-based Banding Takes Root, Labels on Students are Fast Shedding. [EB/OL]. (2020-01-10)[2021-09-02]. https://www.channelnewsasia.com/singapore/subject-banding-education-how-are-students-teachers-coping-775926.

像马尔达这样令人振奋的经历并不少见。参加 SBB 前两批学生的考试结果表明,他们可以在与快捷班同学的竞争中保持自己的实力。

(三) 有机会接触更高水平的课程与同学

参与试点的锦文中学(Clementi Town Secondary School)对学生进行了调查,学生们对 SBB 计划反馈普遍较好。学生们表示:

> 按科目编班计划让我能感受到,我也有能力学习更高水平的课程;
>
> 我喜欢按科目编班计划,因为它是小班教学,这可以使我们注意力更加集中,并可以当场快速地解决遇到的问题;
>
> 我喜欢按科目分班,因为我能学到更多的东西,同时还可以结交其他班的同学。①

(四) 学生成绩有了显著的进步

2018 年,来自普通学术班中四的学生参加 O-level 英语考试,有 25% 获得了 A1 或 A2,而快捷班的这一比例仅为 24%;O-level 数学考试中,普通学术班有 26% 的学生获得了 A1 或 A2,而快捷班的这一比例为 50%。② 可以看出,参加试点后,普通学术班的学生进步很大。

但不可否认的是,SBB 计划给老师们带来了挑战,尤其是混合编班。28 岁的谭(Tan)老师说,她班上有一位同学是唯一来自普通学术班的学生,因此她无法融入班级。为此,谭老师特意让这位学生与她通过课外活动认识的学生坐在一起,并在上课的前几周定期与她联系,以确保她能适应。尽管老师们努力了,但同班的普通班和快捷班的同学还是有一定的差距。③

---

① Clementi Town Secondary School. Subject-based Banding [EB/OL].(2021-09-04).[2021-09-04]. https://clementitownsec.moe.edu.sg/curriculum/subject-based-banding.
② Elangovan N. The Big Read: As Subject-based Banding Takes Root, Labels on Students are Fast Shedding.[EB/OL].(2020-01-10)[2021-09-02]. https://www.channelnewsasia.com/singapore/subject-banding-education-how-are-students-teachers-coping-775926.
③ Elangovan N. The Big Read: As Subject-based Banding Takes Root, Labels on Students are Fast Shedding.[EB/OL].(2020-01-10)[2021-09-02]. https://www.channelnewsasia.com/singapore/subject-banding-education-how-are-students-teachers-coping-775926.

第四节　按科目编班未来的改革趋势

一、取消分流，实施全科目编班

新加坡的分流制度最早于1981年实施，当年中一学生根据小六会考成绩分别分流到"特别""快捷""普通"三个班级学习。① 新加坡教育从此开始了长达近40年的分流教育时代。但自2024年起，新加坡将实施全科目编班，同时将取消快捷班、普通班（普通学术和普通工艺）的分流，让所有学生体验"一个中学，多个学科"。新加坡教育部长王乙康指出：

> 这一变化将最大限度地减少分流的标签和污名化的影响。②

二、继续保留小六会考

教育部长王乙康说，实施按科目编班后，仍然保留小六会考，"这意味着中学应该继续根据小六会考成绩，录取三类学期，即使这些分流已经合并"。"小六会考（PSLE）分数仍然会作为学生选择自己最适合选修学科的初步衡量标准"③。

2021年起，小六会考仍然考小学的四个科目（英语、数学、科学和母语），但计分将采用积分等级制度（Achievement Level，简称AL）。每科的成绩分8个等级，最优秀等级是AL1，最差等级为AL8。积分等级与原始分对应如表5-3所示。

小六会考总成绩（PSLE Score）是积分等级的总和，也就是说，小六会考总成绩最好的得分会是4分，最差分数为32分。

---

① Mokhtar F. Secondary School Streaming to be Abolished in 2024, Replaced with Subject-based Banding [EB/OL]. (2019-03-05)[2021-09-04]. https://www.todayonline.com/singapore/secondary-school-streaming-be-abolished-2024-replaced-subject-based-banding.
② Mokhtar F. Secondary School Streaming to be Abolished in 2024, Replaced with Subject-based Banding [EB/OL]. (2019-03-05)[2021-09-04]. https://www.todayonline.com/singapore/secondary-school-streaming-be-abolished-2024-replaced-subject-based-banding.
③ Mokhtar F. Secondary School Streaming to be Abolished in 2024, Replaced with Subject-based Banding [EB/OL]. (2019-03-05)[2021-09-04]. https://www.todayonline.com/singapore/secondary-school-streaming-be-abolished-2024-replaced-subject-based-banding.

表 5-3　积分等级与原始分①

AL	原始分
1	≥90
2	85—89
3	80—84
4	75—79
5	65—74
6	45—64
7	20—44
8	<20

例如,一个学生小六会考等级分为:英语 AL3、数学 AL2、科学 AL1、母语 AL2,那么他的小六会考的最后成绩为 8 分。

教育部表示,新的评分系统将更好地衡量孩子的表现,也将不再根据每个分数对学生进行精细区分。新系统下将有 29 个可能的 PSLE 分数,而不是 200 多个 T 分数(transformed score 的缩写)聚合。②

目前,T 分数反映了学生与队列中其他人的关系,例如一个学生可能在某个科目上获得了高分,但如果他的大多数同龄人表现得比他好,他的 T 分数就会较低。改革后使用积分等级制,这将减少青年学生过度细微的分化。

学生仍将继续被分配到快捷班、普通(学术)班和普通(技术)班。这将使学校能够更好地定制教学,以满足儿童的需求,使他们能够以适合自己的速度学习,并取得良好的进步。

取消分流后,中学将有一个新的课程,每个科目将分为三个等级:G1、G2 和 G3。

---

① Ministry of Education of Singapore. How the PSLE Score is Calculated [EB/OL]. (2021-04-27)[2021-09-04]. https://www.moe.gov.sg/microsites/psle-fsbb/resources/score-calculator.html.
② Philomin L. New Grade Bands to Replace PSLE T-score [EB/OL]. (2016-07-14)[2021-09-04]. https://www.todayonline.com/singapore/psle-scoring-system.

其中 G1 对应现在的普通工艺班，G2 对应普通学术班，而 G3 对应的是快捷班。①

小六会考总成绩 4 分至 20 分的学生，归入第三个等级，一般可修读 G3 科目；
总成绩 23 分至 24 分者，归入第二等级，一般可修读 G2 科目；
总成绩 26 分至 30 分者，归入第一等级，一般可修读 G1 科目；
另外，21 分至 22 分者可修读 G2 或 G3 科目，25 分者可修读 G1 或 G2 科目。

具体详见表 5-4。

表 5-4　小六会考分数与对应班级②

班级定位	小六会考分数
快捷班	4—20
快捷班或普通学术班	21—22
普通学术班	23—24
普通学术班或普通工艺班	25
普通工艺班	26—30，AL7 或英语和数学擅长

因此，各个中学会根据学生的积分等级，了解每个学生的实际情况。学生也可根据小六会考成绩和每科目的积分等级，了解自己的强项与能力，以决定自己可以修读哪种程度的科目。譬如说，会考成绩取得 23 分的学生尽管选修较多 G2 科目，但如果会考中数学优异，便可从中一开始修读程度较高的 G3 数学，同时学习 G2 级别的所有其他科目。这也是目前中学按科目编班计划所提供的灵活选科安排。

三、启动新的全国统一考试

根据时间表，按科目编班将于 2024 年在所有中学实施，这批学生将于 2027 年升入中四，按照以往的做法，这些学生要参加 N 水准或 O 水准考试。但从 2027 年起，新

---

① Mokhtar F. Secondary School Streaming to be Abolished in 2024, Replaced with Subject-based Banding [EB/OL]．（2019-03-05）[2021-09-04]．https://www.todayonline.com/singapore/secondary-school-streaming-be-abolished-2024-replaced-subject-based-banding．
② Ministry of Education of Singapore. How the PSLE Score is Calculated [EB/OL]．（2021-04-27）[2021-09-04]．https://www.moe.gov.sg/microsites/psle-fsbb/resources/score-calculator.html．

加坡将取消 N 水准或 O 水准两种考试,取而代之的是新的国家统一考试(new national common exam)。① 这个新的国家统一考试将由新加坡教育部和英国剑桥共同制定新的毕业证书。全国考试的成绩单上会列出学生所报考的科目和程度,并获得 G1、G2 或 G3 水平的新的国家认证。

通过上述论述我们可以看出,新加坡的按科目编班改革,打破了传统分流考试的局限,体现了教育公平的原则。同时,按科目编班充分考虑每个学生的学科特长,让他们自由选择自己特长的学科,获得更高层次和水平的学习。新加坡按科目编班的试点已经取得了初步的成效,在未来小六会考及新的全国统一考试框架下,这一计划会更加完善。当务之急是要进一步研究、借鉴其精华,为我国新高考选课走班的完善提供有益的参考。

---

① Mokhtar F. GCE O-and N-Level Exams to be Replaced by New National Common Exam in 2027[EB/OL]. (2019 - 03 - 05)[2021 - 09 - 04]. https://www.todayonline.com/singapore/gce-o-and-n-level-exams-be-replaced-new-national-common-exam-2027.

第三编

国内调查

第六章　走班制下高中生涯现状调查

2014年,作为全国两个高考综合改革试点之一,浙江省新高考方案出炉,给予了考生"7选3"的选考自主权。高中生在拥有更多自主权的同时,也面临着更大的挑战——7选3,有35种选择方案,我们该怎么选课走班?因此,通过生涯规划让高中生了解自己的兴趣与职业倾向,并据此确定选考科目已经迫在眉睫。

浙江省教育厅于2015年发布了《关于加强普通高中学生生涯规划教育的指导意见》,该指导意见就高中生涯规划的主要内容、实施途径等做了相关阐释。随后,为了应对新高考下学生如何科学选课、如何走班的现实问题,浙江省许多高中陆续开设了生涯规划课程。然而,刚刚起步的高中生涯规划质量与效果如何?还存在哪些问题?本项目课题组对浙江省高中生1877份问卷调查结果展开分析,试图给出上述问题的答案,同时对我国当前高中生涯规划、走班教学中存在的问题提出相应的对策。

第一节　研究的问题与对象

一、本次研究的主要问题

本研究通过问卷星在线问卷调查,全面了解浙江省在读高中生对高中生涯规划现状的看法。为了避免被调查对象多次提交问卷,我们在后台设置了同一台电脑或手机不允许重复提交的限制。

通过问卷调查,我们主要想了解在新高考背景之下,浙江省高中生涯规划的现状与问题,并提出有针对性的政策建议。研究的主要问题有五个方面:

第一,高中生对生涯规划的了解情况(包括生涯规划的概念、相关知识、理论

方法及重要性等);

第二,高中生对自我的了解程度(包括自己的性格、兴趣、能力特长、优势与劣势、未来发展目标等);

第三,高中生对高校与专业的了解(包括社会职业、高校专业、就业前景);

第四,高中生涯规划课程的开设情况(对课程的态度、是否开设、课程的重要性、课程内容、课程的效果、课程实施的途径等);

第五,高中生职业选择的情况(有无职业规划、有无明确的职业、对未来就业的看法、高校选择的因素等)。

二、调查对象的基本情况

本次共有1897位高中学生参与了问卷调查,根据问卷提交的IP地址信息,本研究剔除了黑龙江、上海、内蒙古等外省市提交的问卷总计20份,仅保留浙江省提交的有效问卷1877份。参与调查的浙江省学生分布地区与人数如下:

金华(776人)、杭州(677人)、湖州(337人)、绍兴(46人)、温州(12人)、浙江未知地区(9人)、丽水(7人)、嘉兴(6人)、宁波(4人)、衢州(3人)。

这1877位被调查者的其他背景信息如表6-1所示。

表6-1 参与本次调查学生的基本信息

选项	变量	参与人数	所占比例
性别	男	746	39.74%
	女	1131	60.26%
年级	高一	1022	54.45%
	高二	440	23.44%
	高三	415	22.11%

第二节 调查主要结果分析

通过对1877份有效问卷数据的分析,本研究主要探讨高中生对生涯规划、自我、社会、高校与专业等多方面的了解情况,以及高中生涯规划课程开设、学生职业选择现状等,最终得出如下主要结果。

一、高中生对生涯规划的了解情况

本研究调研的一个关键词是"生涯规划",所以在问卷中我们设计了这样一道题目:"在这之前你知道'职业生涯规划'吗"选项有三个:非常了解、听说过、没有听说过。调查结果如表6-2所示。

表6-2 在这之前你知道"职业生涯规划"吗

选项	所选人数	所占比例
非常了解	272	14.49%
听说过	1345	71.66%
没听说过	260	13.85%

从表6-2中可以看出,同学们对"生涯规划"有一定的接触,但大部分仅是"听说过",甚至有一部分同学"没听说过",而真正"非常了解"的仅占14.49%。与此相对应的是,高中生对生涯规划方面的知识了解情况也不甚理想,"非常了解"的仅占11.19%,大部分同学对其仅是"知道,但不是很了解"(51.15%),还有27.38%的"听说过"、10.28%的"一点也不了解,很陌生"(表6-3)。由此可以看出,当前学校的生涯规划课程并没有落到实处,生涯规划教育势在必行。

表6-3 你是否了解生涯规划的相关知识

选项	所选人数	所占比例
非常了解	210	11.19%
知道,但不是很了解	960	51.15%
听说过	514	27.38%
一点也不了解,很陌生	193	10.28%

与生涯规划知识相类似的一个问题是"你是否了解职业生涯规划的相关理论和方法",在此项调查中,只有13.80%的高中生"了解",有超过86%的学生"不太了解"(63.29%)、"不了解"(19.66%)或"没有考虑过"(3.25%)(见表6-4)。

表6-4 你是否了解职业生涯规划的相关理论和方法

选项	所选人数	所占比例
了解	259	13.80%
不太了解	1188	63.29%
不了解	369	19.66%
没有考虑过	61	3.25%

虽然大部分的同学对生涯规划不了解,但同学们表示生涯规划非常重要。在另一项调查中,有将近874人(46.56%)和779人(41.50%)分别认为"非常重要"或"比较重要",仅有少部分同学认为"不太重要"或"非常不重要"。从中可以看出,大部分同学都意识到了生涯规划在人生发展中的重要性(图6-1)。

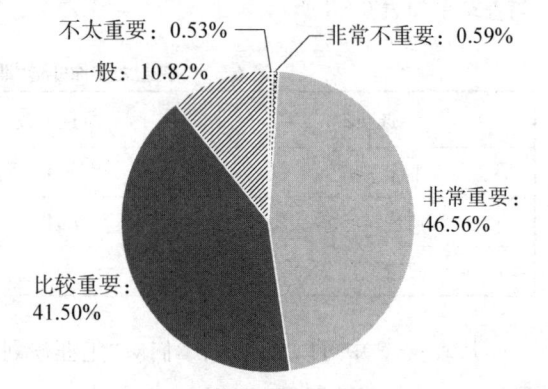

图6-1 你认为生涯规划对在读高中的你而言是否重要

二、高中生对自我的了解程度

1909年5月,生涯规划之父弗兰克·帕森斯(Frank Parsons)出版了《选择一份职业》(Choosing a Vocation)一书,该书第一次系统阐述了科学的职业指导理论——特质因素理论(Trait-and-Factor Theory)。[①]

所谓"特质"就是指个人的人格特征,包括能力倾向、兴趣、价值观和人格等,都可以通过心理测量工具来加以评量;而所谓的"因素"则是指在工作上取得成功

---

① 杨光富.国外中学学生指导制度历史演进[M].上海:华东师范大学出版社,2015:50.

要具备的条件或资格,这些因素是可以通过对工作的分析而了解的。①

因此,根据特质因素理论,一个人的能力特长、兴趣、爱好等与未来的职业密切相关。因此,引导学生探索内部世界,了解自己的性格、兴趣、气质等是生涯规划的一项重要内容。

那么,当前高中生对自我了解情况如何呢?根据调查,仅有1 129名高中生(60.15%)了解自己的性格和兴趣爱好,其余学生对此表示"不太确定"(681人,占36.28%)或"不了解"(39人,占2.08%)甚至"没有考虑"(28人,占1.49%)等,详细情况如表6-5所示。

表6-5 你了解自己的性格和兴趣爱好吗

选项	所选人数	所占比例
了解	1 129	60.15%
不太确定	681	36.28%
不了解	39	2.08%
没有考虑	28	1.49%

与兴趣、爱好相对应的是,学生对自己"能力特长"真正了解的也仅有46.21%,有一半以上的学生"不太确定"(占46.60%)或"不太了解"(占5.27%)。还有1.92%的同学对这一问题"没有考虑",详见图6-2。

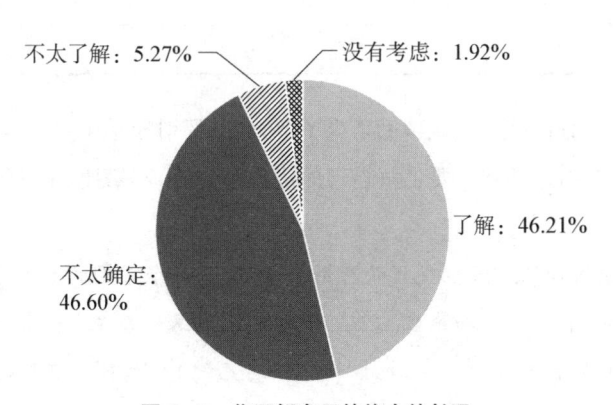

图6-2 你了解自己的能力特长吗

---

① 李金亮,杨芳,周欣.大学生职业生涯规划[M].长沙:湖南教育出版社,2019:29.

除了性格、兴趣和能力特长外,学生们对自己在当前及以后职业发展中的优势与劣势了解如何呢?调查结果显示,仅有349名高中生(18.59%)"很清楚",另有1 144人(60.95%)"不太清楚",277人(14.76%)"不清楚"。还有部分学生(5.70%)"没有考虑过",详见表6-6。

表6-6　你清楚自己在当前及以后职业发展中的优势与劣势吗

选项	所选人数	所占比例
很清楚	349	18.59%
不太清楚	1 144	60.95%
不清楚	277	14.76%
没有考虑过	107	5.70%

正是因为对自己的不了解,导致大部分学生对未来的职业选择感到迷茫,只有591位高中生(31.49%)清楚自己未来三至五年的发展,55.67%的同学"不太确定"、10.44%的同学"不了解",另外还有2.40%的同学对这个问题"没有考虑",详见表6-7。

表6-7　你了解自己适合往哪些职业方向发展吗

选项	所选人数	所占比例
了解	591	31.49%
不太确定	1 045	55.67%
不了解	196	10.44%
没有考虑	45	2.40%

在生涯规划的过程中,应该帮助学生了解自我,要引导学生看到自己的独特性,相信"天生我材必有用"。同时,要了解自己的优势与弱势,不攀比、不气馁,悦纳自我。

扬长避短,相信"天生我材必有用"。这包含两个方面的基本信息:其一,正视自己的不足,不因差异而感到自卑,不为缺陷而感到烦恼,不让弱点影响你的成功;其二,也是最重要的一点,把握和信任自己的特长,扬长避短,形成优势,由此进行人生规划和人生竞争。[1]

---

[1] 程孝良,曹俊兴,孙爱珍.大学的守望者[M].北京:海洋出版社,2008:10.

但根据问卷结果,大部分同学对自己的性格、兴趣、能力、特长都不甚了解,最终导致的结果是对未来职业选择的茫然。

三、高中生对高校与专业了解情况

生涯规划旨在协助学生树立生涯意识,在增进对自我和外部世界认知的基础上,能对自己未来的发展方向做出理性的抉择。

在高中阶段,学生对社会的了解主要包括两个方面:一是对行业和职业的理解;二是对高校与专业的了解。

对高校的了解是让学生顺利选课走班之前的一项重要任务,因为同学们对高校专业的了解程度,会直接影响同学们的选课走班,以及高校专业志愿的填报。

让学生对社会要了解,对现行的专业要了解,对自己的心理特点要了解,明确自己的职业生涯阶段,对自己的职业生涯要有预期有规划。①

表6-8是关于"你对各高校专业是否了解"的调查结果,情况如下。

表6-8 你对各高校专业是否了解

选项	所选人数	所占比例
非常了解	77	4.10%
比较了解	467	24.88%
有点了解	854	45.50%
不了解	479	25.52%

从表6-8中可以看出,接受调查的学生中,"非常了解"高校专业的仅占4.10%,"比较了解"的占24.88%,但超过70%的学生仅仅是"有点了解"和"不了解",由此看来,高中生涯规划任重道远。

由于学生对社会不了解,很多高中生担心未来找不到工作。在"你对自己未来发

---

① 李嘉庆.聚焦新高考[M].济南:山东文艺出版社,2017:145.

展最担心哪些问题"(多项选择)中,有1197位同学(63.77%)担心自己"缺乏清晰的职业规划,导致找不到合适的工作",只有17.05%的学生表示"很有信心,相信将来的我能找到合适的工作"。具体见表6-9。

表6-9 你对自己未来发展最担心哪些问题

选项	所选人数	所占比例
在新高考下自己不能考上理想大学	1221	65.05%
缺乏清晰的职业规划,导致找不到合适的工作	1197	63.77%
自身的综合素质不符合企业用人的标准	973	51.84%
很有信心,相信将来的我能找到合适的工作	320	17.05%
其他	127	6.77%

四、高中生涯规划课程开设情况

通过课程开展生涯指导工作,是学校开展学生生涯规划的一条重要途径。德国开设了《劳动学》课程,日本则是从1981年起在高中开设《职业基础》课程。英国通过1988年的《教育改革法》,把生计指导课正式列入教学计划,后来又扩展为PSHE课程(Personal, Social, Health and Economic Education)。[①] 中国的台湾和香港地区都将生涯规划列入正式的课程之中。这些国家或地区通过开设生涯规划课程都取得了较好的效果。

在关于"你对学校开设职业生涯规划课程的态度"的问题调查中,超过92%的高中生对生涯规划课的开设表示"非常感兴趣"和"感兴趣",只有5.27%的学生"不感兴趣",还有2.50%学生表示"学校安排无奈接受"。详见表6-10。

表6-10 你对学校开设职业生涯规划课程的态度是

选项	所选人数	所占比例
非常感兴趣	645	34.36%
感兴趣	1086	57.86%
不感兴趣	99	5.27%
学校安排无奈接受	47	2.50%

---

① 杨光富.国外中学学生指导制度历史演进[M].上海:华东师范大学出版社,2015:258.

浙江地区的高中生涯课程开设情况如何？在一项"学校是否开设生涯规划相关课程"的调查中，有55.19%的同学表示学校开设了相关课程，有44.81%的同学表示没有开设，详见表6-11。

表6-11　学校是否开设生涯规划相关课程

选项	所选人数	所占比例
有	1 036	55.19%
无	841	44.81%

可以看出，在接受调查的学生中，有一半以上所在学校开设了生涯规划课程，但仍有很多学校没有开设此类课程。在另外一项关于高中开设生涯规划课程的必要性的调查中，大部分同学认同生涯规划课程开设的重要性，详见表6-12。

表6-12　对于高中学校开设职业生涯规划课程，你觉得有必要吗

选项	所选人数	所占比例
有必要，应开设专门课程保证一定课时	812	43.26%
有必要，应在现有的学科专业课程中加强渗透职业生涯规划教育	962	51.25%
没有必要，应维持现状，保证学科专业学习的课程	42	2.24%
无所谓	61	3.25%

从表6-12可以看出，有超过94%的同学认为，学校非常"有必要"开设生涯规划课程，其中43.26%的同学认为"有必要，应开设专门课程保证一定课时"，51.25%的同学认为"有必要，应在现有的学科专业课程中加强渗透职业生涯规划教育"。仅有2.24%的同学认为"没有必要，应维持现状，保证学科专业学习的课程"，另外，还有3.25%的同学对此问题表示"无所谓"。

在关于高中阶段何时开设生涯规划课程的调查中，有83%以上的同学都建议从高一年级就开始生涯规划课程，其中有62.92%的同学认为应该将生涯规划课程贯穿于高中三年的学习中，具体情况见图6-3。

另外，关于生涯规划课程的开课频率，有近69.90%的同学建议每周开设一次较为合适，详见图6-4。

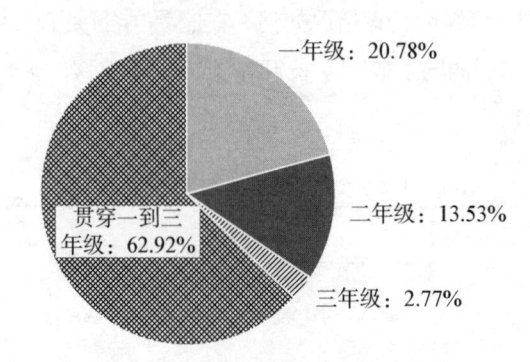

图 6-3 你认为职业生涯规划课程应该从高中哪个年级开始

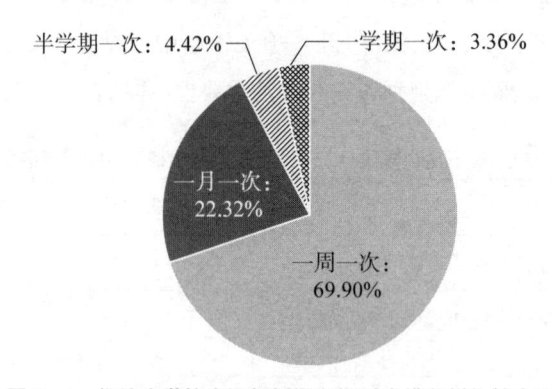

图 6-4 你认为学校生涯规划课程课时安排怎样比较合适

从以上分析中可以得出这样一个结论:高中应该从高一开始开设高中生涯规划课程,一般一周一节为宜,内容主要包括探索内部世界、探索外部世界以及学会选择三方面的内容。

那么,生涯规划课程对学生到底有什么帮助呢?大部分同学认为,通过生涯规划课程,学生"初步有了自己的人生规划"(65.85%)、"对自己有所认识"(65.37%)、"对不同的职业有所了解"(57.86%),仅有 6.23% 的同学认为"没有帮助"。详见表 6-13。

表 6-13 学校开设的职业生涯课程在什么方面对你有帮助

选项	所选人数	所占比例
对自己有所认识	1 227	65.37%
自己的人生观、价值观更加清晰	954	50.83%
初步有了自己的人生规划	1 236	65.85%

续 表

选项	所选人数	所占比例
对不同的职业有所了解	1 086	57.86%
明确了自己高考选考的课程	646	34.42%
没有帮助	117	6.23%

五、高中生涯规划课程的内容与途径

高中生涯指导旨在指导和帮助学生了解生涯规划的意义，并将高中学习与未来个人教育和职业生活之间建立联系；通过对自我和外部世界的探索，发现自己的特质，进而了解自我、接纳自我，找到个人生涯发展的方向；在选课程、选专业、选高校和选职业的过程中，培养选择和决策能力；学会制定生涯规划，提升践行与调适生涯规划的能力。在关于生涯规划课程内容的调研中，同学们希望生涯规划课程的内容主要聚焦如下几个方面(表6-14)。

表6-14 你希望职业生涯规划课程主要介绍哪些内容

选项	所选人数	所占比例
了解社会的各种职业和有关就业政策	1 348	71.82%
获取、辨别和筛选就业信息的方法	1 009	53.76%
求职就业的技巧和方法培养	1 224	65.21%
进行职业生涯规划设计	1 054	56.15%
帮助学生了解自己的性格、能力、职业倾向	1 328	70.75%
职业选择决策的方法	776	41.34%
与家庭成员进行职业选择的有效沟通方法	603	32.13%
毕业生就业协议、劳动法和争议解决方法	623	33.19%
职业素养的提升	1 058	56.37%
求职阶段的心理调节方法	850	45.29%
其他	151	8.04%

表6-14中排在前五项的生涯规划课程内容有：

(1) 了解社会的各种职业和有关就业政策,占 71.82%;

(2) 让学生了解自己的性格、能力、职业倾向,占 70.75%;

(3) 求职就业的技巧和方法培养,占 65.21%;

(3) 职业素养的提升,占 56.37%;

(4) 进行职业生涯规划设计,占 56.15%;

(5) 获取、辨别和筛选就业信息的方法,占 53.76%。

从表 6-14 中可以看出,同学们最关注的课程内容主要聚焦于社会的职业、个人的性格、能力和职业倾向,以及生涯规划设计等多方面内容,也反映了大多数学生对这门课程的诉求。

另外,生涯规划的途径多样,既可以是专门的课程,也可以通过讲座、参观等方式进行,在调查中,同学们也对生涯规划的途径表达了自己的看法,详见表 6-15。

表 6-15 你认为应该采取何种措施在高中推进职业规划教育的发展

选项	所选人数	所占比例
开设职业规划教育课程	1447	77.09%
举办职业规划讲座	981	52.26%
开展小组分享会	716	38.15%
加强平时老师、家长的指导和帮助	927	49.39%
通过第三方机构推进发展	510	27.17%
不清楚	132	7.03%

表 6-15 中,有 1447 位同学建议"开设职业规划教育课程"(77.09%),981 位同学建议"举办职业规划讲座"(52.26%),927 位同学建议"加强平时老师、家长的指导和帮助"(49.39%),另外还有同学建议通过"小组分享"和"第三方机构"来开展生涯规划工作。

表 6-15 中,大部分同学认为应该"开设职业规划教育课程"推进高中生涯规划,在"你是通过何种方式了解生涯规划的"的问卷中,也得到同样的回答,即"班级授课"(50.24%)是了解生涯规划的一个主要的途径,除此之外,还有"主题班会"(20.35%)、"讲座"(22.80%)、"报告会"(6.61%)等,也是实施生涯规划的常见途径。详见表 6-16。

表6-16　你是通过何种方式了解生涯规划的

选项	所选人数	所占比例
班级授课	943	50.24%
主题班会	382	20.35%
讲座	428	22.80%
报告会	124	6.61%

除了课堂教学外,同学们认为"社会实践活动"(83.91%)、"研究性学习"(55.78%)、"调查研究与实践"(57.38%)等也有助于学生对"人生规划与职业有更深的了解",详见表6-17。

表6-17　你认为以下何种方式能让你对人生规划与职业有更深的了解

选项	所选人数	所占比例
社会实践活动	1575	83.91%
研究性学习	1047	55.78%
参观	673	35.86%
调查研究与实践	1077	57.38%
角色扮演	730	38.89%
社会服务	928	49.44%
担任志愿者	846	45.07%

另外,在生涯规划指导的方式方面,同学们最喜欢"面对面咨询"(57.65%),还有16.25%的学生选择了"团体辅导"、13.37%的学生选择了"网络咨询"。因此,我们在做生涯规划时,不仅可以利用课堂授课、社会实践、参观学习等途径,还要增加学生团体辅导和个别咨询的机会,有针对性地指导学生,提高生涯规划的实效性。详见表6-18。

表6-18　如果接受学校组织的职业生涯规划,你更喜欢以何种方式进行职业咨询

选项	所选人数	所占比例
面对面咨询	1082	57.65%
电话咨询	54	2.88%

续表

选项	所选人数	所占比例
网络咨询	251	13.37%
同学互助	185	9.86%
团体辅导	305	16.25%

因此,生涯规划的途径应该多种多样。首先要在学校课表中统一安排固定课时,由专职指导教师、班主任、心理教师、导师等负责,按照事先确定的内容,对学生进行系统的生涯教育。其次可以通过分小组或个人独自进行,如进行职业访谈、职业体验、搜集高校专业设置现状以及高考与招生政策等,然后在全班进行分享。最后,也可以通过讲座的方式,把家长、专家、校友等校外各行各业人士请进学校,向学生介绍所在高校的专业、目前正在从事的工作,分享自己在升学、择业、面试、就职等方面的成功经验与失败教训等。

六、高中生职业选择的情况

生涯规划的目的是让学生在了解自我、了解社会的基础上,最终能够理性地抉择。选择包括选择科目、选择高校、选择专业、选择未来的职业等。为此,我们设计了一些问卷来了解同学们对自己未来的生涯规划、自己适合的职业类型以及将来从事的具体职业等。首先,我们设计了"你有无对自己的职业进行过规划"的问题,回答情况见表6-19。

表6-19 你有无对自己的职业进行过规划

选项	所选人数	所占比例
有,很清晰;远期(人生奋斗方向)、中期(人生职业规划)、短期(3—5年的阶段性目标)	340	18.11%
有,还比较清晰,但只有近期的,并没有做长期规划	823	43.85%
有,只有一点,没有很仔细考虑	631	33.62%
从来没有想过	83	4.42%

在表6-19中,超过95%的学生对自己未来的职业进行过规划,其中18.11%的学生表示:"有,很清晰;远期(人生奋斗方向)、中期(人生职业规划)、短期(3—5年的

阶段性目标)"，43.85%的学生有规划，"还比较清晰，但只有近期的，并没有做长期规划"，33.62%的学生有规划，但"只有一点，没有很仔细考虑"，只有4.42%的学生"从来没有想过"。可以看出，大部分的学生有自己的职业规划，但有清晰的近期、中期和长远计划的学生并不多，因此生涯规划必须培养学生职业规划的能力，让绝大多数学生明确自己的近期和长期的发展目标。

在"你是否清楚自己未来三到五年的发展计划"的问题中，仅有17.05%的学生清楚自己未来三到五年内的发展规划，有一半以上(53.76%)的学生虽然对未来的规划有考虑过，但仍不太明确，23.34%的学生"没有具体想法，但有大致轮廓"，还有5.86%的学生对这个问题"没想过"，详见表6-20。

表6-20 你是否清楚自己未来三到五年的发展计划

选项	所选人数	所占比例
是	320	17.05%
有想法，但不太确定	1009	53.76%
没有具体想法，但有大致轮廓	438	23.34%
没想过	110	5.86%

与"你是否清楚自己未来三到五年的发展计划"这一问题相关，我们设计了"你现在是否有了今后想要从事的职业"这一问题，结果如表6-21所示。

表6-21 你现在是否有了今后想要从事的职业

选项	所选人数	所占比例
非常明确	448	23.87%
还在犹豫	1310	69.79%
没考虑过	119	6.34%

可以看出，真正对自己今后想做的职业"非常明确"的仅占23.87%，有69.79%的同学"还在犹豫"，还有6.34%的同学"没考虑过"。

在关于同学们对目前的就业形势和自己未来就业的前景如何看待的问卷中，有45.50%的同学指出，"缺乏清晰的职业规划，没有结合自身情况和市场标准就盲目择业，导致找不到合适的工作"，看来生涯规划在高中生未来的发展中的确非常重要。详见表6-22。

表 6-22　你对目前的就业形势和未来就业的前景如何看待,最担心哪些问题

选项	所选人数	所占比例
就业压力较大,担心找不到工作	499	26.58%
缺乏清晰的职业规划,没有结合自身情况和市场标准就盲目择业,导致找不到合适的工作	854	45.50%
自身的能力、技能水平不符合企业用人的标准	332	17.69%
对自己很有信心,相信自己的能力能找到合适的工作	192	10.23%

在高校选择方面,学生考虑的前三个因素分别是"有自己喜欢的专业"(75.12%)、"未来的发展前景"(71.07%)、"专业的就业前景良好"(63.88%),详见表 6-23。

表 6-23　你选择填报高校的因素是

选项	所选人数	所占比例
未来的发展前景	1 334	71.07%
高校的排名	787	41.93%
专业的就业前景良好	1 199	63.88%
有自己喜欢的专业	1 410	75.12%
校园文化丰富	1 061	56.53%
其他	140	7.46%

从同学们的选择来看,无论是自己喜欢的职业、自己未来的发展前景,还是自己所选择专业的就业情况,都是跟同学对高校与专业的了解息息相关,这也是生涯规划中了解社会的一项重要任务。只有同学们真正了解行业和职业、高校与专业,这些所关心问题的困惑也就迎刃而解了。

第三节　调查的结论与建议

生涯指导是目前高中学校教育中比较薄弱的内容。学校可围绕以下四个主题展开相关指导活动,核心在于指导和帮助学生解决下列问题:我是谁? 我想干什么? 我能干什么? 我现在应该做什么? 在此基础上,重点培养学生的抉择和规划能力。

一、开设生涯规划课程,充分挖掘各种资源

2015年5月,浙江省教育厅正式颁布《浙江省教育厅关于加强普通高中学生生涯规划教育的指导意见》(浙教基〔2015〕59号),意见明确指出:学校根据学生的特点和需要,从高一阶段起开设高中生涯规划相关课程。[①]"多数学校设立了专门的生涯规划指导教师岗位,并在高一年级就开设了学生生涯规划课程"。[②] 应该说浙江省的生涯规划教育是走在全国前列的。但遗憾的是,根据问卷调查仍有44.81%的学生表示,学校至今没有开设生涯规划课程。

学校应整体设计高中三年的生涯规划课程内容,并纳入学校教学计划,安排相应的课时,有序付诸实施。建议生涯规划课程安排在高一至高二年段,高一应侧重学生对自我内部世界的探索,让学生从多个角度了解自己的性格、气质、兴趣等,逐渐明确今后的职业发展。高二年级侧重学生对外部世界的探索,让学生了解社会到底有哪些行业和职业,有哪些高校与专业,在此基础上,培养他们理性选择的能力。

除此之外,还要充分发掘校内现有的各种课程资源,如请各学科老师主动发掘学科教学中可利用的指导因素,与学校已有的校本选修课、社会实践、研究性学习、社团活动整合,或利用班会、升旗仪式、板报、校报、校园广播、校园网络、专题讲座、家教平台等,通过改编、借用、整合、自创等多种方法进行设计开发。同时,利用现代信息技术,借助网络传播和网络资源,放大课程的影响力。

二、明确生涯规划发展阶段,合理安排课程内容

生涯规划旨在协助学生树立生涯意识,在了解自我、了解世界的基础上,对自己未来的发展方向做出理性的抉择。在问卷调查中,大部分同学不了解自己的兴趣爱好、个性倾向,不了解社会,这样学生在选科选课、选择高校和专业时会感到迷茫。因此,在生涯规划课程的设计中应明确生涯规划的三个重要阶段:了解自我、了解世界、学会选择。

了解自我是让学生了解自己的特征与生涯态度、个人成长与生涯的关系等;了解外部世界就是让学生了解职业与行业、大学与专业;学会选择就是培养学生的抉择能

[①] 浙江新高考教改实践小组.如何应对新高考——浙江高中学校案例分析[M].杭州:浙江教育出版社,2017:36.
[②] 冯成火.高考新政下高中课改的评价、问题与策略——基于浙江省的实践与探索[J].教育研究,2017(2):126.

力,尤其在选课和升学方面的能力。生涯规划的三个阶段的内容和具体指标建议如表6-24所示。

表6-24 高中生涯规划三个阶段的维度与内容

阶段	内容	具体指标
了解自我	了解个人成长历程与生涯的关系	理解成长经历与重要事件对个人生涯的影响
		理解家庭与重要他人对个人生涯的影响
	澄清个人特质与生涯态度	了解个人的兴趣特长和能力倾向
		了解自己的个性特点和人格特征
	统整自我认识	经过统整,对自己有比较完整和清晰的认识
了解外部世界	了解职业与行业	了解当前行业发展的一般规律
		了解未来职业变迁及对就职者的要求
		掌握了解目标行业和职业的一般方法
	了解大学与专业	了解大学院校与专业设置
		了解高校和专业选择对人发展影响的一般方法
		掌握探索目标高校和专业升学的常规路径
学会选择	提高决策能力	整合信息:学会收集和整理相关信息
		系统思考:综合个人、信息、环境三方面内容
		理性抉择:权衡利弊、做出决定
	选课和升学决策	选择适合自己的课程、活动与学习进程
		制定适合自己的升学方案
		掌握自荐、面试、志愿填报等技能与策略
		增进生涯探索与发展的信心

三、加强生涯规划教师培养,注重学科生涯渗透

由于我国高中开展生涯规划工作目前正处于起步阶段,高校也没有设置相关专业培养专业的生涯规划教师,因此,缺乏专业的生涯规划教师是顺利开展此项工作的一大瓶颈。因而,必须加大生涯规划从业人员的培训力度,以解燃眉之急。

但既懂理论又会实务还擅长培训的专家,在多数省市屈指可数。建议先借才港台,形成本土化的培训课程和专家队伍。另外,各省市可以依托师范院校或著名的咨询服务公司建立专门的生涯规划师资培训中心,有计划、有组织地培养专职的生涯规

划教师。同时,还要加强学科教师、教育管理人员、班主任、心理老师的在职培训,以提高他们开展生涯规划活动的理论及实践水平。

专职生涯规划教师的培训应侧重对普通高中生涯规划相关的目标、理论和知识的学习,以及测量评估、团体辅导、个体咨询等方面的实际操作技能训练等。非专职生涯规划教师的培训主要通过相关的理论学习和案例分享,掌握识别学生问题的基本方法以及初步的生涯规划技能等。在非专职生涯规划教师培训中尤其要重视学科教师的培训,通过培训让学科教师增强通过学科教学渗透生涯规划的意识,培养学科教师"在备课时就要围绕学科与专业、职业、人生规划的关系等寻找联结点和渗透点,打通学科壁垒,统合课程内容,将生涯规划教育渗透到学科教学中去"[1]。

通过系统的周期培训,逐步建立起以专职生涯规划教师和班主任、心理老师为骨干,全体教师共同参与的专兼结合、共同参与、协调合作的生涯规划教师队伍。同时,为使教师安心从事生涯规划工作,希望能够妥善解决专职教师的编制和职称等现实问题。

四、加强选课与升学指导,为志愿填报打下基础

新高考改革,学生面临的一个重要问题就是选课走班教学。因此,选课走班前必须"加强学生生涯指导,提升学生选择能力,只有学生学会了科学选择,走班教学才有了育人的有效性"[2]。问卷的数据分析显示,学生主要的困惑是"我怎么选",既包括如何进行"7选3",也包括如何选择高校。因此,如何让高中学生根据自己的个性和特长选择科目是摆在学校管理者面前的一个重要问题。我们高中生涯规划的另一项重要工作就是加强选课与升学指导,为走班和志愿填报打下基础。

一方面,教师可向学生介绍个人兴趣爱好、能力特长与大学各专业学习要求、未来职业岗位胜任之间的关联性,指出不同的人有不同的特质、能力倾向和行为特征,可以胜任不同的工作,应用在不同的工作领域;同样,大学不同专业和各学科所需知识能力基础和培养的能力特长,也有所侧重与不同。

另一方面,教师要指出职业的消失和涌现不断加剧,很多新职业岗位的创造,通常是将个人的能力特长迁移至新的工作领域的结果。因此,兴趣能力与专业、职业间既有关联,又非凝固不变,关键是个人要知道自己的兴趣和能力所在,努力培养自己的兴

---

[1] 田丽.以核心素养为引领,探寻普通高中生涯规划教育实施体系[J].课程·教材·教法,2017(10):67.
[2] 周彬.高中走班教学:问题、路径与保障机制[J].课程·教材·教法,2018(1):57.

趣和提升自己的能力。

教师应综合参考学生的个人兴趣与特质、高等学校各专业招生科目要求、所在学校课程设置情况等信息,对学生选择学习内容和科目、社团活动、社会实践活动、高考等级考科目等,提出具体的建议。

同时,针对高校自主招生考试、春季考试等不同要求,教师可以组织学生开展模拟面试活动,帮助学生了解面试的程序、着装、礼仪、体态、语言、时间控制、行为表现和如何准备个人材料等。

另外,生涯规划的课程也要介绍填报志愿、撰写自荐信和综合素质评价表的技巧与方法。同时,梳理学生个人成长记录资料收集的范围和内容,让学生知道应收集哪些资料和怎样收集资料,为其填写综合素质评价表做准备。

第七章　走班制下高中教学管理现状调查

在新高考改革这一背景之下,走班制已经作为一种新型的教学形式在我国一些高中实施,但在实施的过程也遇到了一些亟须解决的问题。为此,本研究项目课题组根据研究的需要,设计了一份包含 76 个问题的问卷,并对上海、浙江、黑龙江、河南等 34 个省市的 2 873 名高中教师进行了匿名在线问卷调查。本章通过对问卷数据的整理与分析,全面了解新高考背景下高中走班制的实施现状,并尝试提出一些有针对性的政策建议,以期对我国高中走班制实践的完善提供借鉴与参考。

第一节　研究的问题与对象

一、本次研究的主要问题

本研究通过问卷星在线问卷调查,向国内不同地区的高中教师发放问卷,以求全面了解高中教师对于走班制发展现状的看法。为了避免被调查对象多次提交问卷,我们在问卷星后台设置了同一台电脑或手机不允许重复提交的限制。

通过问卷调查,我们主要想了解,在新高考改革的背景下,国内各地区、各层次高中走班制实施现状以及存在的问题,并在此基础上提出有针对性的建议。问卷设计主要包括以下几个部分的内容。

第一,走班制开展的基本情况(包括是否开展走班制、走班模式、分班依据、教学方式等);

第二,教师对走班制开展的态度和适应情况(包括是否应当实施走班制、师生关系、教学方式、班级管理、工作负担等);

第三,教师对走班制优缺点的认识(包括学校硬件设施、师资水平、学生选课等方面);

第四,教师对走班制实施提出的建议(包括开展选课指导、优化硬件配置、提供师资培训等方面)。

二、调查对象的基本情况

本次共有 2 873 名高中教师参与了问卷调查,根据问卷提交 IP 地址信息,参与本问卷调查的高中教师遍布国内上海、浙江、黑龙江、河南等 34 个省市。参与问卷调查的教师基本情况如图 7-1 所示。

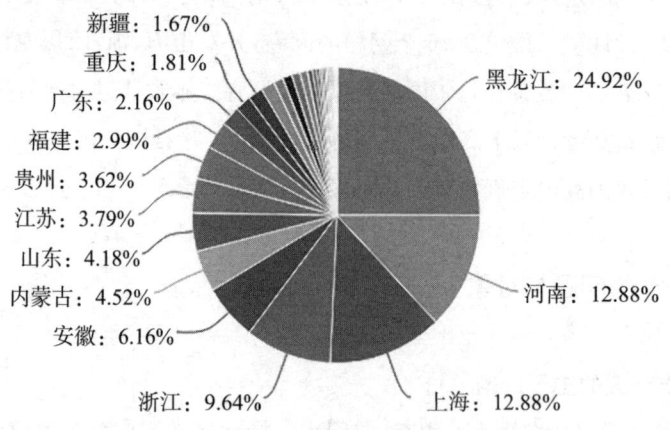

新疆:1.67%
重庆:1.81%
广东:2.16%
福建:2.99%
贵州:3.62%
江苏:3.79%
山东:4.18%
内蒙古:4.52%
安徽:6.16%
浙江:9.64%
上海:12.88%
河南:12.88%
黑龙江:24.92%

图 7-1 参与问卷调查的教师地域来源

涉及来自城镇省级示范性高中、市级示范性高中和普通高中的不同层级的教师。调查对象较为全面,具有代表性,详见表 7-1。

表 7-1 参与问卷调查的教师基本情况

选项	变量	所选人数	所占比例
学校所在地域	市区	1 604	55.83%
	县城	731	25.44%
	乡镇	538	18.73%

续 表

选项	变量	所选人数	所占比例
学校类型	省级示范性高中	1371	47.72%
	市级示范性高中	454	15.80%
	普通高中	1048	36.48%
性别	男	1031	35.89%
	女	1842	64.11%
职位	主任、副校长及校长	290	10.09%
	备课组长、教研组长及年级组长	515	17.93%
	普通教师	1437	50.02%
	班主任	631	21.96%
任教年限	1—5 年	533	18.55%
	6—10 年	374	13.02%
	11—15 年	630	21.93%
	16—20 年	487	16.95%
	20 年以上	849	29.55%

第二节 调查主要结果分析

一、走班制开展的基本情况

参与本次问卷调查的教师所在的学校并非都开展了走班制，在问到"您所在的学校是否开展走班制"这一问题时，956名教师回答了"是"，占所调查教师的33.28%，而1917名教师回答了"否"，约占调查教师人数的66.72%。由此可见，走班制并非全面普及。以下对于走班制开展实际情况的调查主要针对回答了"是"的这956名教师。

（一）走班制开展的模式

本次调查中，在"不走班""小走班""大走班""全走班"这四种模式中，大部分教师表示所在学校选择"小走班"的模式（510人，53.35%），其次是"大走班"的模式（327

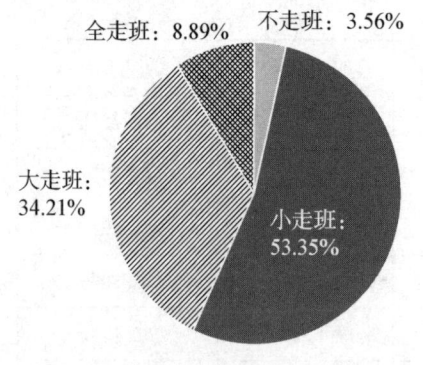

图7-2 您所在学校采取的走班模式

人,34.21%),而所在学校选择"不走班"模式(34人,3.56%)和"全走班"模式(85人,8.89%)的教师人数较少,仅有119人,占调查人数的11.44%。详见图7-2。

与此相对应的是学校走班制教学编班的方式,956名教师中的大部分教师表示,学校走班编班采取的方式是"三门或两门选科相同的学生优先组成固定班级,其他科目或学生走班教学"(495人,51.78%)。详见表7-2。

表7-2 您所在学校走班教学编班的方式

选项	所选人数	所占比例
其他情况	17	1.78%
所有高考科目进行走班教学	74	7.74%
提供有限的选科组合,将三门选考科目均相同的学生组成一个班,所有学生不走班	104	10.88%
三门选考科目所有学生均通过走班完成教学	266	27.82%
三门或两门选科相同的学生优先组成固定班级,其他科目或学生走班教学	495	51.78%

另外,选择"三门选考科目所有学生均通过走班完成教学"的教师人数次之(266人,27.82%)。选择"提供有限的选科组合,将三门选考科目均相同的学生组成一个班,所有学生不走班"以及"所有高考科目进行走班教学"的教师人数较少(178人,18.62%)。这一数据结果也与"您所在学校采用的走班制模式"一题类似,均反映出大部分学校实行"小走班"和"大走班"的模式,而实行"全走班"和"不走班"模式的学校则较少。

另外,本次问卷还调查了"您所在学校一般在何时进行走班教学"。其中,57.32%的教师表示在"高二上"进行走班教学,占调查人数的大多数。

也有部分教师表示在"高一下"就进行走班(178人,18.62%)。由此可见,开展走班教学的时间主要集中在"高一下"和"高二上"。详见图7-3。

另外,学校在实施选课走班时会考虑哪些因素?如图7-4所示,大部分教师表示是根据学生的学习兴趣(429人,44.87%)以及学生的学习成绩(334人,34.94%),而只有少部分教师认为首要因素是"学生未来的理想"(83人,8.68%)。

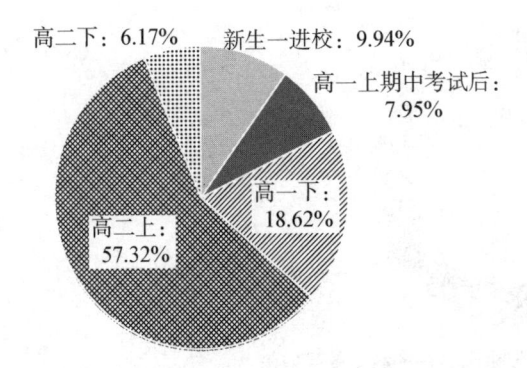

图7-3 您所在学校一般在何时进行走班教学

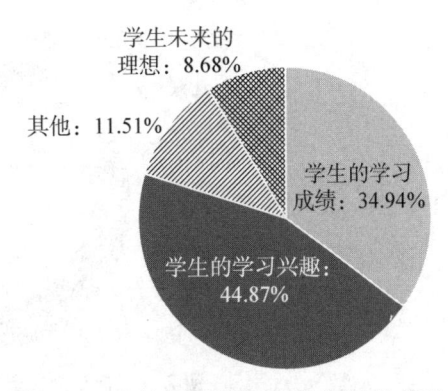

图7-4 您所在的学校在分班时考虑的首要因素是什么

（二）走班制的实施效果

本次问卷调查针对走班制的实施效果也提出了一些问题，其中包括"班级学生作业收交情况"和"教学效果如何"这两题。在"班级学生作业收交情况"这一题中。大部分教师认为开展了走班制教学后，"学生在辅导后收交作业有序"（499人，52.20%）。但也有部分教师认为"学生在辅导后收交作业混乱"（162人，16.95%）。详见图7-5。

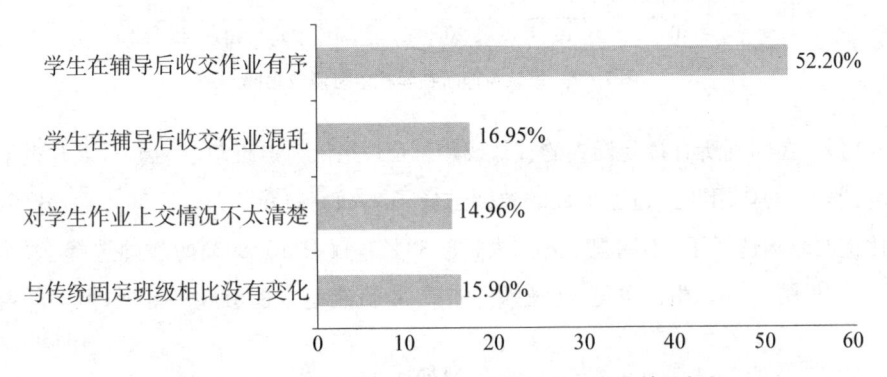

图7-5 走班制教学实施后,您班级学生作业收交情况如何

另外，在"您认为在走班制下，预想的教学结果如何"这一问题下，绝大多数教师选择了"一般"（484人，50.63%），但也有相当大一部分教师认为"达到"了预想的教学效果（305人，31.90%），仅有少部分教师认为"不清楚"或"未达到"。

在另一"您认为您所在学校走班制成功吗"的问题中，大部分教师选择了"比较成功"（414人，43.31%）和"一般"（372人，38.91%），仅有少部分选择了"非常成功""不太成功"和"不成功"。详见图7-7。

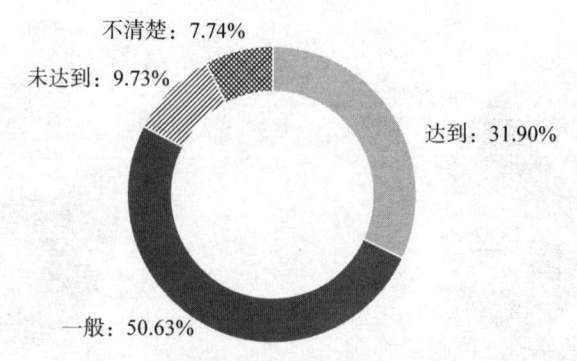

不清楚：7.74%
未达到：9.73%
达到：31.90%
一般：50.63%

图 7-6　您认为在走班制下，预想的教学效果如何

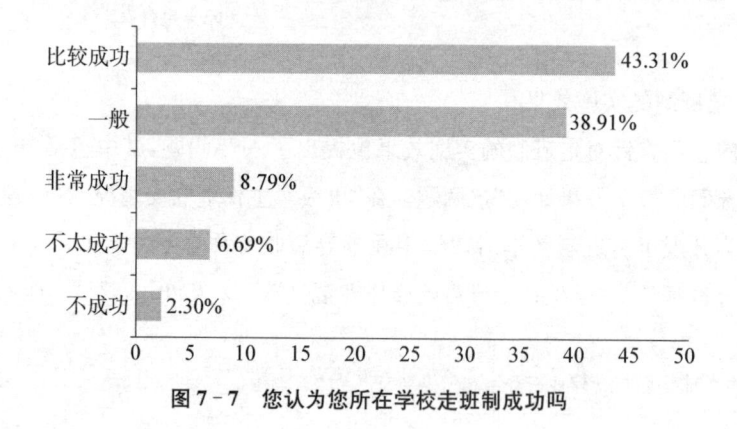

比较成功　43.31%
一般　38.91%
非常成功　8.79%
不太成功　6.69%
不成功　2.30%

图 7-7　您认为您所在学校走班制成功吗

另外，在问到所有接受调查的教师（2 873 人）"您认为走班教学能够对提升教学质量起到多大的作用"时，超过半数的教师选择了"一般"（1 605 人，55.86%）。另外，相当比例的教师选择了"不明显"（814 人，28.33%），仅有 15.80% 的教师选择了"非常大"。详见图 7-8。由此可见，在教师群体中，走班制基本能够顺利开展，但实施效果

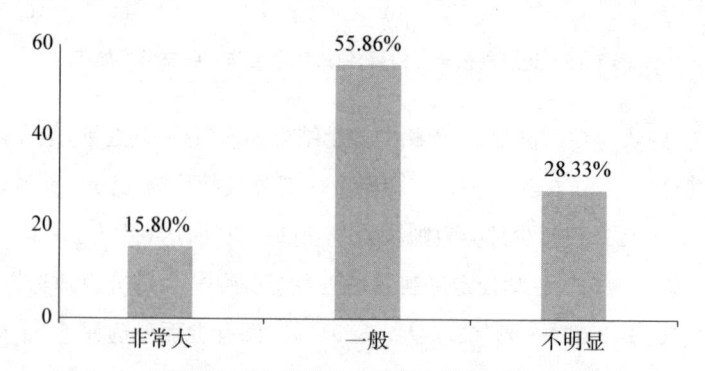

非常大　15.80%
一般　55.86%
不明显　28.33%

图 7-8　您觉得走班教学能够对提升教学质量起到多大的作用

并不十分理想。

二、教师对走班制的态度与适应程度

本次问卷调查了教师对于走班教学的态度,持"支持"态度的教师和持"不支持"态度的教师比例相当,如图7-9所示,39.54%的教师支持走班教学,但也有31.78%的教师不支持走班教学。另外,还有约三分之一的教师表示对是否实施走班教学"无所谓"。

而在问到"以您个人而言,您更喜欢走班制还是传统行政班制"时,超过半数的教师选择了"传统行政班制"(1 581人,55.03%),仅有约四分之一的教师选择了"走班制"(738人,25.69%)。详见图7-10。根据这一结果,教师对于走班制的实施并非持有非常积极的态度。

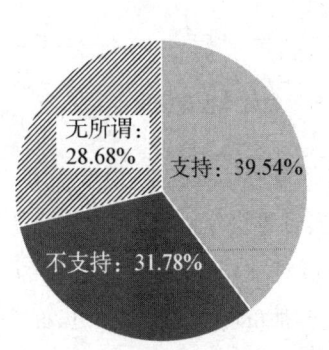

图7-9 您对走班教学的态度是 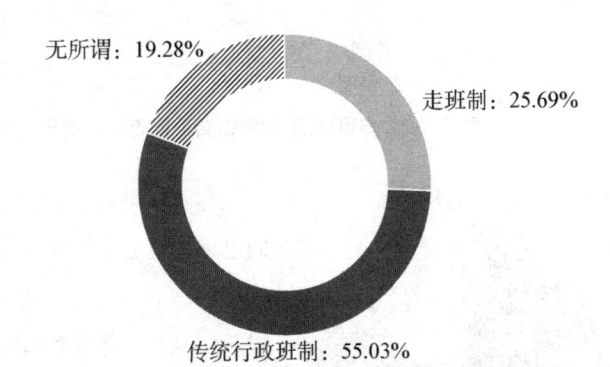　　图7-10 以您个人而言,您更喜欢走班制还是传统行政班制

在"新高考改革后,您对走班教学的适应程度"这一问题上,大部分教师认为"比较适应"(435人,45.50%),而"不适应"的占7.11%。详见图7-11。

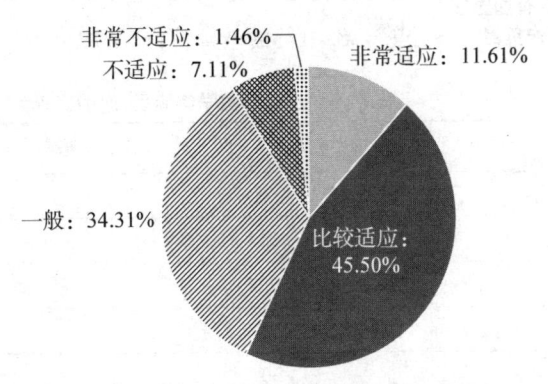

图7-11 新高考改革后,您对走班教学的适应程度

在"走班制后,您觉得自己能否比之前更为充分地做好课堂教学准备"一题中,大部分教师认为"有时能"或"总是能"(792人,83.12%)(图7-12)。根据以上调查数据,可见教师对走班教学能够做好准备,充分适应。

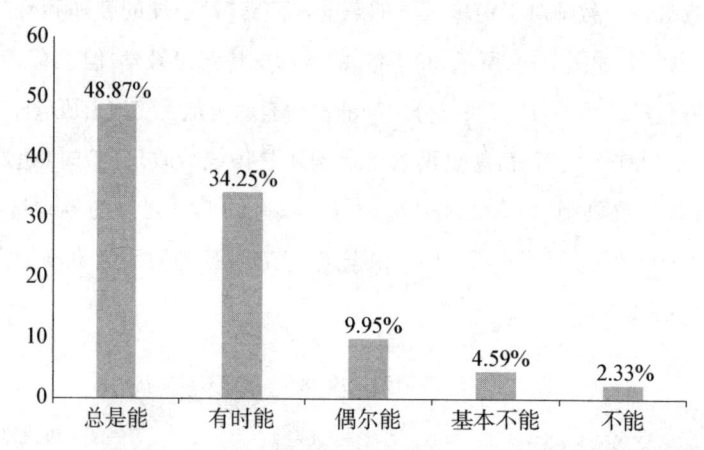

图7-12 走班制后,您觉得自己能否比之前更为充分地做好课堂教学准备

尽管教师认为能较好地适应走班教学,但事实上,他们也感受到走班制教学确实对他们的工作带来很多挑战。

如在问到"走班制有没有加重您的教学/工作的负担"时,也有大部分教师选择"加重负担"(495人,51.78%),而仅有少部分教师选择"减轻负担"(41人,4.29%)。详见图7-13。

在调查"走班制教学实施后,您的班级管理工作量是否有变化"一题时,超过35.29%的教师认为"增加一点",38.01%的教师认为"增加很多"。详见表7-3。

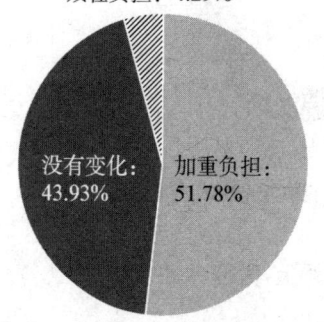

图7-13 走班制有没有加重您的教学/工作负担

表7-3 走班制教学实施后,您的班级管理工作量是否有变化

选项	所选人数	所占比例
无明显变化	608	21.16%
增加一点	1014	35.29%
增加很多	1092	38.01%
减少一点	109	3.79%
减少很多	50	1.74%

另外，教师面对的挑战主要有以下几个方面。

1. 师生关系

在本问卷中，有一题为"您认为在走班制下师生之间的关系"，其中较大部分教师选择了"更疏远"（1 256 人，43.72%），而仅有少部分教师选择了"更亲密"（429 人，14.93%），如图 7-14 所示。

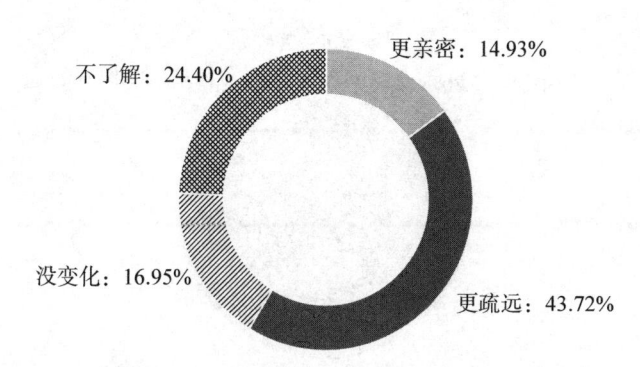

图 7-14 您认为在走班制下师生之间的关系

而在"走班制后，相比传统固定班级，您和学生之间的交流机会"这一题中，超过半数教师选择了"少了一些"或"少了很多"（562 人，58.79%），而仅有 10.46% 的教师选择了"多了一些"或"多了很多"。详见图 7-15。由此可见，在走班制教学的情况下，师生关系发生了新变化，总体而言，师生之间的联系不如过去传统行政班制那样紧密。

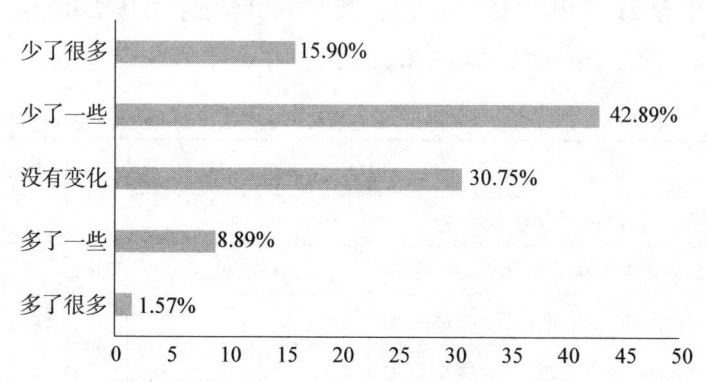

图 7-15 走班制后，相比传统固定班级，您和学生之间的交流机会

2. 班级管理

同时，走班制教学也为教师带来班级管理方面的挑战。根据问卷调查，绝大多数

教师认为走班之后班集体的建设"存在一定困难"或"很困难"(2 499 人,86.99%),而只有极少部分教师认为"不困难"(151 人,5.26%)。具体结果如图 7-16 所示。与此相对的是,在问到"与传统行政班相比,走班形式下教学班的课堂管理与纪律"时,超过半数的教师认为"差一点"或"差很多"(1 529 人,53.22%),仅有少部分教师认为"好一点"或"好很多"(484 人,16.85%)。

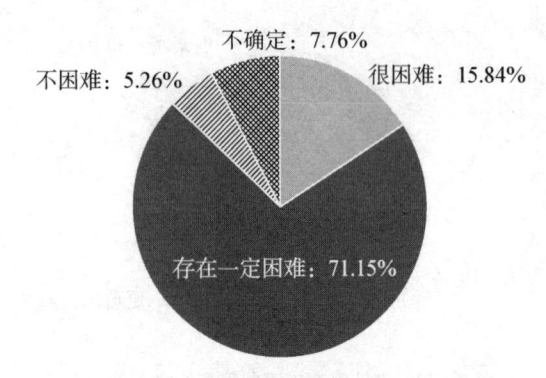

图 7-16 您认为走班制后班集体的建设

其中,针对"教师在班级管理方面遇到的主要问题"的调查,本问卷设计了"走班制导致缺乏归属感的个体学生增多""走班制导致集体约束力减弱,行为偏差生增多""走班制导致责权不明,学生课后学业管理困难""走班制导致班级集体活动减少,班级凝聚力不足"这四个选项。

在 956 个有效选项中,选择这四项的教师人数比例相当,具体结果如表 7-4 所示。可见,走班制实行后,这四个问题均有出现,是教师在班级管理中遇到的主要问题。

表 7-4 走班制教学实施后,您在班级管理方面遇到的主要问题是

选项	所选人数	所占比例
走班制导致缺乏归属感的个体学生增多	254	26.57%
走班制导致集体约束力减弱,行为偏差生增多	308	32.22%
走班制导致责权不明,学生课后学业管理困难	233	24.37%
走班制导致班级集体活动减少,班级凝聚力不足	161	16.84%

3. 选科指导

另外,走班制教学也对教师进行选科指导提出了更高的要求。在问到"高考新

政下,您觉得学生最需要班主任的指导是什么"(多选)这一问题时,所有参与调查的2873名教师中,大部分教师选择了"如何进行选科方面的指导"(2144人,74.63%),选择"如何进行选科走班上课的指导"的教师也较多(1981人,68.95%)。详见表7-5。

表7-5 高考新政下,您觉得学生最需要班主任的指导是什么

选项	所选人数	所占比例
如何进行选科方面的指导	2144	74.63%
如何进行时间分配方面的指导	1753	61.02%
如何进行选科走班上课的指导	1981	68.95%
如何开展课题研究及课题报告撰写的指导	656	22.83%
如何开展志愿者实践活动指导	304	10.58%

同时,教师也能根据个人能力,对学生选科进行指导。问卷中有一题为"您在学生选课时,会不会进行指导",绝大多数教师选择了"会"(2205人,76.75%),只有少部分教师选择了"不会"(668人,23.25%),有极少数认为"这是学生和家长的事",具体情况如图7-17所示。可见大多数教师意识到了选课对于顺利开展走班制的重要性,并且也能积极地向学生提供帮助。

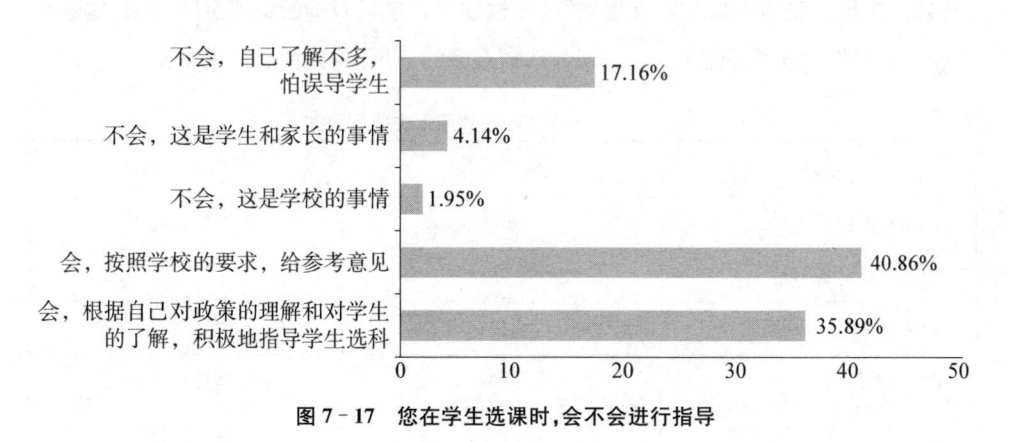

选项	比例
不会,自己了解不多,怕误导学生	17.16%
不会,这是学生和家长的事情	4.14%
不会,这是学校的事情	1.95%
会,按照学校的要求,给参考意见	40.86%
会,根据自己对政策的理解和对学生的了解,积极地指导学生选科	35.89%

图7-17 您在学生选课时,会不会进行指导

三、教师对走班制的优缺点认识

在新高考改革的背景下,走班制教学作为一项新举措在高中广泛开展。走班制既

存在区别于传统行政班制的优势,也存在实施上的困难。因此,本问卷调查也以走班制优缺点为一大主题,调查教师对于走班制存在的优势和缺陷的认识。

(一) 走班制的优势

在问卷中,有一题为"您认为走班制最大的优点是什么"。其中超过半数的教师选择了"因材施教,学生根据自己的能力选择课程"(1910人,66.48%),也有相当比例的教师选择"相对'小班化'教学"(466人,16.22%),具体结果如表7-6所示。

表7-6 您认为走班制最大的优点是什么

选项	所选人数	所占比例
因材施教,学生根据自己的学习能力选择课程	1910	66.48%
相对"小班化"教学	466	16.22%
同一课堂学生水平类似,提升了他们的自信心	338	11.76%
其他	159	5.53%

由此可见,在教师看来,走班制所具有的"因材施教"的特点,是走班制区别于传统行政班制最大的优势。

(二) 走班制实施过程中存在的困难

除了走班制本身所具有的优势外,走班制在实施过程中也存在着许多困难。在题为"选课走班的制约因素主要有哪些"的多选题中,"学科教师配备不足""教室、实验室等硬件不足""学生组织管理难度大"为选择最多的三项,具体情况如表7-7所示。

表7-7 选课走班的制约因素主要有哪些

选项	所选人数	所占比例
对高考作用不大	612	21.30%
学科教师配备不足	1882	65.51%
教室、实验室等硬件不足	1647	57.33%
课程资源较少	1268	44.14%
选课指导工作开展难度大	1357	47.23%
学生组织管理难度大	1671	58.16%
其他	61	2.12%

四、教师关于实施走班制的建议

针对走班制实施过程中存在的困难,教师在已有措施基础上也提出了相对应的建议。针对走班制过程中存在的师资配备问题,大部分教师指出学校当前的应对措施主要是"招聘和储备部分学科教师"(2 120 人,73.79%)以及"让教师跨年级上课"(1 779 人,61.92%),具体情况如表7-8所示。

表7-8 您所在学校在师资配备上的应对措施有

选项	所选人数	所占比例
招聘和储备部分学科教师	2 120	73.79%
让教师跨年级上课	1 779	61.92%
安排多余学科教师转岗	1 303	45.35%
从其他学校聘请学科教师来校上课	775	26.98%

针对师资配备、教室不够的问题,半数以上教师认同应当"开设选科组合套餐"(1 924 人,66.97%)、"加强学生选科引导"(1 670 人,58.13%)以及"根据学校师资力量来定"(1 694 人,58.96%),具体结果如图7-18所示。

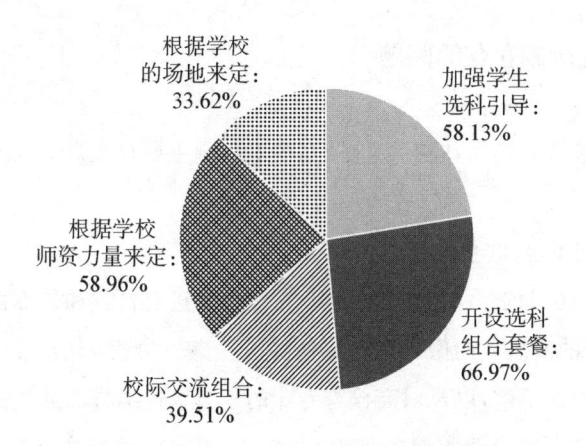

图7-18 选课走班下,教师和教室不够问题的解决办法

在问到"班主任在哪方面亟待提高"时,"高考新政下组建班级新思路方面"(1 837 人,63.94%)、"高考新政深入了解及解读方面"(1 748 人,60.84%)以及"学生面对高考新政学习动力及学习方法指导方面"(1 669 人,58.09%)为选择最多的三项,具体结

果如表 7-9 所示。

表 7-9　高考新政下,您觉得班主任在哪些方面亟待提高

选项	所选人数	所占比例
高考新政深入了解及解读方面	1 748	60.84%
高考新政下组建班级新思路方面	1 837	63.94%
班级凝聚力建设新策略方面	1 658	57.71%
学生面对高考新政学习动力及学习方法指导方面	1 669	58.09%
学生生涯规划辅导方面	1 450	50.47%
学生评价方面	404	14.06%
家校联系方面	214	7.45%

除此之外,在问卷最后一道开放性问题"为了我国普通高中顺利开展走班教学,您有什么好的建议"中,部分教师提出了"要激发学生兴趣和未来职业生涯的规划",以及"拒绝一刀切,实地调研,具体问题具体分析"等建议。

第三节　高中走班制存在的问题

综合以上问卷调查结果和相关文献,高中走班制主要存在以下几方面的问题。

一、生涯规划不足,学生选课较为盲目

生涯规划旨在协助学生树立生涯意识,在学生增进对自我和外部世界认知的基础上,能对自己未来的发展方向做出理性的抉择。在高中阶段,学生对社会的了解主要包括对行业和职业的了解,以及对高校与专业的了解。这两方面的认知直接影响学生选课走班的意向和高考专业志愿的填报。学生能否提前做好生涯规划准备,合理选课,对于有序开展走班制意义重大。

而在关于"在学生选择选修模块之前,您所在学校开展选课指导的情况"的问卷调查中,只有不到半数的教师选择了"对学生和家长都开展过"(1 201 人,41.80%),还有近三分之一的教师反映"没开展过"(840 人,29.24%)。详见图 7-19。

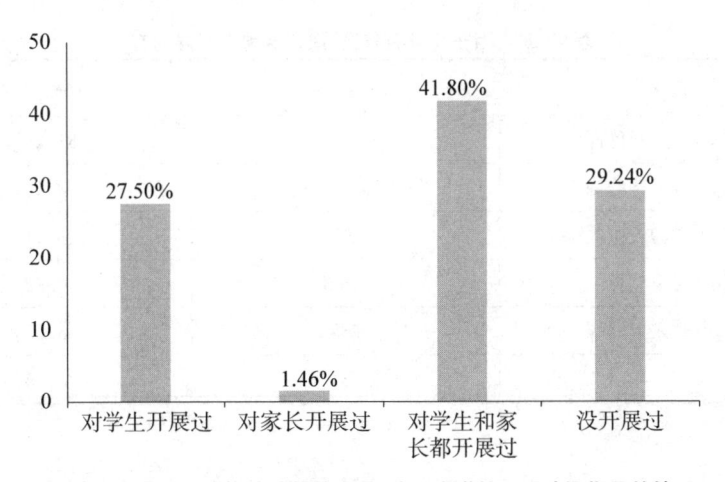

图 7-19 在学生选择选修模块之前,您所在学校开展选课指导的情况

"如果您所在学校对学生进行了选课指导,其主要形式有哪些"这一问题的数据统计如表 7-10 所示。学校开展选课指导的主要类型为"年级或班主任动员师介绍"(1 660 人,57.78%)、"邀请专家讲座"(1 529 人,53.22%)以及"学校领导动员"(1 516 人,52.77%)。由此可见,学校面向学生开展的选课走班指导尚不充分,亟须进一步完善。

表 7-10 如果您所在学校对学生进行了选课指导,其主要形式有哪些

选项	所选人数	所占比例
邀请专家讲座	1 529	53.22%
学校领导动员	1 516	52.77%
年级或班主任动员师介绍	1 660	57.78%
专设的导师指导	1 055	36.72%
其他	43	1.50%
暂时未开展	670	23.32%

而在生涯教育课开展现状的问卷调查中,大部分教师反映生涯教育课开展的形式为"在班会课中融入生涯课"(1 463 人,50.92%)或"在心理健康课中融入生涯课"(1 230 人,42.81%),还有约四分之一的教师反映"暂时未开展"(731 人,25.44%)。仅有三分之一的教师表示"开设了独立的生涯必修课"(898 人,31.26%)或"开设了独立的生涯选修课"(924 人,32.16%)。结果如表 7-11 所示。综合上述结果可见,无论是选课指导工作还是生涯教育课程的开展,都尚未全面普及。

表 7-11 对于生涯教育课,您校当前在开展的有

选项	所选人数	所占比例
开设了独立的生涯必修课	898	31.26%
开设了独立的生涯选修课	924	32.16%
在心理健康课中融入生涯课	1 230	42.81%
在班会课中融入生涯课	1 463	50.92%
在学科教学中融入生涯课	963	33.52%
暂时未开展	731	25.44%

二、教学空间受限,师资配备不足

走班制的实施给学校日常管理和经费支出带来难题。走班制打破了传统行政班师资配比模式,学生热衷的一些学科往往选择人数会激增,教室因此需要进行扩建改造,增加基建投资,师资力量和资金投入也会因走班制的推行而重新制定。[①] 在实施走班制的过程中,如何走班、如何分配教室、如何统筹师资,都是亟待解决的难题。

根据问卷调查,半数以上教师反映学校采用的走班教学模式为"小走班"(510人,53.35%)以及"大走班"(327人,34.21%)。"小走班"的模式指部分学生或科目走班,即将三门或两门选科相同的学生优先组成班级,其他科目或学生走班教学。"大走班"指语文、数学、外语三门必考科目可以保持原高一行政班不变,三门选考科目所有学生均通过走班完成教学。而仅有极少部分教师反映学校采用"不走班"或"全走班"的模式。在这种情况下,学校就要应对由走班带来的教室和教师不足的问题。

在关于"选课走班制约因素"的问题中,"学科教师配备不足"(1 882人,65.51%)和"教室、实验室等硬件不足"(1 647人,57.33%)是教师选择最多的两项。其中,根据问卷数据,将近一半的教师反映所在学校没有足够的教室供选课走班(1 331人,46.33%),超过一半的教师反映所在学校没有足够的教师供选课走班(1 551人,53.99%)。

由此可见,教室硬件条件缺乏,教师配备不足,是学校开展选课走班存在的普遍问题。为了解决师资配备不足的问题,绝大部分教师反映所在学校会采取"招聘和储备部分学科教师"(2 120人,73.79%)以及"让教师跨年级上课"(1 779人,61.92%)的举措,详见表 7-8。

---

① 吴静."走班制"教学存在的问题及对策[J].教学与管理,2020(11):49—51.

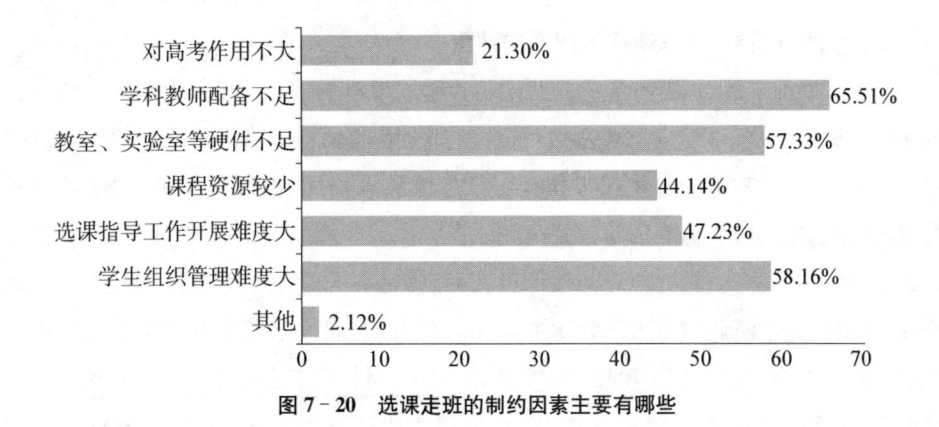

对高考作用不大 21.30%
学科教师配备不足 65.51%
教室、实验室等硬件不足 57.33%
课程资源较少 44.14%
选课指导工作开展难度大 47.23%
学生组织管理难度大 58.16%
其他 2.12%

图 7-20 选课走班的制约因素主要有哪些

三、班级管理困难,学生缺乏归属感

走班制的实施导致班级管理困难陡增,主要包括以下两个方面。

第一,师生互动和生生互动缺乏,学生缺乏班级归属感。"走班制"教学使得原本固定行政班级的学生半数时间分散到不同的教室,一天下来,学生更换了好几个教室、好几个同桌、好几位教师,这与原来固定班级的教学模式有着本质区别。学生的分散使得教师难以对学生进行有效管理,学生之间也缺乏沟通,班级的归属感被削弱。①

第二,行政班级与学科班级衔接漏洞百出。在原有教学模式下,班级所有学生的负责教师是相对应的。而走班制模式下,每名学生的任课教师千差万别,班主任要想了解某一学生的课堂表现,往往还需要查阅学生课表、查看任课教师后才能与任课教师沟通,这使得教师之间沟通难度加大。同时,学生遇到学业问题时难以及时向对应教师请教,教师也难以在课后找到学生进行针对性的辅导。

在本次问卷调查中,大部分教师也反映,相比传统固定班级,与学生之间的交流机会"少了很多"或"少了一些"(562人,58.79%)。同时,大部分教师也反映,走班制教学实施后,班主任与学科教师之间"沟通不便,越来越少"(348人,36.40%),也有相当比例教师反映"沟通需要,越来越多"(322人,33.68%)。

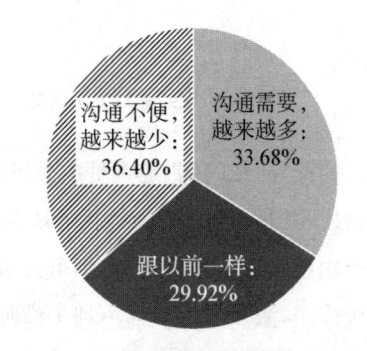

沟通不便,越来越少: 36.40%
沟通需要,越来越多: 33.68%
跟以前一样: 29.92%

图 7-21 走班制教学实施后,班主任与学科教师间的交流情况

---

① 靳海静,臧岳铭,靳海洁.高考改革背景下"走班制"教学的问题及优化[J].教学与管理,2020(6):30.

四、教师负担重，难以适应不同层次学生

在走班制的实施过程中，教师角色定位也随着教学场地的改变发生较大变化。在传统行政班的模式下，学生与教师相对应，教师更多的是管理者的角色。而在走班制的模式下，学生对教师的自主选择扭转了学生的被动局面，教师的知识体系、综合素质、教学方法和人格魅力等都将得到全面体现和公平评价。因而，对教师而言，这意味着重新适应新的模式，转变原有的授课方式，教师需要与学生平等交流、讨论、共同成长，这要求教师不断调整个人的教学方式和管理方式，通过不断学习积累来胜任职业要求。另一方面，在"分层走班制"的模式下，同一学科不同层次的学生被分到了一个教学班里，这就要求教师因材施教，精准把握学生的学习情况，采取差异化的教学策略。①

在关于教师班级管理工作量的问卷调查中，大部分教师反映工作量"增加一点"或"增加很多"（2 106人，73.30%），而仅有5.53%的教师反映"减少一点"或"减少很多"。

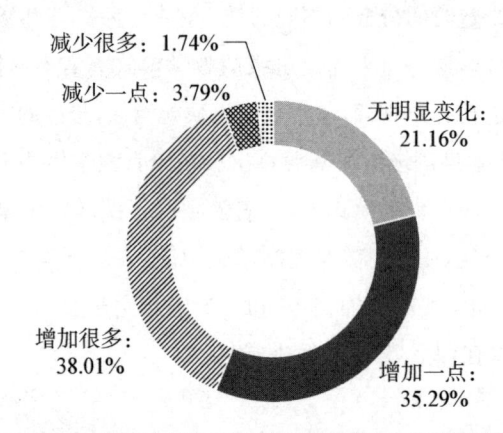

图7‑22　走班制教学实施后，您的班级管理工作量是否有变化

此外，在问到"是否赞成分班时学生和学科教师相互选择"时，67.97%的教师表示赞成，并且有52.38%的教师认为由学生选择学科教师，会对教师的教学和管理工作产生积极作用，有效的竞争可以促进教师自身发展；但也有18.17%的教师认为有消极作用，激烈的竞争会不利于教师队伍的团结。

可见，走班制的实施为教师带来了不小的挑战，增加了工作负担，但大部分教师都能意识到走班制中学生选择教师的积极意义。

---

① 靳海静，臧岳铭，靳海洁.高考改革背景下"走班制"教学的问题及优化[J].教学与管理，2020(6)：30.

非常不赞成:
8.81%

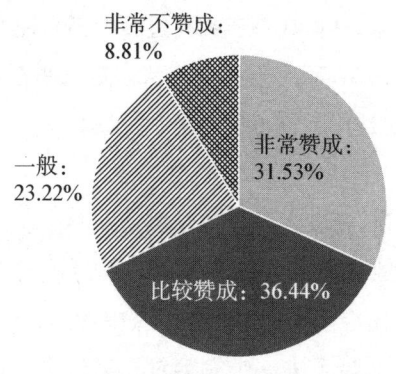

非常赞成:
31.53%

一般:
23.22%

比较赞成:36.44%

图7-23 您赞成分班时由学生和学科教师相互选择吗

而在应对新高考背景下走班制对教师带来的新挑战时,学校的准备尚不充分。本次调查问卷其中有一个问题为"您觉得学校在走班制改革中对教师的培训足够吗",超过半数的教师认为"不够,应当加大对教师的培训"(1 722人,59.94%),而仅有16.15%的教师认为"已经比较足够了,教师都能胜任现行的分层教学模式"(464人,16.15%),具体结果如表7-12所示。

表7-12 您觉得学校在走班制改革中对教师的培训足够吗

选项	所选人数	所占比例
不够,应当加大对教师的培训	1 722	59.94%
差不多	687	23.91%
已经比较足够了,教师都能胜任现行的分层教学模式	464	16.15%
本题有效填写人次	2 873	

另外,在关于"所在学校是否实施或模拟开展过选课走班"的问卷调查中,将近一半的教师反映"暂无"(1 304人,45.39%)。也可见,学校在落实选课走班制的过程中,并未做好应对,具有一定的盲目性。教师在面对走班制新模式时,也还需要一个适应的过程。

第四节 完善高中走班制的对策建议

在新高考改革的背景下,走班制的推行是高中教学未来发展趋势,也是社会发展培养高素质人才的现实需求,然而在现实推行过程中仍有种种问题。但对问题的反思并不意味着否定或放弃走班制,而应当在深刻认识走班制存在问题的基础之上,通过实践解决问题,从而使其更适应新高考的要求和挑战。

一、协助学生选课走班,开设生涯规划课程

生涯指导对于学生理性选课起着重要作用,但就当前情况来看,生涯指导仍是高中学校教育中比较薄弱的内容。在本次问卷调查中,也仍有25.44%的教师表示学校从未开展过生涯指导课程。为了进一步完善对学生的生涯指导,学校需要做到以下三点。

(一) 开设专门的生涯规划课程,合理规划课程内容

生涯指导旨在帮助学生解决以下问题:我是谁? 我想干什么? 我能干什么? 我现在应当做什么? 在此基础上重点培养学生的决策和规划能力。学校应当围绕这五个主题,整体设计高中三年的生涯规划课程内容,并将其纳入学校教学计划当中,安排相应的课时,并付诸实践。建议将生涯规划课程安排在高一至高二年级,高一侧重学生对自我的探索,帮助学生从各个角度认识自己的性格、气质、兴趣等,逐渐了解今后的职业发展趋向;在高二应当侧重学生对于社会的探索,帮助学生了解社会上的行业与职业,在此基础上了解有哪些高校与专业与之相关,增强高考填报志愿的目的性。① 此外,生涯规划课程并非纸上谈兵,学校应将其与学科教学、社会实践、社团活动等充分整合。

(二) 加强教师培训,统合学科教学中的生涯指导

由于我国高中开展生涯指导尚处于起步阶段,高校也没有设置专门专业培养生涯规划教师,因而缺乏专门的生涯规划教师,这是顺利开展生涯指导工作的一大瓶颈。为了解决这个问题,需要加大生涯指导从业人员的培训力度。我国在培养专业生涯指导教师时,可以先借鉴已有的成功经验,在此基础上形成本土化的培训课程和专家队伍。此外,各省市可以依托师范院校或者著名的咨询服务公司建立专门的生涯规划师资培训中心,有计划地培养专业的生涯指导教师。学校也要加强对班主任、教育行政人员、学科教师的在职培训,帮助他们掌握识别学生问题的基本方法以及初步的生涯指导技能等。尤其对于学科教师而言,要引导他们在学科教学中渗透生涯指导的内

---

① 田丽.以核心素养为引领,探寻普通高中生涯规划教育实施体系[J].课程·教材·教法,2017(10):67.

容,打破学科壁垒,将学科课程内容与生涯规划教育融合在一起。

(三)衔接生涯规划与高考志愿,帮助学生合理选课

新高考改革后学生面临的重要问题是选课走班。生涯指导课程能够帮助学生了解个人的兴趣和特长,从而提升学生的选择能力,科学选择适合自己的科目。在此基础上,学生才能科学选课,为走班和高考志愿填报做好准备。[①] 教师应当帮助学生认识个人兴趣爱好、能力特长与大学各专业学习要求以及未来职业之间的关系,了解自己可能适合的专业和工作,在此基础上,协助学生理性选课,引导学生有目的地主动学习,提升学生独立学习的能力。

二、创新优化教室资源配置,充分利用教室空间

走班制实施过程中面临的一大难题就是教室不足。在本问卷调查中,也有将近一半的教师反映没有足够的教室开展走班。基于此问题,学校应当创新优化硬件配置。一方面,学校可以灵活设置学科教室。对于一些实验学科,可以将实验室布置成学科教室,提升实验室的使用效率。同时,学科教室内尽可能布置轻便,可以使用多方式组合的桌椅,能够随着教师教学模式的调整变换桌椅组合;学科教室间或学科教室内也可以灵活隔断区分,充分利用空间,实现大班、小班教学的灵活切换。

另一方面,学校可以对楼道、储物间等进行扩建,在其单一的功能上进行拓展延伸,例如,楼道转角处可设置讨论区、阅读角或茶水间,可供学生小组讨论、社团活动、集体阅读时使用。此外,还可以将学生食堂中的固定家具更换为可移动、可组合的家具,打造开阔多功能空间,在非就餐时间,餐厅可作为会议室、自习室、讨论室使用,为多种教学活动的开展提供可能,将教学空间的主动使用权从学校和教师部分转移至学生。[②]

三、合理配备师资,加强师资培训

在"走班制"教学模式下,各类学科班级所选人数不一定均衡,可能存在某一学科教学班数量居多,而另一学科教学班数量少的情况,并且,每一年学生选课的情况都可能有所不同,因此会出现师资分配不均衡的状况。在这种情况下,可以考虑以市为单位,由市教育局根据各学校的情况,通过增强各校教师的流动性和教师招聘,来统筹师

---

① 周彬.高中走班教学:问题、路径与保障机制[J].课程•教材•教法,2018(1):57.
② 靳海静,臧岳铭,靳海洁.高考改革背景下"走班制"教学的问题及优化[J].教学与管理,2020(6):31.

资配置。

此外，走班制的推行对教师的各方面能力都提出了更高的要求。因而，在引进新教师的同时也要保证师资的质量。首先，合格教师的培养需要依托各高校，尤其是师范类院校，在师范生的专业培养中加入"走班制"教学形式相关内容，邀请一线教师就如何实施走班教学开展讲座等。其次，学校内部应当加强对师资的培训。据本问卷调查，59.94%的教师反映走班制改革对教师的培训不足，不能胜任现行的分层教学模式。因此，学校应当对在职高中教师进行"走班制"相关内容的培训，[1]帮助教师理解政策，了解走班制形式，学习各学校优秀走班教学案例。

四、强化教师班级管理能力，提升教学水平

根据本问卷调查结果，走班制的新模式对教师课堂教学和班级管理均带来不小的挑战。大部分教师反映与传统行政班相比，走班形式下教学班的课堂管理与纪律"差一点"或"差很多"(1959人,68.19%)；43.73%的教师反映在走班制下师生关系"更疏远"；86.99%的教师认为走班之后班集体的建设"存在一定困难"或"很困难"，均反映出在走班制模式下，教师仍难以适应新变化。针对此问题，有以下三点解决措施。

(一)形成多维评价管理系统，加强家校互通

在走班制模式下，学生上课班级教室不固定，学生流动性较大，教师与学生传统的对应关系被打破。传统行政班级功能的弱化也带来了班级管理上的问题，教师难以及时追踪学生，发现学生的问题。基于此，学校层面应当尽早形成班级管理的新模式，借助信息化平台，增强各班级之间的信息联通，强化学科教师与班主任、学生与学科教师、学生与班主任之间的沟通，建立新的班级评价、监管体系，构建涉及学生成绩、考勤、个人能力等多方面的多维评价管理系统。另外，学校应当加强家校互通，充分利用信息技术的便利性，及时与家长沟通，向家长宣讲解读走班制相关政策，与家长沟通选科方案的设置，引导家长及学生做出合理的选择。通过学校和家长的通力合作，也能够有效地帮助学生及时适应走班制的新模式，养成自主独立学习的习惯。[2]

(二)成立教师学习共同体，创新管理教学办法

在走班制的模式下，教师需要面对不同层次的学生，原有的班级管理和教学的方法可能都需要更新。在这种情况下，可以通过建立教师学习共同体，让同一学校或者

---

[1] 何欣瑶,陈坚."走班制"下高中生物教学存在的问题及对策[J].教学与管理,2021(2):115.
[2] 徐雅梦.新高考改革背景下选课走班制管理问题及策略研究[D].重庆:西南大学,2020:53.

不同学校的教师合作备课与研究,甚至可以实施教师轮岗的方式,让优秀的教学方式得到推广。同时,这一学习共同体可以定期举办有关的学习和培训活动,如邀请优秀的教师开办讲座分享走班制教学经验等,促进新教师和老教师之间的沟通,互相学习,共同创新教学和班级管理办法。

(三)实行教学班分层教学,保证教学效果

为了尽量减少"走班制"教学模式对教学效果带来的负面影响,减轻教师教学负担,学校可以实施以教学班为单位的分层教学模式。根据学生的学科学习成绩进行分班,让学生能够在与自己学习水平相当的学科教学班中进行学习。这样一来,同一班级的学生基础相当,教师的教学设计能够更具针对性。但在分层教学中也要注意体现流动性原则、选择性原则和引导性原则三个分层教学原则,让学生始终具有选择的主动权。[①] 在保证分层教学效果的同时,也要注意学生的心理健康,避免学生出现负面情绪。

---

① 黄斌."走班制"下高中生物分层教学模式的实践与探究[J].中小学教师培训,2017(12):64.

第四编

本土案例

第八章 全员走班模式的创新与转型

上海市浦东复旦附中分校(简称"浦东复旦附中分校""复附浦东""FFF"或"3F")是由浦东新区教育局委托复旦大学附属中学(简称"复旦附中")承办的一所市实验性、示范性寄宿制高中学校。该校创建于 2012 年,2013 年 8 月 29 日,浦东复旦附中分校浦东新区金睦路 366 号校舍正式启用。① "从 2013 年打开校门的第一天起,该校就实施了全员、全课程、全学段走班"②。经过近十年全员走班教学改革的探索,学校在全员走班管理模式的创新与转型方面进行了有效的实践。

第一节 全员走班教学的实施背景

自 2013 年正式启动之日起,学校开始实施全员、全课程、全学段的走班教学改革,并且在数学、物理、化学和英语这四门学科开展了分层教学探索工作。学校实施全员走班教学改革既是响应国家教育政策改革的重要举措,同时也是基于复旦大学与复旦大学附属中学的文化基因及地域因素的影响。

一、全员走班的教育政策背景

2013 年 11 月 12 日,中国共产党第十八届中央委员会第三次全体会议通过《中共中央关于全面深化改革若干重大问题的决定》。在教育方面,该文件明确指出:

---

① 复旦大学年鉴编纂委员会. 复旦大学年鉴 2014[M]. 上海:复旦大学出版社,2016:382.
② 徐星. 上海第一所探索全员导师制的高中——浦东复旦附中分校:8 年"探路"育人新范式[J]. 上海教育,2021(30):7.

  推进考试招生制度改革,探索招生和考试相对分离、学生考试多次选择、学校依法自主招生、专业机构组织实施、政府宏观管理、社会参与监督的运行机制,从根本上解决一考定终身的弊端。义务教育免试就近入学,试行学区制和九年一贯对口招生。推行初高中学业水平考试和综合素质评价。加快推进职业院校分类招考或注册入学。逐步推行普通高校基于统一高考和高中学业水平考试成绩的综合评价多元录取机制。探索全国统考减少科目、不分文理科、外语等科目社会化考试一年多考。试行普通高校、高职院校、成人高校之间学分转换,拓宽终身学习通道。①

  在上述论述中,涉及高中教育的政策有:招生制度改革、学业水平考试和综合素质评价、多元录取机制以及不分文理科、外语等科目一年多考等。《中共中央关于全面深化改革若干重大问题的决定》对高中教育提出了新的要求,并指明了未来的发展方向。

  2014年9月,《国务院关于深化考试招生制度改革的实施意见》(以下简称《意见》)公布,《意见》明确指出:

  2014年启动考试招生制度改革试点,2017年全面推进,到2020年基本建立中国特色现代教育考试招生制度,形成分类考试、综合评价、多元录取的考试招生模式,健全促进公平、科学选才、监督有力的体制机制,构建衔接沟通各级各类教育、认可多种学习成果的终身学习"立交桥"。②

  为贯彻落实党的教育方针,执行《国务院关于深化考试招生制度改革的实施意见》,2014年9月18日,上海市人民政府印发了《上海市深化高等学校考试招生综合改革实施方案》(以下简称《实施方案》)。《实施方案》规定:

  从2014年秋季入学的高中一年级学生开始,普通高中学业水平考试设置语

---

① 中共中央关于全面深化改革若干重大问题的决定[EB/OL]. (2013-11-05)[2021-10-12]. http://www.scio.gov.cn/zxbd/nd/2013/Document/1374228/1374228_10.htm.
② 国务院关于深化考试招生制度改革的实施意见[EB/OL]. (2014-09-03)[2021-10-12]. http://www.moe.gov.cn/jyb_xxgk/moe_1777/moe_1778/201409/t20140904_174543.htm.

文、数学、外语、思想政治、历史、地理、物理、化学、生命科学、信息科技、体育与健身、艺术、劳动技术13门科目。引导学生认真学习每一门课程,避免过度偏科。

思想政治、历史、地理、物理、化学、生命科学6门科目设合格性和等级性考试。高中学生在完成基础型课程学习的基础上,可根据自身特长和兴趣,选择学习其中3门科目并参加相应的等级性考试。

语文、数学、外语3门科目仅设合格性考试,参加统一高考的学生,可以用统一高考科目考试替代相应科目的合格性考试;信息科技科目仅设合格性考试。

从《实施方案》的表述中可以看出,高中生在完成基础型课程学习的基础上,可根据个人的兴趣、爱好和能力,选择其中3门科目进行学习,并参加相应的等级性考试。因此,本次改革的目的是,通过高考制度改革,最终改变学生选择性不够、过度偏科以及"唯分数论、一考定终身"等问题。面对高中教育改革,学校进行了深入的思考:

普通高中学校可以从哪些角度突破传统高中的教育模式?学校如何安排课程,以满足学生的多元化需求和个性化选择?什么样的教学能够关注学生的不同差异,什么样的教育教学方法可以提供多种培养可能?①

浦东复旦附中分校创校副校长虞晓贞从生理发育、认知心理学和学科学习结构等多维角度,对高中生的发展特点进行了全面分析。经过研究之后,她认为,高中阶段是学生认知学习、能力发展和人生观、价值观形成的重要时期。

全新的招考方式,给原本稳定的高中教学组织带来冲击,传统的固定班级授课制显然无法充分满足学生自主选择等级科目可能出现的20种组合形式教学,高选择课程体系下的教学安排必然冲破固定班级的授课方式。②

因此,高中生身心发展特点为全员走班教学提供了可能性与必要性,而国家教育政策对新高考提出的新要求,为全员走班教学改革提供了政策支持。于是,走班制教

---

① 虞晓贞.刍议"走班制"下的学校管理创新——以浦东复旦附中分校为例[J].教育参考,2016(3):71.
② 虞晓贞.教育·生长·生活——走班制下现代学校德育设计[M].上海:上海教育出版社,2017:6.

学在浦东复旦附中分校应运而生。

二、复旦校园文化的润泽与引领

浦东复旦附中分校校名含有"复旦"和"附中"的元素,因此,浦东复旦附中分校自诞生之日起,就受到了复旦大学和复旦附中文化的润泽。

(一) 复旦大学校训与通才教育的影响

复旦大学的校训是"博学而笃志,切问而近思",意为"广泛的学习就要坚守自己的志向,恳切地发问求教,多考虑当前的事情"。它先由复旦大学国文部的教师从《论语·子夏》中选出,随后,古汉语造诣颇深的复旦创校校长马相伯帮助遴选,在1915年复旦大学建校10周年时正式成为复旦校训。复旦大学的校训现已经成为浦东复旦附中分校的治校精神所在。

复旦大学是国内通识教育改革与实践的先行者。20世纪80年代,苏步青、谢希德校长就倡导学生要全面发展。理工科学生要学点文史知识,文科学生也要学点自然科学。他们提出要培养文理、理工相通的交叉型、复合型人才。[①] 2005年9月,复旦大学复旦学院成立,全面推行通识教育。"新生一进学校,不分专业,全部直接进入复旦学院,进行一年的共同学习"[②]。

复旦大学校训和通识教育理念对浦东复旦附中分校的教育影响深远。"在复旦大学培养理念的熏陶下,我们决定在浦东复旦附中分校实施学分绩点制评价方式,实施学生导师制培养方式,建立完整而有层次的课程体系"[③]。

(二) 复旦附中小班化教学的成功经验

2000年9月,复旦附中对2002届七个班近350名同学,进行了高一、高二两年来的数学、外语分层教学实验。[④] 分层教学积累了一些有益的经验,达到了"差生不差、优生更优"的目标。

除了分层教学探索外,2010年9月,复旦附中从高一年级起,全面实现小班化教学。根据《复旦附中课程体系建设方案》,学校设置了"人文与经典""语言与文化""社会与发展""数学与逻辑""科学与实验""技术与设计""艺术与欣赏""体育与健康"八个

---

① 刘明利,宗俊峰.黉门翘楚[M].沈阳:东北大学出版社,2008:110.
② 王生洪.追求大学教育的本然价值——复旦大学通识教育的探索与实践[J].复旦教育论坛,2006(5):9.
③ 虞晓贞.教育·生长·生活——走班制下现代学校德育设计[M].上海:上海教育出版社,2017:13.
④ 孔庆郎.面向全体 分层导学 增强素质 共同发展——探索数学分层教学及研究性学习的实践与思考[J].上海中学数学,2002(2):11.

领域的课程体系。①

一般情况下,高中每个班级人数普遍在 45 人左右,而实施小班教学后,复旦附中每班学生人数都在 35 人以下。

> 郑方贤校长解释说,推行"小班化"教育的初衷,就是希望每个学生在同等情况下被老师关注的机会比以往更多,这样才谈得上个性化培养、创新培养。②

浦东复旦附中分校在借鉴复旦附中分层教学与小班化探索的成功经验基础之上,积极探索现代高中教育改革,构建学生综合素质培育课程体系,同时启动了探索全员走班制的教学改革实验工作。

第二节 全员走班教学的历史回顾

浦东复旦附中分校是由复旦附中委托管理的新学校,学校位于浦东新区曹路镇,2013 年 9 月,浦东复旦附中分校迎来了建校后的第一批学子。复旦附中校长郑方贤兼任该分校的校长,他在介绍新学校的办学理念时表示,"开办新学校不是简单地复制一个复旦附中,而是希望通过改革探索更先进高中办学制度,推动和引领浦东的基础教育"③。为此,浦东复旦附中分校自建校之日起,就正式推出了走班制教学探索,全面探索现代高中教育改革。

2013 年起,学校高中三个年级的语、数、外、史、地、生等全部科目均实行走班。其中,数学、物理、化学、英语等 4 门科目进行分层走班教学,每个学科各分出 A、B、C 三层。

> A 班一般为年级前 50% 左右的学生,每班人数一般不超过 36 人;C 班为年级后 25% 以内的学生,通常人数在 20 人左右甚至更少;其余学生为 B 班。④

---

① 卢锐,杨士军. 服务学生,丰富选择——关于建设复旦大学附属中学慕课系列的思考[J]. 上海课程教学研究,2016(9):18.
② 佚名. 上海:复旦附中首创小班化高中教学[J]. 中学生天地:高中综合版(B版),2010(11):1.
③ 严旦华,刘晓晶. 上海市浦东复旦附中分校正式启用[EB/OL]. (2013-9-2)[2021-12-01]. http://sh.zhongkao.com/e/20130902/5223ec21b4909.shtml.
④ 刘希伟. 试点省市高考改革研究[M]. 杭州:浙江教育出版社,2017:78.

之所以选择这4门学科开展分层教学,是基于复旦附中十几届学生课业成绩的调查与分析。根据分析,复旦附中每届学生在数学、物理、化学、英语四门学科成绩差异最大。而语文、历史、思想政治等学科差距相对要小些。也就是说,数学、物理、化学、英语四门学科在现有条件下,最需要分层教学以实现因材施教。浦东复旦附中分校副校长虞晓贞也解释说:

> 之所以选择这4门课,源于调查,学生知识掌握情况差异较明显,对分层教学的需求更大。但这并非简单按照成绩的高低来重新分班,而是有针对性地根据学生知识、兴趣上的强弱,重新组合"学习共同体",便于老师因材施教,充分挖掘学生潜力。一名学生可能物理上C班,英语上A班。相对于"一个总分定高低",青少年学习驱动力可能会更强。[1]

高一新生入校后,先采用行政班教学。半学期后,再根据学生的期中考试成绩、平时课堂表现和作业完成情况,由实施分层教学的4门学科教师给出分层建议。虽然是按分数分班,但是并没有分数决定论,最终的分层结果则是由学校与学生双向选择后决定的。

为了顺利实施走班教学,学校在开学前还专门组织全体同学进行了课间走班的模拟运转,大家拿着课表穿行在教学楼,寻找着自己应该到达的教室。

学校之所以没有在新生入学时就立即分班,这是因为:新生刚入校,学生和学生之间,以及学生和教师之间都不了解。另外,若根据中考成绩来分班,因为学生成绩普遍较高,区分度小,其成绩很难作为学生分层的依据。

学生进入各层次班学习后,学校每学期会进行1—2次的调整,根据学生的学习成绩及平时的表现,进行调整。但上下流动本着"学生自愿为主"的原则。若学有余力想到高一层的班级学习,或觉得学习有困难想流动到下一个层次的班级学习,学生可在学期结束前提出申请。

为了应对走班教学带来的班级结构松散趋向,老师"找不到学生""抓不住学生"以及学生缺乏归属感等问题,浦东复旦附中分校实施了"班主任+导师"的双轨管理制,现已成为浦东复旦附中分校全员走班教学的一大特色。

---

[1] 彭德倩,龚洁芸. 走班制改革,就像办一所新学校[EB/OL]. (2016-05-06)[2021-1-12]. http://news.youth.cn/gn/201605/t20160506_7958196.htm.

2016年6月,浦东复旦附中分校的首届76名学生顺利毕业,这也标志着学校全员走班制的第一轮实践探索顺利结束。从毕业生们的反馈及去向来看,全员走班制的探索取得了预期的目标。首届毕业生全部升入国内外大学深造,其中不乏美国哈佛大学和卡内基梅隆大学、英国牛津大学等世界名校,还有上海交通大学、复旦大学、同济大学、中国人民大学等国内一流高校。郑方贤校长在2016届毕业典礼致辞中指出:

> 三年中,你们一共为学校赢得了80多项市级或区级的荣誉。
>
> 在今天毕业的同学中,获得了英美近20所高校的录取,且无一不是世界名校,令人鼓舞。尤其是陈子弘同学被哈佛大学录取、宋系风同学被牛津大学录取而被网络刷屏,更是传递了学校的正能量。①

学校经过3年的实践探索,成功实施了全员、全课程、全学段走班。学校还设计采用了全新的学分绩点制的学业评价体系,全面涵盖基础课程、选修课程、专项课程、学术讲座以及实践课程。当绝大多数高中学校尚在摸索分层走班教学改革时,浦东复旦附中分校已经做出了有益的尝试与探索,走在了上海现代高中教育改革的前列。

第三节 全员走班教学下的课程体系

新高考改革要求增加学生自主选学权,这必然促进学生课程选择权的多元化。为了促进学生的多元发展,学校不断优化课程结构,并充分利用校内外课程资源,开发建设了一批富有特色的校本课程,极大地满足了学生个性化、多样化的需求,在促进学生全面发展的同时,有效地张扬了学生个性特长。

一、学校四类课程体系构成

如何进行跨学科课程的整合,特别是综合课程的实施?学校在规定课程的基础上,为创新人才培养进行了课程框架的改革,将学校现有课程分为基础型、拓展型研究

---

① 浦东复旦附中分校校长郑方贤:高中教育要专注于学生的终身发展、多元发展和个性发展[EB/OL].(2016-06-24)[2021-09-10]. https://mp.weixin.qq.com/s?__biz=MjM5Njg0ODc5NA==&mid=2651286669&idx=1&sn=d1cad0d7b1c979a6d7c06912dcd53cd0&chksm=bd1139788a66b06e2f50fab2d20ef2f2a15860b8ffbb6f8de2f0418dab42a8c77ccb8cf6a9bc&scene=27.

型、特选和大学衔接四大类课程体系,详见图8-1。

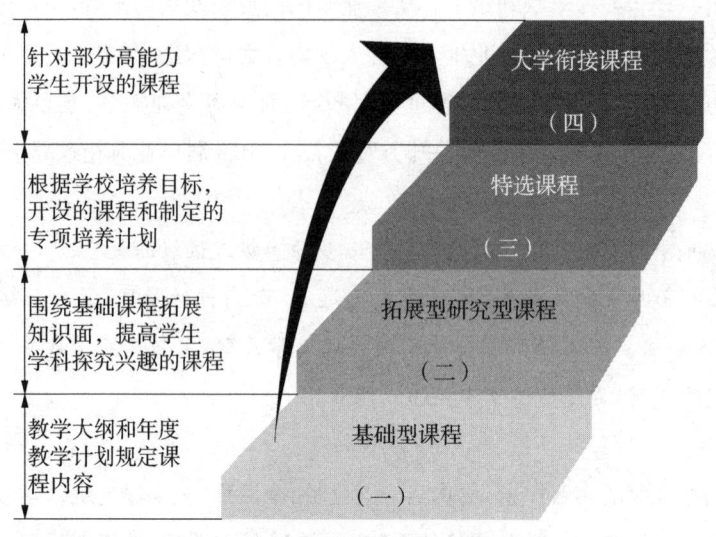

图8-1 浦东复旦附中分校课程体系①

基础型课程是国家和上海市规定的所有课程,所有学生必须全部修习,满足打好学生共同基础的需要,促进学生全面发展。基础型课程包括文化课和素质教育课。文化课有语文、数学、英语、历史、地理、思想政治、化学、物理、生命科学;素质教育课有体育、美术、音乐、技术、心理。上述课程中的文化课包含上海市高考必考科目语文、数学和外语,及另外3门选考科目(从思想政治、历史、地理、物理、化学、生命科学6门中选3门)。

拓展型研究型课程是围绕基础型课程拓展知识面,提高学生学科探究兴趣的课程,这类课程为学生自选课程。拓展型研究型课程包括两类:

一类是聚焦语文、英语等基础型学科的必修拓展课程。以语文科目为例,开设了古文阅读、外国文学鉴赏、文学阅读与评论等相关度极高的专项课,来拓展学生知识面,深化学生对基础型学科的认识。② 在基础英语课之外,开设英文文法、英语口语、英语视听等专项课程。在基础理化生课程之外开设理科实验技能、小课题研究等课程。③

---

① 虞晓贞.刍议"走班制"下的学校管理创新——以浦东复旦附中分校为例[J].教育参考,2016(3):74.
② 虞晓贞.基于完善综合素质的创新人才培养实践研究[J].教育参考,2018(3):75.
③ 虞晓贞.全员走班制教学下学生评价方法的实践[J].上海教育,2015(Z1):84.

另一类是内外兼修,八个领域的课程体系让学生全面发展。这八个领域的课程为:人文与经典、语言与文化、社会与发展、数学与逻辑、科学与实验、技术与设计、艺术与欣赏、体育与健康等。详见表8-1。

表8-1 浦东复旦附中分校拓展型课程板块①

序号	课程领域	相关学科
1	人文与经典	文学、历史学、哲学、心理学等
2	语言与文化	语言学、外国语、民俗学、地理学等
3	社会与发展	政治学、社会学、经济学等
4	数学与逻辑	数学、逻辑学、信息学等
5	科学与实验	物理学、化学、生物学及自然地理等
6	技术与设计	工程学、劳动技术、信息学及工艺美术等
7	艺术与欣赏	音乐、美术、戏剧、建筑及手工艺等
8	体育与健康	现代体育各类运动项目及生理、心理科学等

特选课程是根据学校培养目标开设的课程和制定的专项培养计划,这类课程允许学生自愿参加,部分利用正常教学周之外的课余时间。这类课程有菁英学生培养计划(综合学术与西部学校实践体验活动)、文化名城修学活动(结合城市特征进行相关人文社会课题调研)、系列学术讲坛、全英文授课的国际技能拓展课程社会职业体验等。② 通过特选课程,同学们"走南闯北",绍兴、南京、曲阜、泰安每年都有浦东复旦附中分校学子们的足迹,重庆、临沂、宜昌、武夷山等地友好学校每年都会接待浦东复旦附中分校学子一周浸润式学习,而新加坡、瑞典、加拿大、澳大利亚等国的学生也会常态化走入浦东复旦附中分校的校园。

大学衔接课程主要提供给部分学有余力的学生学习。此类课程开设的目的是通过课程学习,把高中与大学、知识与技能、学校与社会连接在一起,为学生铺垫未来升学专业、社会职业选择的基础。如大学英语、理科实验技能(目前已开设实验室课程有化学实验、力学实验、基础物理学和电子学)等,给资优学生提供更高的发展平台。③ 利用大

---

① 上海市浦东复旦附中分校2020年线上校园开放日[EB/OL].(2020-3-2)[2021-09-10].http://edu.eastday.com/node2/jypd/n5/n1311/u1ai30951_K20.html.
② 虞晓贞.全员走班制教学下学生评价方法的实践[J].上海教育,2015(Z1):85.
③ 虞晓贞.全员走班制教学下学生评价方法的实践[J].上海教育,2015(Z1):85.

学衔接课程的学习机会,浦东复旦附中分校的学子进入复旦、上海财大等高校课堂,有机会聆听高分子材料、会计学、市场营销等专业讲授,学校还参与复旦物理、化学、信息等部分大学实验课程。这类课程帮助我们有针对性地找准自己下一步的发展方向,可以更好地选择自己心仪的专业,发掘专业潜能,从而更快地适应大学阶段的学习。①

拓展型研究型课程为学生自选,高中阶段累计选择7个学程,每学程32—36学时(40分钟/学时);特选课程为学生自愿参加,部分利用正常教学周之外的课余时间;大学衔接课程主要提供给部分学有余力的学生学习。学校加强校本课程建设为学生提供大量的课程。

三年来,绝大多数学生都修读了至少8门选修课程和4门艺体类专项课程;几乎所有学生都完整地参加了菁英学生培养计划,深入到农村和城市参加社会实践;有22人次参加了学校组织的海外交流,体验和理解国际教育、多元文化。②

二、基础型课程与走班教学

基础型课程里既有上海市高考必考科目,也有高考选考科目。在走班实践中,学校将基础型课程分为三类,并按照学程进行分层走班教学。

(一) 基础型课程的分类

学校根据《国务院关于深化考试招生制度改革的实施意见》以及《上海市深化高等学校考试招生综合改革实施方案》等文件精神,并结合学校的实际情况,将基础型课程作为选课走班的重点。为此,学校将基础型课程按考核目标分为三类,详见表8-2。

表8-2 浦东复旦附中分校基础型课程分类

课程类型	具 体 学 科
一类	语文、数学、英语
二类	物理、化学、生命科学、思想政治、历史、地理、信息科技
三类	体育与健康、艺术、劳动技术、心理

---

① 上海市浦东复旦附中分校2020年线上校园开放日[EB/OL].(2020-3-2)[2021-09-10].http://edu.eastday.com/node2/jypd/n5/n1311/u1ai30951_K20.html.
② 浦东复旦附中分校校长郑方贤:高中教育要专注于学生的终身发展、多元发展和个性发展[EB/OL].(2016-06-24)[2021-09-10]. https://mp.weixin.qq.com/s?__biz=MjM5Njg0ODc5NA==&mid=2651286669&idx=1&sn=d1cad0d7b1c979a6d7c06912dcd53cd0&chksm=bd1139788a66b06e2f50fab2d20ef2fa15860b8ffbb6f8de2f0418dab42a8c77ccb8cf6a9bc&scene=27.

按照基础型课程分类,一类课程为高考必考科目,分别为语文、数学、英语3门;二类课程为高考选考科目(信息科技除外),分别为物理、化学、生命科学、思想政治、历史、地理和信息科技;三类课程为素质教育类课程,分别为体育与健康、艺术、劳动技术、心理。

(二) 基础型课程的分层走班

基础型课程分为三类,学校按照学生的能力与水平,对基础型课程进行分层教学。

第一类课程的每个科目,分三个层次教学,根据学生自主选择、学校综合评定学习状态,进入 A、B、C 三个层次中的某一个层次的课程学习;

第二类课程的科目(除信息科技外),根据学生的学习能力,在高一年级按照A、B、C层次教学,在高二年级按照学生自主选择,以标准和高级两个课程类别教学,分别对应会考合格考试和等级考试要求;

第三类课程不进行任何分层教学,其中体育与健康、艺术采用专项教学。[①]

为了更好地实施基础型课程分层走班教学工作,学校将每学期分为2个学程,高中三年共12个学程,从第2学程开始进行分层走班教学。三类课程教学安排详见表8-3。

表8-3 浦东复旦附中分校三类课程分层教学安排[②]

年级	高一			高一			高二			高二			高二			高三		
学程	1学程			2—4学程			5学程			6学程			7—8学程			9—12学程		
课程类型	一	二	三	一	二	三	一	二	三	一	二	三	一	二	三	一	二	三
分层	否	否	否	数英	理化	否	数英	理化地	否	数英	理化地	否	数英	政史生	否	数英	理化政史生	否
走班	否	否	否	是	是	否	是	是	否	是	是	否	是	否	否	否	否	否

---

① 虞晓贞.教育·生长·生活——走班制下现代学校德育设计[M].上海:上海教育出版社,2017:36.
② 虞晓贞.教育·生长·生活——走班制下现代学校德育设计[M].上海:上海教育出版社,2017:36.

第1学程为高一第一学期的上半段,不进行分层及走班,学生在行政班上课。高一新生刚刚进校,这个阶段主要是适应期。为此,学校通过生涯规划课程、讲座等途径,让学生充分了解高中的课程结构、新高考政策、个人兴趣与爱好、高校与专业等,为接下来的分层和走班做好准备。

期中考试后,学生的学习进入了第2学程。从这个学程起,高一学生正式进入分层走班教学阶段。分层走班的科目有两类课程:

一是第一类课程中的数学和英语,这两门课程的分层教学一直持续到高三年级。

二是第二类课程中的"6选3"科目。从第2学程起,物理和化学两科实施分层教学,一直持续到第5学程。这个期间的教学以学生学习物理和化学两门学科的能力水平分层,而不是以是否加试等级考试分层。在高二上学期期末考试后,从第6学程开始,物理和化学的分层教学按照学生参加合格考试和等级考试标准调整,不再流动,地理等考试安排同理。①

学生在学习过程中,如发现所选科目与自己未来专业选择不匹配,或学习兴趣发生变化,或学习能力不能继续支持该科目的学习,学生可在每学期倒数第二周针对下学期的"+3"选科科目的调整提出申请。学校充分尊重学生的选科意愿,不限制学生的选科自由。

另外,每个学期开始的前4周为试听课程,学生可以在该时间段内对本学期的"+3"选科科目的调整提出申请。除此之外的时间段不接受"+3"选科调整。"+3"选科调整的流程为:

在规定的时间内,学生到学生事务中心填写《上海市浦东复旦附中分校"+3"选科调整申请表》(详见表8-4),说明调整要求和申请理由。经学生本人、家长及导师签字确认后,交至年级组,并由年级组填写选科调整意见。而后,年级组将申请单汇总统一反馈至教务处,由教务处确认学生的选科调整申请并反馈调整意见。学生在拿到选科调整的反馈意见后,方可进入相应班级学习。

从第7学程(高二下学期)开始,第二类课程中的政治、历史、生物课开始按照合格和等级考试分层教学。

---

① 虞晓贞,平原.对现代高中教育制度的几点认识——基于上海市浦东复旦附中分校的实践探索[J].上海教育,2017(9):75.

第三类课程只选课走班,不进行分层教学。

表8-4　上海市浦东复旦附中分校"+3"选科调整申请表

学生姓名		学号		年级班级		导师姓名	
原"+3"选科:地理(　)历史(　)政治(　)物理(　)化学(　)生物(　)							
现"+3"选科:地理(　)历史(　)政治(　)物理(　)化学(　)生物(　)							
申请日期							
申请理由:							
本人已了解选科影响并自愿调整"+3"选课意向,并承诺退选的科目不再作为"+3"等级考选考科目。(抄写一遍)							
学生签字:				家长签字:			
导师签字:				年级组签字:			
教务处意见: 原班级: "+3"选科调整后班级: 　　　　　　　　　　　　　　　　　　　　　　　　　　日期:							

第四节　全员走班教学下的教学空间

浦东复旦附中分校自实施走班教学以来,学校教学管理从一个班一张课表变成了"一人一课表"。走班教学极大地满足了学生个性化需求,但会造成教室不够、学生书籍等物品无处存放等问题。为此,学校采取各种措施应对改革中出现的问题。

一、加强学科教室建设

教室等场馆不足可以说是全国各地高中实行选课走班后面临的普遍问题,浦东复旦附中分校也不例外。以一个年级200名学生为例,正常分班是5个教学班,可是,实施走班制分层教学后,教学班的数量大大增加。

浦东复旦附中分校如今有高二学生75名,高一学生120名,学生总数为195

人。这些学生正常分班是5个班,但实施走班后,出现了38个不同的常规学科教学班,班级数增加了6倍。①

在分层走班前,学校的课程教学主要在行政班里进行,这样的教室仅是一起学习的场所,很难满足学科教学的要求。走班教学后,针对学科教室的重要性以及使用率增加的情况,学校加大了学科教室的建设力度。

学科教室,顾名思义指单一学科的教室。它的设计和规划要求从单门学科出发,满足该学科教学需求,放大学科特性,建构适合教学的物理空间环境。

为了节约空间,学校将学科教室和教师的办公室合二为一,教师在学科教室里教学和办公。在浦东复旦附中分校,传统的教师办公室不复存在,取而代之的是一间间标有教师名字的学科教室。

学校的二十几间教室没有以班级命名,例如高一(1)班、高二(1)班,而是以学科和教师姓名命名的,如语文教室王老师、数学教室张老师等。专业教室由教师自主布置,同时也是教师的办公、备课、答疑场所。②

学校将学科教室文化建设的主导权交给学科教师。教师从学科专业素养出发,认真设计布置学科教室的学习环境,让学科教室成为学科的领地。从挂图、图书到仪器设备,从学界泰斗到学习方法,从学科发展到学术前沿,让学科教室彰显学科理念和学术思想,成为学科学习的重要资源。

设立学科教室之后,教室的专业作用逐渐得到发挥。例如,物理教室里摆放了机械动力实验仪器,化学教室中放置了分子结构模型,同学们随时可以根据新学的分子结构反复拆搭,政治教室有了定期更换的时政新闻,语文教室多了书架、书摘和习作展示等。同时,课桌的摆放形式也由教师根据授课需求,更加自由地进行组合。③

---

① 徐星.高中走班:"分"出个性,"走"向自主:浦东复旦附中分校探索走班分层教学[J].上海教育,2015(15):35.
② 虞晓贞.刍议"走班制"下的学校管理创新——以浦东复旦附中分校为例[J].教育参考,2016(3):74.
③ 虞晓贞.刍议"走班制"下的学校管理创新——以浦东复旦附中分校为例[J].教育参考,2016(3):74.

走班后,学生根据自己所选科目的不同到不同的教室上课。即学科和教室固定,根据所选学科和教学内容的不同固定教室和教师,学科教师挂牌上课,学生流动听课。"教师固定坐班、学生流动走班"现已成为浦东复旦附中分校走班教学的一大特色。教师的办公室放在学科教室不仅节约了空间,还有如下几点优势。

首先,有利于加强师生之间的交流。一般情况下,教师上课后就会回到自己的办公室。但现在学科教师的办公室地点就在学科教室里,下课后就在里面办公。学生不再像以往一样进办公室就紧张不安,现在学生一旦遇到疑难问题,或路过学科教室门口有时间都会进来向教师请教或聊天。应该说,学科教师坐班后,辅导学生更加方便了,同时也便于师生之间进行情感交流,形成和谐的师生关系。

其次,有利于增加教师的责任感。"亲其师,信其道",相比于数字编号,以学科+教师姓名命名的班级,增强了老师的责任感,为教学管理增添人情味。同时,将抽象的班级精神化为具象的人格魅力,放大了学科教师作为榜样的力量。

最后,有利于教师潜心工作。传统的教师办公室一般是多人办公,不时还会有学生进出,难免会有嘈杂声,这会导致教师无法静心工作。长此以往,不利于教师个人的专业成长。而学科教室一般只有1—2人办公,这样一个和谐、安静的环境,有助于教师潜心钻研教材和反思教学,有利于开展高效的教育教学研究。

二、充分利用走廊等空间

实行走班教学后,学生没有了固定的班级,个人学习资料、随身物品存放就成为一个必须解决的问题。为此,学校充分利用学科教室和走廊等空间,较好地解决了物品存放问题。例如,学校在学科教室内设置了储物柜,供学生放置一些不方便随身携带的物品;在学科教室外面放置一些木柜,专门用于学生作业的存放。

> (学科教室)前门旁放着一个或两个大木柜,每个木柜都有三到四个抽屉,每个抽屉的右上方贴着小字条,注明A班、B班或C班。据介绍,这是收、放作业的地方,走班后任课教师与学生在课后无法经常碰面,学生便将作业统一放置此处,教师拿走批改好后再放回原处,学生再从这里取走。[1]

---

[1] 徐星.高中走班:"分"出个性,"走"向自主:浦东复旦附中分校探索走班分层教学[J].上海教育,2015(15):35.

第五节　全员走班教学下的导师制

"导师制"是新高考背景下为指导学生选课和落实全员德育而建立的一种师徒式的管理制度,是班主任制的补充。学校采用导师和学生双向选择的方法,为每位学生配置一名导师,要求导师与受指导学生做知心朋友,密切关注他们各方面的表现情况,在人生规划、课程选择、课业学习、人际交往、个人生活、心理调适等方面提供必要的帮助和引导。浦东复旦附中分校是上海第一所探索全员导师制的高中。[①] 经过多年的探索,导师制现已成为学校走班教学的一大特色,在学生的管理中发挥着极其重要的作用。

一、配备导师的背景

(一) 走班后班级管理带来的挑战

高一新生入校后,先采用行政班教学,学校为每个行政班配备班主任一名。高一期中考试后,学生开始流动走班,打破原先的固定编班,导致学生分散。这极大地增加了班级管理的难度,最大问题是老师"抓不住学生""找不到学生"。

> 学校最初设置了行政班级班主任,后来发现某些班主任可能上了一个礼拜的课,只能见到自己班级中二分之一或是三分之一的学生,平时有事情也无法像传统学校那样到班级教室找学生。[②]

另外,现在行政班的班主任同时也是学科教师,既要忙于班级管理,又要忙于教学,在走班教学背景下班主任普遍负担过重、分身乏术。

> 传统的班主任制,一位老师要负责40名学生的管理,显然会力不从心。学校推动的全员导师制解决了师资力量不足的问题。[③]

[①] 徐星.上海第一所探索全员导师制的高中　浦东复旦附中分校:8年"探路"育人新范式[J].上海教育,2021(30):6.
[②] 虞晓贞.基于完善综合素质的创新人才培养实践研究[J].教育参考,2018(3):77.
[③] 虞晓贞.高中教育评价改革的实践探索[J].上海教育,2021(Z1):7.

可以看出,依靠班主任显然无法照顾到每个学生,学生存在着成长的"盲区"。为解决学生管理中存在的问题,学校设计并实施了班主任和导师的双轨制管理,以应对走班教学后班级管理带来的挑战。

(二) 选课走班与升学指导的需要

高中生正处于人生观、世界观、价值观初步形成的一个关键阶段,对未来的向往、憧憬最多,也最丰富,当然,他们的观点也最摇摆易变。[1] 若有导师加以正确的引导,则可为他们的未来发展指明方向,使他们更加全面、健康地成长。

新高考改革赋予高中生选择的权利与机会,这里涉及选课走班以及高校与专业的选择等问题。但是,现在许多高中生既不了解自己,也不了解社会,更不要说如何选择了。一些高中生非常迷茫,并不知道自己想做什么,将来可以做什么。导师可利用自己的专业和阅历等帮助学生了解自己的兴趣、性格、气质、价值观等;同时帮助学生明确各学科之间的关系,以及各学科与未来专业和职业之间的关系。在对学生进行客观分析的基础上,给予学生选课与升学指导。

(三) 高素质师资是导师制建立的基础

浦东复旦附中分校从开办之初的13位教师发展至今,学校现有在编教师54人,其中具有硕士、博士学位的教师占76%,学科带头人、骨干教师、青年新秀等区级及以上的荣誉称号占比三分之一。[2] 学校教师不仅学历较高,且年轻化程度也较高,平均年龄只有二十几岁,比较容易接受新的理念。年轻且高素质的师资队伍是全员导师制得以实现的师资保障。另外,学校高中三个年级学生近400人,生师比较低,这也有力地保障了全员导师制的顺利实施与开展。

二、导师的遴选

浦东复旦附中分校自2013年起实施全员导师制。学校已建立了一套完整的、完善的导师遴选与考核制度。在这个过程中,学校给学生充分的自主权,为学生创造一个积极发展的自由空间。

导师一般由热爱学生、尊重学生、善于沟通、有责任心的任课教师担任。先由意向担任导师的教师申请,学校按照遴选标准确定导师名单。为了让学生对导师有充分的

---

[1] 潘桂法. 高考新政下优秀班集体创建实践与策略研究[M]. 杭州:浙江工商大学出版社,2017:99.
[2] 上海市浦东复旦附中分校简介(2019—2020)[EB/OL]. (2023-01-18)[2023-01-18]. http://pdfdfz.pdedu.sh.cn/18246/.

了解,学校将高一第一学期的第一个学程(前10周)作为过渡期。在这段时间里,学生可以通过课程等各种途径了解学校教师及导师制相关情况。

过渡期结束后,学校召开导师宣讲会,每一位导师会介绍自己的基本情况、个性特长、教育理念等信息。学生可以根据每位导师的阐述及自己的兴趣,选择填报3位导师。经过学生和导师双向选择后,最终确定导师和指导学生名单。一般情况下,学生选择的导师是这个年级的任课教师。为了充分尊重学生的自主权和选择权,学校还允许学生选择不同年级的导师。

> 尽管导师宣讲会是以年级为单位召开的,但导师志愿单上留有"备注"栏,学生可以填写任何一位非本年级的老师的名字。[1]

由于这一过程是建立在教师和学生双向选择之上的,其"去行政化"的特征使得师生关系更加紧密,因而在学生的教育和管理上有其独特的优势。一般情况下,一个导师负责8—12个学生,这些学生和导师共同组成了学校最小的团队。导师组会根据团队特色命名,制作导师组海报张贴在导师教室。

> 形成了如"炼油小分队""书香萌第""励志团"等特色化的名字,既体现了每一个导师团队的特殊性,也增强了学生的归属感。[2]

三、导师的基本职责

导师和学生名单确定后,导师会给每名学生建立个人成长档案,记录受导学生成长过程中的闪光点和不足之处,对症下药,同时通过导师课、面谈、周记等形式进行个别沟通。

按照"思想引导、心理疏导、生活指导、学习辅导"的要求,浦东复旦附中分校导师的主要职责是与学生"点对点"地进行学业指导、升学指导、生活辅导、家校联系。[3]

学业指导方面,导师要协助学生尽快适应高中阶段的学习生活;了解学生的学习

---

[1] 徐星.上海第一所探索全员导师制的高中 浦东复旦附中分校:8年"探路"育人新范式[J].上海教育,2021(30):9.
[2] 虞晓贞.现代教育治理理念下的高中全员导师制育人变革——以浦东复旦附中分校为例[J].教育参考,2021(4):30.
[3] 刘希伟.试点省市高考改革研究[M].杭州:浙江教育出版社,2017:79.

状况,帮助学生尽快适应不同学科的学习方式;改进学习方式,缓解学业压力,提高学习效率;发现学习有困难的学生,及时与学科教师、年级组沟通;及时掌握学生的课堂表现、作业情况及学分、绩点等情况。

升学指导方面,导师要帮助学生了解自己的优势和劣势,并结合实际,指导学生制定升学目标与计划;帮助学生了解各学科的培养目标和教学计划,了解大学相关专业的发展方向;配合学校做好学生的职业体验、职业规划等工作;了解当前社会各行各业现状,以及未来职业变迁及对就职者的要求;了解大学院校与专业设置,并平衡个人志趣与社会需求,逐渐明确适合自己的专业方向。

生活指导方面,导师要帮助和指导学生发展个性和社会性,适应高中生活环境,培养独立生活的意识和能力;帮助学生养成良好的生活习惯和行为规范,掌握一定的自我保护技能,形成健康的生活方式;主动帮助学生了解学校的各项规章制度;关心学生校内生活情况,帮助学生认识同学和室友,了解彼此的性格和生活习惯,尽快适应住宿生活和集体生活;定期走访学生寝室,督促寝室的清洁卫生工作,指导学生商定寝室公约,进行寝室文化建设;了解学生的就餐情况,听取学生对于学校生活的意见、建议;定期与学生谈心,了解学生思想动态和心理状况。

家校联系方面,导师要建立与学生家庭的联系网络;定期联系学生家长,沟通学生校内学习和生活情况,了解学生在家的学习生活情况;配合学校进行家庭教育指导工作;帮助家长了解学校及年级组的工作进程、教育要求;及时听取家长提出的意见和建议;遇有突发事件,导师应及时、主动联系家长,积极配合学校处理善后工作。

学校为每位导师发放一本指导手册,要求导师及时记录指导的情况,同时作为导师考核的主要参考支撑材料之一。学生指导手册记录的内容有:

> 导师课教案、导师组学生的个别交流谈话内容、走访学生寝室的情况记录、与学生家庭联系的情况记录等。每个学期结束,导师会和组内的学生一起整理个人档案盒,梳理一学期的成长轨迹。在显性的工作之外,导师们还分批负责学校"心灵花园"栏目,以"树洞君"为代号,回答学生们提出的各种不愿当面与老师诉说的问题,如学习压力、考试焦虑、同伴交往、家庭变故等情绪性问题,辅助学生心理健康教育工作。①

---

① 虞晓贞.现代教育治理理念下的高中全员导师制育人变革——以浦东复旦附中分校为例[J].教育参考,2021(4):30.

四、导师的指导途径

浦东复旦附中分校目前有 18 位导师,导师的职责主要涉及学业升学指导及家校联系等。导师指导学生的途径主要是导师课。除此之外,导师每周要与学生共进午餐和晚餐,每月要在学生宿舍住宿值班一晚,了解学生寝室生活情况。在学生调整班级、选考科目、志愿填报、外出社会实践、研究性课题报告等各项工作中,导师都是学生的指导者和引领者。导师还需要充分关注每一个学生,参与学生在校生活的一些重要事项。① 本部分重点对导师课和导师深入学生宿舍指导情况进行阐述,从中了解导师是如何指导学生的。

(一)导师课

每两周一节的导师课现已成为浦东复旦附中分校实践全员导师制的一大创新之举。导师课是导师带着本导师组内学生开展各种教学活动的课程。导师课的授课对象为导师所带的学生,有时也会两三个导师联合组内学生一起上课。如两个导师组之间进行一次辩论赛或篮球赛。上课地点一般在学科教室或实验室。有时候,校园的草坪、运动场,或外出研学的地点也会成为上课的场所。

为了让导师能够规范、持续地上好导师课,提高教学质量与实效性,学校特在每个年级设立导师备课组,并配备组长一名。组长一般由教育经验比较丰富的教师担任。导师组的主要任务是制定导师课教学计划,组织导师认真钻研教材,明确教学的进度、难度、容量以及作业量等。

> 在这样的教研中,教师的学科本位意识逐渐淡化,促进学生全面发展的意识得到增强,全员导师制的工作范畴更加科学。②

导师课的内容兼顾主题教育和特色教育两种类型。主题教育由学生培养处定期发布内容,高中三年以"正心、立人、成才"的理念为引领,各年级侧重不同的主题。如高一年级重点讨论如何适应高中生活、如何养成住宿习惯、如何自我管理、高中三年的规划等;高二年级重点讨论如何协调人际关系、个人的社会责任担当是什么、喜欢的高

---

① 上海市特级教师特级校长联谊会.静待花开:百位特级谈育人智慧(下)[M].上海:上海教育出版社,2020:216.
② 虞晓贞.创新实践全员导师制 积极推动育人方式变革[J].上海教育,2021(30):14.

校与大学专业等。高中三年的培养目标和课程内容分别为：

高一年级培养目标为"正心"——"欲修其身，先正其心"，导师课主要围绕高中生活适应性、自我认识、自我管理等内容；

高二年级培养目标为"立人"——"己欲立而立人，己欲达而达人"，导师课主要涉及学业规划、发掘个人优势、责任担当等内容；

高三年级培养目标为"成才"——"终身之计，莫如树人"，导师课的内容主要是个人目标、理想信念等，同时会选取一些社会热点及科技方面的话题。①

特色教育可以由导师根据自己导师组师生的特长、共同爱好、阶段目标进行个性化设置。导师课以情境性的话题引入，采取主题讨论的形式展开，这有助于提高学生的思辨力以及综合分析问题的能力。课题讨论的话题一般来自学生的校园生活及社会热点问题。如"我的大学　我的梦""为自己的青春增添一丝激情""高中生谈恋爱利与弊""睡前一小时的安排"等，这些是学校部分导师课的研讨主题，涉及学业指导、处事交往、热点时事、文化情操、个人规划等学生成长的方方面面。②

例如，为了培养组内学生的表达能力，导师会选取一些社会热点及科学技术方面的话题，在导师课上，让有的学生扮演播报角色，有的学生进行观点陈述，有的学生进行观点评议，大家在整个过程中都可以记录发言同学的优势和不足，然后进行公开交流，帮助同学提升表达能力。③

每次上课的前一周，导师会将课堂讨论的话题告知组内学生，让学生提前做好准备。

学生罗芸芸告诉记者，她的导师课主要采用研究项目的形式，每次提出一个

---

① 徐星.上海第一所探索全员导师制的高中　浦东复旦附中分校:8年"探路"育人新范式[J].上海教育，2021(30):11.
② 徐星.上海第一所探索全员导师制的高中　浦东复旦附中分校:8年"探路"育人新范式[J].上海教育，2021(30):11.
③ 虞晓贞.现代教育治理理念下的高中全员导师制育人变革——以浦东复旦附中分校为例[J].教育参考，2021(4):31.

有社会性的讨论话题,大家围坐在一起开展"头脑风暴"。"这对培养他们的探索精神、发散性思维和辩证性思考力很有好处"。①

每次导师课,要求组内同学全部参加,所有发言的同学必须脱稿。通过一系列精心设计的话题讨论,培养了学生分析问题及解决问题的能力。同时,在一次次的思维碰撞和观点交锋中,导师对每个学生的了解也与日俱增,而学生也逐渐建立起自己的"三观",明晰了自己的成长方向。

导师课还有家长会的功能。每学期的家长会都以导师组为单位,参加会议的人员有导师、学生、家长。"三方会谈"的导师课由导师组织,父母和孩子既畅所欲言又耐心倾听,同时双方都还有同伴助力,排忧解难,效果非常好。

(二)深入学生宿舍

浦东复旦附中分校是一所市实验性、示范性寄宿制高中学校。根据寄宿制高中的管理特点,学校将管理学生的场所由传统的行政班级转移到学生宿舍。为了更好地了解学生的情况,学校要求每位导师每个月在学生宿舍住宿值班一晚,除此之外,导师还定时或不定时走入学生宿舍,与学生进行深入交流。

> 让导师的日常工作从课堂延伸到了生活之中,让学生在校园生活和学习的各个方面都能感受到导师组的存在,都能有一群志同道合的伙伴共同参与,提升认同感和归属感。②

可以说,导师深入宿舍值班不仅加强了宿舍管理,同时也让导师有机会看一看组内学生在宿舍里的状态。

> 每个学生在不同场景下有不同的状态,平常老师一般能看到学生在学习场景、运动场景下的状态,但生活场景是比较少的。而如果你能到学生宿舍看一看学生在生活场景中是什么样的,你对学生的认知就会更完整,师生之间的思想交

---

① 徐星.高中走班:"分"出个性,"走"向自主:浦东复旦附中分校探索走班分层教学[J].上海教育,2015(15):37.
② 虞晓贞.创新实践全员导师制 积极推动育人方式变革[J].上海教育,2021(30):14.

流和情感沟通就会更有针对性、更细致、更互信。①

为了指导的便捷,学校将同性别学生安排在同一间寝室中,将学生寝室作为固定场所。这样,导师能够更好地与学生"点对点"地进行指导,也让导师的日常工作自然地从课堂延伸到了生活之中。导师利用课余及住宿值班期间深入宿舍,督促检查学生宿舍的卫生、纪律、安全等。通过学生谈话、个别指导、督促检查等方式,定期和不定期地对学生进行指导。另外,导师制在后进生转化方面也起到了巨大的作用。

导师于萌老师组内曾经有一个男生,数学特别好,但文科较弱,还是一个网络游戏少年,高一时经常在各寝室借手机打游戏。成为他的导师后,于老师了解到,他很"爱玩",但这是表象,深入了解后发现,这个学生对自己的评价很高、自尊心强。为此,于老师举起了理想的"大旗",问他:"你想考复旦、交大吗?"学生回答"当然想"。于老师随即表示,"如果你现在再不开始努力学习语文和英语的话,到高三再学是来不及的;现在开始努力,考复旦、交大的机会还是较大的"。

此外,这个学生所在宿舍的所有学生都是他导师组的,为此他和学生们约定好:每天晚上9点之后要锁门,全部人在宿舍学习,不要学数学,就互相督促学英语和语文,早上起床一起背单词。在这个过程中,于老师一方面加强督促,在晚上9点悄悄去宿舍查看学生是否在学习;另一方面也注重同伴教育,和宿舍里学习最好的学生提前沟通,希望他带好头、营造良好的学习氛围,带领大家一起进步。最终,这个宿舍的学生全部考进了复旦。②

总之,导师深入学生宿舍,与学生开展面对面交流,零距离沟通,可以更好地帮助学生解决在思想、学习、生活等方面遇到的实际困难和问题,实施全方位人性化的服务与指导。导师进驻学生宿舍制度是浦东复旦附中分校全员走班制管理的一大创新,它可以更好地满足每一位学生的发展需求。通过深入宿舍指导,导师的身影活跃在学生生活的点点滴滴里,时时刻刻给予温暖与陪伴。导师不仅成为了学生学习上的良师,

---

① 徐星.上海第一所探索全员导师制的高中——浦东复旦附中分校:8年"探路"育人新范式[J].上海教育,2021(30):9.
② 徐星.上海第一所探索全员导师制的高中——浦东复旦附中分校:8年"探路"育人新范式[J].上海教育,2021(30):10.

更是生活中的益友。导师宛如一盏明灯,会照亮在黑暗中摸索的学生,指引方向,并鼓励他们不畏困难,奋勇向前,实现人生目标,为社会和国家发展做贡献。

另外,校内的寝室文化节与志愿者活动,校外的职业体验活动、外出研学旅行参观、农场劳动实践等,都以导师组为单位组织开展,让导师组内的学生一起参加活动,互帮互学。导师的作用日益增强,在活动中学生找到了集体归属感,同时也极大地提高了集体荣誉感。

五、导师的考核

导师任期一般为一个学年,第二年是否连任,视学生的选择及导师考核情况而定。在导师考核方面,建立师德师风"一票否决"制度。学校要结合年度工作考核对导师进行师德师风考核。

凡考核合格的教师,可在下一学年担任学生导师。凡考核不合格的教师,学校暂时取消导师资格。待提升师德水平之后,经考核合格者,可在下学年重新提出担任导师的申请,学校对其导师资格进行审定,审定合格者可以继续聘任。

另外,学校领导小组按照导师平时工作的完成情况以及学生、家长的满意度,完成对导师的考核评价。

评价考核的常规指标涵盖导师课程、个别教育、家校联系、年级组评价、学生评价和家长评价等导师工作的全部内容。对于参与德育培训主题发言、德育征文获奖、参与导师带教、开设市区级德育公开课的导师,还另设加分项。[1]

根据考核结果及学生评价,每学期学校都会在全体导师中按比例评选出校优秀导师,学校予以奖励。

第六节　全员走班教学下的学生评价

走班教学后,对学生学业的评价由原来的单一性评价变为了多样化、分级分类的评价体系。如何对学生学业进行分级分类评价,这是新高考给学校教学管理带来的一

---

[1] 徐星.上海第一所探索全员导师制的高中　浦东复旦附中分校:8年"探路"育人新范式[J].上海教育,2021(30):13.

个新研究课题。① 另外,高中"走班制"教学班不同于严谨有序的传统行政班,它是学生依据自己的学习兴趣、基础与能力,通过选课而组建的临时教学"组合体",学生上课"匆匆而来",下课"匆匆而去"。② 松散的师生关系也许会影响到学生的学习态度。为应对全员走班教学给学生评价带来的难题,浦东复旦附中分校采用了学业表现评价和综合素养表现评价两种评价方式。

一、学业表现评价

学生学业评价是教学工作中的一个重要环节。通过对学生学业的评价,不仅可以了解学生的学习情况,还可以用来评价教师的教育教学,使教师了解每个学生的学习状况,以便于教师因材施教和进行个别学习指导,从而改善教学,提高质量。

所谓学业表现评价,是指以国家的教育教学目标为依据,运用恰当的、有效的工具和途径,系统地收集学生在各门学科教学和自学的影响下认知行为上的变化信息和证据,并对学生的知识和能力水平进行价值判断的过程。③

根据《上海市普通高中课程实施方案》规定,上海市普通高中采用学年学分制。1学分为18课时。毕业学分最低要求为144学分。在学分制中,学分用来衡量学生学习的数量,那么如何体现学习的质量呢?在走班制的实践中,浦东复旦附中分校按照"学分计量、绩点论质"的原则,使用客观数据记录办法,通过等级划分和学分绩点的方式,对学生的学业表现进行评价。

(一) 等级制评价

等级制记分法有多种,我国传统的等级制记分法有甲、乙、丙、丁四级制,也有优、良、中、差、劣五级制,还有的以 A、B、C、D、F 等字母记分制表示。学校总评成绩等第划分采用以下方案之一。

1. 五级计分制

以学生个人完成的测试试卷分数(百分制)作为总评成绩的主要依据,总评成绩由高到低依次分为 A(优秀)、B(良好)、C(中等)、D(及格)、F(不及格)五个等级,等级划分规定如下:

---

① 杨敏.读懂新高考·通识读本[M].长沙:湖南教育出版社,2019:157.
② 罗开文,朱德全.高中"走班制"课堂管理:诉求、路径及保障机制[J].中国教育学刊,2020(12):13.
③ 阮艳花,张春艳,于朝阳.教育管理理念与思维创新[M].汕头:汕头大学出版社,2019:257.

每门课程获 A 的学生不超过课程人数的 30%；

获 B 的学生不超过课程人数的 40%；

获 C 的学生不超过课程人数的 20%；

获 D 和 F 的学生不超过课程人数的 10%，其中 60 分为每门课程的绝对合格线。①

基础课程中的语文等九门高考和会考科目采用 A、B、C、D、F 五级计分制评价，需要考量平时成绩、期中、期末考试成绩，以学期为单位总评并确定补考。

2. 三级计分制

以学生个人完成的作业或报告作为总评成绩的主要依据，总评成绩由高到低依次分为 A(优秀)、P(合格)和 F(不合格)三个等第，其中得 A 的人数不超过选课人数的 30%，P 和 F 比例不做规定。拓展型研究型课程可采用此计分法。

3. 二级计分制

以学生的平时表现、个人或小组完成的作业或报告作为总评成绩的主要依据，总评成绩分为 P(合格)和 F(不合格)两个等第，P 和 F 比例不做规定。不合格者不予补考，成绩照实记入本人档案。拓展型研究型课程可采用此计分法。

无论采用哪一种记分法，都要做到客观公正，以发挥教育、激励的作用。

(二) 学分绩点制

绩点(general average point，GPA)是课程成绩考核的等级系数，是评价学生学业表现最重要的指标。采用学分绩点制评价的课程有基础型课程中属于"3+3"范围的科目以及体育素质课。浦东复旦附中分校的绩点分为 A+、A、B+、B、B−、C+、C、C−、D+、D、F 十一个等级。学业等级和绩点对照表关系如表 8-5 所示。

表 8-5 浦东复旦附中分校学业等级和绩点对照表②

学业等第	绩点	本年级累积百分位
A+	4.0	10%
A	3.7	30%
B+	3.3	50%

---

① 虞晓贞.全员走班制教学下学生评价方法的实践[J].上海教育，2015(Z1)：85.
② 虞晓贞.教育・生长・生活——走班制下现代学校德育设计[M].上海：上海教育出版社，2017：26.

续 表

学业等第	绩点	本年级累积百分位
B	3.0	60%
B−	2.7	70%
C+	2.3	80%
C	2.0	85%
C−	1.7	90%
D+	1.3	95%
D	1.0	100%及补考合格者
F	0	

绩点制评价可以弥补学分制带来的弊端。学分制最早产生于美国,1890年左右,哈佛大学正式试行学分制。① 现在,世界大多数国家的高等学校以及欧美的中小学均采用学分制。每一个学分等于一个学期内每周一课时(40—45分钟)的课堂学习,并达到规定的质量要求。若单从课时来说,1学分等于18课时。学分是用来计算学生学习分量的一种单位,因此学分制"只能体现学习的数量与最低质量,不能表明学习的质量高低如何"。② 例如,一个学生考试成绩无论60分还是100分,都可获学分。因此不同学生的学习质量,在学分上便难于反映出来。绩点制是为克服学分制难于监控学生学习质量这一缺点而产生的一种补救办法。③

二、综合素养表现评价

综合素养表现评价是一种使用文字实录和描述的办法,给予写实性的评价。如特选课程和大学衔接课程不以等级评价,采用综合素养表现评价,以是否参加活动计划和项目的方式记录学习情况。综合素养表现评价主要由三部分组成:

一是全部纳入学校课程体系的活动内容,如学校专项培养计划(菁英计划)、研学活动、学术论坛、社团课程、志愿者活动、职业体验等,以文字描述学生的参与

---

① 李成良,顾美玲.大学教学理论与方法[M].贵阳:贵州教育出版社,1995:62.
② 潘懋元.潘懋元文集 卷一·高等教育学讲座[M].2版.广州:广东高等教育出版社,2020:122.
③ 潘懋元.高等学校教学原理与方法[M].北京:人民教育出版社,1995:168.

情况和在活动中发挥的作用为主；

二是记录学生一学期取得过的校内外各类成就,如担任社会职务情况、获得的荣誉和奖励等；

三是教师的综合评估,包括班主任和导师评语,根据学生在读期间的各种具体表现予以肯定,并提出进一步提升自我的建议,避免空洞表扬和希望。①

上述第二种记录学生校内外各种获奖情况,目的是发现和鼓励学生已有的良好个性特征,让每个学生都能找到自己的"光彩"。除了常规的学生评优制度外,学校还设立了"老师眼中的你"表彰活动,这里的"你"是指学生。通过这样的表彰活动,目的在于发现学生个性中的某一个感动和影响他人的闪光点,并传递给全体学生。学校设置了40至50个授予学生的"头衔":

如最具绅士风采的学生、最佳寝室伙伴、最具担当精神、最多才多艺、最乐观豁达、最具默默奉献精神、知书达理的典范、最具运动精神、最具组织能力、最具原则、最踏实沉稳、最具万有引力、最具文艺范、最具感染力、最具运动天赋、最爱问问题、最美笑容、最具作家潜质、最美音质。②

其实,综合素养表现评价是一种质性评价,它是人们在对量化评价批判的基础上产生的,即认为简单地用分数来衡量个体的发展是不完整的,它强调在自然情境中对个体进行深入全面的观察。③综合素养表现评价常见的方法有档案袋评价、教师评语、成果展示评价等。

浦东复旦附中分校在实践中,建立档案袋制,通过实施档案袋评价,落实综合素养表现评价。

档案袋(portfolio)也被译作成长记录袋、学习档案等,它最初源于美术领域。画家使用档案袋收集他们有代表性的作品,以供自己反思和他人评价。④ 后来引入教育领域,即由教师和学生一起有组织、有系统地收集学生的作品和参与活动的材料,汇总教

---

① 虞晓贞.全员走班制教学下学生评价方法的实践[J].上海教育,2015(Z1):85.
② 虞晓贞.基于完善综合素质的创新人才培养实践研究[J].教育参考,2018(3):79.
③ 潘洪建,杨金珍,等.小学综合实践活动指导[M].2版.镇江:江苏大学出版社,2018:79.
④ 王大顺,张彦军.发展与教育心理学[M].西安:陕西师范大学出版社,2015:330.

师、家长、同伴的评价及学生自我反思的相关材料并进行分类归档,以展示学生的知识、技能和态度的成长过程,促进学生自主发展。

档案袋评价(portfolio assessment)兴起于20世纪80年代后期的美国,近几年我国教育界引进了这种新型的评价方法。该评价方法是指在教育过程中,通过对档案袋的制作和对最终结果的分析而进行的对学生发展状况的评价。档案袋评价是一种强调过程的评价方法,它既可以为形成性评价服务,用以发现学生的进步和诊断学生的不足,又可以为终结性评价奠定基础、提供依据,从而很好地实现了形成性评价和终结性评价的有机结合。①

档案袋的优点是显而易见的。首先,可以清楚地记录学生随着时间推移的学习过程;其次,有助于学生增强自信、提高学习动机、促进个性的发展;最后,它可为客观公正地评价学生的等级提供依据。

为激发学生学习的兴趣,客观地记录学生各个方面的成长历程,为综合素养表现评价提供依据,浦东复旦附中分校为每一位学生建立成长档案。每年高一新生入学,学校会为每个学生建立一个档案盒,收集未来三年在学校生活中的各种经历和成果。

> 档案盒的目录由学生培养处依据"德智体美劳"五个维度制定,学生每学期对照目录把自己的学习经历证明材料(报告、体会、证书、奖状等)放入其中。为加强培养中的过程评价,档案盒每个学期整理一次,每次整理的过程由导师指导学生一起完成。学生参与的每一个活动与获奖经历的证明材料,经导师指导放入学生成长档案盒,这个整理过程是导师参与记录学生成长点滴的过程,为导师提供了全方位了解学生的机会,有利于导师为学生撰写写实性学期评语,是进行学生生涯规划指导的可行途径。②

为配合档案袋评价,从2014学年开始,学校为每个学生发放一本《综合素养成长手册》,用于记录高中阶段所有基础课程的学习成绩和社会活动情况,由导师负责认定。《综合素养成长手册》有以下几大亮点。

第一,评价方法更注重学生的成长过程。它不仅注重学业成绩结果,更要注重学生的发展变化和成长的过程。

---

① 冯忠良,伍新春,姚梅林,王健敏.教育心理学[M].3版.北京:人民教育出版社,2015:579—580.
② 虞晓贞.高中教育评价改革的实践探索[J].上海教育,2021(Z1):7.

第二,评价措施与方法多样、开放。该手册的内容包括档案袋的记录及学生的平时表现,同时,还有教师、同学的观察与评价,以及来自家长的信息、考试和测验的信息等。除了学生本人是记录者外,教师、同学、家长也开放性地参与记录。

第三,考试不是唯一的评价方式。除了记录考试成绩外,还有其他评价方式。如学期和学年结束时,学校会对每个学生进行阶段性评价,评价内容包括各学科学业状况和教师评语。不过教师的评语多为鼓励性语言,客观描述学生所取得的成绩及不足之处,并提出改进建议。

结语

自2013年9月起,浦东复旦附中分校就开始了全员走班教学的实践探索,在多年的发展中已形成如下四个特征。

第一,走班制起步较早,自2013年建校之日起,就正式推出了走班分层教学的探索,根据学生的个体差异与不同需求进行分层,现已有近10年的历史。走班教学不仅全面满足了"3+3"课程学习组合的需求,扩大了学生学习自主选择权,满足了不同潜质学生的个性发展,还调动了学生的学习主动性、积极性,整体教学质量也得到了极大的提高。

第二,学校建立了丰富的课程体系,现有基础型、拓展型研究型、特选和大学衔接四类课程。以学校为学生提供的丰富课程为前提,学生依据自己的学习基础、兴趣和能力,自主选择不同的课程,走入不同年级和层次的教学班学习,极大地满足了学生个性化、多样化的需求。

第三,学校建立了一套完善的导师遴选与考核制度,导师通过导师课、谈话、个别指导、督促检查等方式,定期和不定期地对学生进行指导,在学业指导、升学指导、生活辅导、家校联系方面发挥了重要的作用。

第四,学校建立了学分绩点制的学业评价和综合素养表现评价体系,既注重量的评价,也注重质的评价。通过全方位、深层次的评价,可以发现和鼓励学生已有的良好个性特征,让每个学生都能绽放自己的"光彩"。

目前,在全员走班实践的引领下,学校升学率表现优秀,考入清华大学、北京大学、复旦大学、上海交通大学的学生占比达20%以上。近年来,考入985高校的比例为45%,211高校占72%,综评上线率93%以上。学校教师在学科、教育领域崭露头角。

区级及以上教师个人获奖达170多项;团队荣誉达40余项,其中包括上海市基础教育市级教学成果一等奖、上海市"德尚"课题一等奖、上海市巾帼文明岗等。学校走班教学实践的成果得到了《文汇报》《新民晚报》《上海教育》《上海中学生报》等多家媒体的关注与报道。[①] 学校先进的办学理念,尤其是全员走班教学的办学特色已经得到了社会各界的认同与赞誉,社会影响力持续提高。

---

① 上海市浦东复旦附中分校简介(2019—2020)[EB/OL].(2023-01-18)[2023-01-18]. http://pdfdfz.pdedu.sh.cn/18246/.

第九章　走班制下多元课程的构建与实施

北京市十一学校原为中央军委子弟学校，1952年在周恩来、罗荣桓等老一辈革命家的亲切关怀下建立，聂荣臻元帅用新中国的诞生日为学校命名。学校地处海淀区，占地234亩，建筑面积16万平方米，现两个校区共4600余名学生，有1430个教学班。学校师资力量雄厚，现有特级教师23人，高级教师178人，来自清华、北大、中科院、耶鲁等名校的博士共83人，市区级学科带头人和骨干教师103人，来自牛津、耶鲁、哥伦比亚等世界名校的外籍教师共78名。该校是一所拥有初、高中的完全中学。为满足学生的个性发展需求，学校自2011年开始全面实施选课走班制，逐步形成了一套分层、分类、综合、特需的多元课程体系，让每一位学生都可以选择适合自己的课程，生成个人的专属课表。同时，构建出一套以每一位任课教师为育人主体、以年级为基本育人单位的全员、全程、全方位的育人体系。

第一节　走班制的背景与历史回顾

北京市十一学校现任校长李希贵从2007年开始着手准备学校的顶层设计，努力解决教育中存在的培养模式单一、课程单一、评价方式单一等问题，在学校教育理念、教学内容以及教育途径等方面谋求创新，促进学校内源性、结构性、系统性的转型。而这样一种转型是以构建选择性课程为基础的，走班教学作为选择性课程的依托，在学生受教育的过程中承担着十分重要的角色，充分体现了尊重学生、"因材施教"的教育理念，也有利于学生通过系统辅导与自我发现找到最适合自我发展的课程与道路。其实，走班制在十一学校的发展历程由来已久，前任校长李金初在其主持的学校改革发展中就已出现走班制的身影。

一、学校走班制的政策背景

北京市十一学校从 1994 年就已开始实施分层教学,开展"有选择而无淘汰的教育"。北京市十一学校的走班制教学是贯彻《国家中长期教育改革和发展规划纲要(2010—2020 年)》中对教学管理体制改革要求的具体做法,其模式顺应教育发展与时代的需要,受到社会的广泛关注。

《国家中长期教育改革和发展规划纲要(2010—2020 年)》也明确提出要"遵循教育规律和人才成长规律,深化教育教学改革,创新教育教学方法,探索多种培养方式"。纲要指出高中教育要为学生提供更多的课程选择,以满足不同潜质学生的发展需要,以促进学生全面而有个性地发展。

2014 年《国务院关于深化考试招生制度改革的实施意见》(国发〔2014〕35 号)中也对考试范围做了明确规定,指出"考试范围应覆盖国家规定的所有学习科目,不分文理科,引导学生认真学习每门课程,避免严重偏科,高校招生考试科目由必考的语文、数学和外语 3 个科目和高中学业水平考试选考的 3 个科目组成"。招生考试的要求标志着新一轮考试招生制度改革的正式启动,由此也带来了我国高中课程体系的变革。同年 12 月,教育部印发了《关于普通高中学业水平考试的实施意见》及《关于加强和改进普通高中学生综合素质评价的意见》两份文件,文件提出要全科覆盖、分类考察、不分文理、两次机会、严格公示等改革举措。这一系列的改革政策的颁行及相应创新实践的推进,使得教学组织形式改革引起了人们的关注。[①]

分层走班制作为一种教育模式,遵循着政策研究的循环过程,从应然状态出发,历经实然状态危机,寻求必然状态的平衡点,之后,再次回归至新的应然状态。[②] 从一定程度上来说,走班制是课程改革与创新的产物,它符合学生的个性发展,也符合教育"因材施教"的理念要求,它致力于每一个学生的发展。前期的准备与实践、政策的出台与支持、学校领导层发展方向的确定与推广、全校师生的接受与配合共同促成了北京市十一学校走班制度的确立与实施,并朝着科学规范、符合学生需求、促进学生发展的方向前进。

二、学校走班制的历史回顾

北京市十一学校的前身是 1952 年建立的新北京十一小学,于 1962 年更名为北京

[①] 纪德奎,朱聪. 高考改革背景下"走班制"诉求与问题反思[J]. 课程·教材·教法,2016(10):52—57.
[②] 王开香. 探析分层走班制的应然态、实然态和必然态[J]. 教育探索,2012(1):72—74.

市十一学校。1992年,十一学校在全国提出了公办学校"五自主"的办学体制改革的思想,也就是"自主筹集日常办学经费、自主招生、自主用人、自主工资分配、自主教育教学改革"五个方面。之后学校开始实行国有民办的模式,经过数年的发展与变迁,于2009年回归公办。

(一)分层教学的实践探索

北京市十一学校的走班教学源于20世纪90年代分层教学的实践探索。分层教学由李金初校长提出,并加以实践,为后来的走班制打下坚实的基础。1974年,李金初任北京市十一学校副校长,1987—2007年任北京市十一学校校长。在担任学校领导期间,他潜心教学变革。为了"创造适合学生发展的教育",1994年,十一学校精心设计了"分层教学"的教学模式:学生完全自主选择、小班教学。

为什么进行分层教学?李金初指出,要改变教育观念,"批量生产""标准件"的教育观念应代之以特色教育、个性发展教育,要允许学生选择。应试教育也有选择,是选择适合教育的学生,选择的主动权在教师;素质教育却在创造适合学生的教育,允许学生选择适合自己的教育。

> 目前,我国中学绝大多数是50人左右的大班教学。学生中存在着水平不齐、学习能力不同的情况。"吃不饱"和"吃不了"的问题严重阻碍着学生学习效果和教学进度。特别是英语的大班教学中,有限的一点"说话"机会,往往是学习能力强的学生的。针对这一问题,实验班采取了分层次教学的组织措施。①

刚开始的分层教学是在英语、数学两门学科上实施的。学校坚持"学生选择"的原则,让学生在选择中学会选择。具体分两个步骤展开:首先是调查设计,通过刚开始半学期的常规教学,使教师了解学生的方方面面;其次是分层设计,该阶段将两个行政班合并,按学生学习基础与学习能力将他们分为A、B、C或者A、B层次的三个教学班,从而有针对性地安排授课活动,允许学生选错,充分尊重学生的主体地位,学生没有分数的压力,学习兴趣成为他们学习的持久动力。

需要指出的是,北京市十一学校的分层教学与传统分班有本质区别:

---

① 李金初,曲艳霞.分层教学新探——北京十一学校分层教学实验研究[M].北京:北京出版社、文津出版社,2002:5.

不是按成绩分班,而是根据学生的学习基础、接受能力组织不同层次的教学;

不是老师安排学生分班,而是学生自主选择适合自己的不同层次教学,不断选择直至进入自己最适合的层次;

不是选择适合教育的学生,而是创造适合学生的教育,面向全体学生,满足每位学生的选择。①

学校在分层教学时坚持"分层不分班,保底不封顶,学生自选层,上下可流动"的原则。

第一,"分层不分班,上下可流动"。行政班依然存在,各层次是这一学科学习中学生认为最适合自己的一种位置选择,没有优劣好差之说,且可以随时流动。教师鼓励学生由低层跳入高层。它绝不同于按成绩分的快慢班,而是激励学生上进,学生乐于接受。

第二,"保底不封顶"。保底,即C层学生要很好地完成教学大纲规定的教学内容,打好坚实的基础;不封顶,即A层学生根据自己的能力,能往前走的就往前走,允许超纲,自选教材。②

这种课堂教学组织形式是对传统组织形式的一种改革。改革后的教学班,教师授课的针对性加强了,学生人数相对减少了,每个学生"说话"的机会增加了,提高了课堂质量。

1994年,我们开始进行一项课堂组织方式的改革实验,即分层教学,以英语教学为突破口全面展开。分层教学实验是在充分尊重学生自主选择的基础上实施的,因而实现了全体学生在各自基础上的快速发展。初中三年的英语课程,A层学生用了一年零三个月的时间,B层学生用了一年零七个月的时间,C层学生也仅仅用了一年零十个月的时间学完。能飞的在飞,能跑的在争取飞。③

---

① 肖川,周颖. 新中国基础教育典型学校[M]. 天津:天津教育出版社,2010:254.
② 李金初,曲艳霞. 分层教学新探:北京十一学校分层教学实验研究[M]. 北京:文津出版社,2002:5—6.
③ 吕型伟,阎立钦. 面向21世纪我的教育观(基础教育卷)[M]. 广州:广东教育出版社,2000:121.

北京市十一学校最初在英语和数学等学科实行的分层教学,由学生们自主选择适合自己的学习层次,实现了因材施教,达到了有选择而无淘汰的教育效果。这一实验成果曾获北京市人民政府颁发的"基础教育优秀成果"政府奖和胡楚南教育奖。

(二)走班教学的全面推进

2007年,李希贵接替李金初成为北京市十一学校的现任校长,他开始准备并进行顶层设计,继续着手提炼十一学校的文化,探索走班教学改革。

李希贵通过将国家课程、地方课程校本化的具体实践,实现了每一位学生有一张与众不同的、适合自己的课表,他在最大限度上创造着适合每一位学生的教育。取消行政班,没有班主任,实施大、小学段进行走班教学。

2010年,北京市十一学校从高一年级尝试以班级为单位走班上课。

2011年9月,高一新生全年级436名学生首次实行真正意义上的走班。[①] 13个行政班的学生被分散到28个学科教室上课,每个人都有一张只属于自己的课程表。[②]

2013年,全校范围进入选课走班上课的全新教学形态。学校提供给学生丰富的课程选择,旨在让学生学会选择,学会规划,学会为自己的选择负责。

第二节　走班制教学下的多元课程体系

学生想要选择自己的课程,就得有足够的课程提供给学生备选。为此,学校进行了大胆的课程改革,构建了"分层＋分类＋综合＋特需"的"课程超市",构筑了真正意义上的"十一课程",极大地满足了不同兴趣学生的个性化需求。

一、多元课程的概况

2009年,学校对即将入校的高中生进行了一次关于"数学、物理和化学课程难度适合情况"的调查,结果显示:

> 认为数学、物理、化学课程难度不适合自己的学生比例分别为32.50%、29.80%和31.35%,对于这三门重要的学科课程,约有1/3的学生感到难度不适

[①] 马晖."没有班级"的学校:北京市十一学校改革考[J].云南教育(视界综合版),2014(5):24—28.
[②] 刘琪.走班制中学教学空间配置研究——以北京十一学校为例[D]北京:中央美术学院,2019:20.

合自己。①

为了改变这一现状,北京市十一学校通过对国家课程、地方课程和学校课程的统整,为满足学生的个性与未来发展的需要,开发并增加选修课程,减少必修课程。北京市十一学校目前已经形成了分层课程、分类课程、综合课程和特需课程四大课程体系,让学生自由选择。详见表9-1。

表9-1 北京市十一学校课程体系②

课程类型	所含课程
分层课程	数学、物理、化学、生物
分类课程	语文、英语、历史、地理、政治、体育、技术、商学与经济学
综合课程	艺术、综合实践、游学、高端项目研究、人文与社会、劳动教育
特需课程	书院课程、特种体育、援助课程

二、多元课程体系分析

(一)分层课程

基于学生的学习基础、学习能力、学习方式、发展方向和课程难度等的不同,学校对数学、物理、化学、生物等理科课程,按照课程难度进行分层设置,从Ⅰ层到Ⅲ层逐渐加深。详见表9-2。

表9-2 北京市十一学校高一数学分层课程③

课程	适 用 学 生	类型课程
数学Ⅰ	准备选学人文社会、语言、法律、经济、商科、农林、中医、艺术等专业方向的学生,出国留学方向学生	分层必选
数学Ⅱ	准备选学经济、金融、数理、工程、矿业、医学、师范类等专业方向的学生	分层必选

---

① 李希贵,等.学校转型:北京十一学校创新育人模式的探索[M].北京:教育科学出版社,2016:34.
② 李希贵,等.学校转型:北京十一学校创新育人模式的探索[M].北京:教育科学出版社,2016:36.
③ 北京市十一学校分层课程[EB/OL].(2022-12-30)[2023-01-18]. http://www.bnds.cn/index.php?m=content&c=index&a=lists&catid=55.

续 表

课程	适用学生	类型课程
数学Ⅲ	喜欢数学,自主学习能力强,善于独立思考钻研,准备选学计算机、信息学、数学、物理等专业方向的学生	分层必选
微积分Ⅰ	为对数学、物理等理工科专业感兴趣的学生开设的大学先修课程	自选
微积分Ⅱ	为对数学、物理等理工科专业感兴趣的学生开设的大学先修课程	自选
线性代数	为对数学感兴趣的学生开设的大学先修课程	自选
概率统计	为将来专业方向为理工类、金融类、经管类且具有一定微积分基础的学生开设的大学先修课程	自选
高中数学(E)	出国留学方向学生	必选
微积分与统计学	出国留学方向学生	必选
AP微积分	出国留学方向学生	自选
AP统计学	出国留学方向学生	自选
竞赛数学	准备参加数学学科竞赛的学生	自选
强基数学	准备参加强基计划的学生	自选

从表9-2可看出,虽然是同一门课程,但难易程度不同。以数学为例,由易到难分为3层。数学Ⅰ是高考文科的基本内容,适合人文方向的学生;数学Ⅱ针对工程、经济类方向的学生;数学Ⅲ是高考理科的基本内容,适合工、农、医、经等方向的学生。

(二) 分类课程

分类课程是按照学生的学习基础、发展方向而设置的课程,其目的是满足学生的兴趣、特长,唤醒学生的潜能,引导其对未来职业的思考。分类课程主要包括语言与文学类课程、人文与社会类课程、兴趣与特长类课程。详见表9-3。

表9-3 北京市十一学校分类课程

课程领域	包括课程
语言与文学类课程	语文、外语
人文与社会类课程	政治、历史和地理
兴趣与特长类课程	技术和体育

(三) 综合课程

为满足学生综合素养提升的需求,结合学校的培养目标,学校开发了一套综合课程,将学生的日常行为规范、社团生活、职业体验、游学课程、高端项目研究课程、艺术课程、劳动教育课程等纳入课程体系,打造出又一条落实育人目标的重要通道。

以综合艺术课程为例,学校开设了戏剧、音乐、视觉艺术三大类40个课程模块,涉及音乐、美术、影视、舞蹈等相关内容,为学生的艺术素养和沟通、交往、合作、协商等能力的发展搭建平台。

以综合实践课程为例,按照"志远""意诚""思方"和"行圆"四个领域设置,其中"志远课程"引导学生进行生涯规划,确立远大目标,启发学生立志成为某一领域的领军人物或杰出人才。

(四) 特需课程

学校努力面向每个个体,为有特殊需求的学生开设了特需课程,这是学校个性化程度最高的课程。特需课程分为枣林村书院课程、特种体育、援助课程三类。详见表9-4。

表9-4 北京市十一学校特需课程[1]

课程	课 程 简 介	课程类型
特种体育	特种体育主要面向因身体原因不能选学常态体育课程的学生,根据学生的身体状况及兴趣,单独设计课程,不受学生人数的限制。	自选
援助课程	援助课程针对每位学生的学习情况和需求,编排专门的内容,安排好时间、地点,进行有针对性的查漏补缺,由各学科的任课教师实施一对一的辅导。	自选
枣林村书院	枣林村书院提供以现代书院为载体的个性化课程,帮助在艺术、体育、学科竞赛等方面有特殊技艺或特殊潜能的学生充分发展自己的专业特长。书院课程实行"一生一案",教师提供可选择的微型课程,实施多元化的评价方式和弹性学制,建立师徒式的师生关系,注重学生自主学习和小组讨论。	自选

表9-4中的援助课程则针对"学困生",对于学习上有困难的学生,由任课老师出面,实施一对一辅导。不同的课程类型其相应的要求有所不同,针对的学生群体也不同;同样的课程类型不同层次的教学内容,同样会产生差异。

在上述三类课程中,枣林村书院尤具特色。2010年3月学校"枣林村书院"正式成立。之所以选择"枣林村"这个名字,是因为学校最初在北京玉泉路附近,这个小地方原来叫枣林村。还因为枣树花小果大的特点,这个诗意的名字也预示着学校对于那些有

---

[1] 北京市十一学校特需课程[EB/OL].(2022-12-30)[2023-01-18].http://www.bnds.cn/index.php?m=content&c=index&a=lists&catid=58.

着特殊需求的孩子们诗意的期待,期待他们也会像枣树结果一样有一个诗意的人生。

那位爱写小说的学生得到了学校为他私人订制的一对一的作文课程;那位不适合剧烈运动的学生得到了学校为他私人订制的体育课程;那位对赛车着迷的学生得到了学校为他私人订制的"汽车课程";那位喜欢历史的学生得到了学校为他私人订制的"历史原著"的课程……越来越多的学生在十一学校获得了属于自己的课程,这种私人订制的课程也成为十一学校尊重每一位学生发展的标签。[①]

枣林村书院采用与班级授课制并列的教育组织形式,为有特殊需要的学生量身设计课程、选择教师。

一是帮助特殊技艺人才或特殊潜能学生在所追求的专业或职业目标方面接近其能力所能达到的极限;

二是帮助天资及学业成绩特别优秀的学生实施"加速教育"。[②]

在书院,学生不但可以跳出现行的学制和评价方式,还可以自己参与课程设计。专业课采取传统的师傅带徒弟模式,公共课则是 10 人以下的小班教学,以辩论、案例讨论、聊天、实际操作等为主要学习方式。书院课程实行一生一案,教师提供可供选择的微型课程;实施多元化的评价方式和弹性学制;建立师徒式的师生关系,注重学生自主学习和小组讨论方式。

三、一人一课表

2014 年 2 月,人民网报道了北京市十一学校的课程改革:"……十一学校通过对国家课程、地方课程的校本化,构建了一套分层、分类、综合、特需的课程体系,创立 265 门学科课程、30 门综合实践课程、75 个职业考察课程、272 个社团、60 个学生管理岗位,供学生选择。"[③]

---

① 段会冬.让学生回到学校的中心——北京十一学校改革的呈现与对学校中儿童参与的思考[J].中国校外教育,2018(3):10—11.
② 我们建设了怎样的课程体系?[J].未来教育家,2014(10):22.
③ 江海燕,邱黎明.觉民教育理论与实践[M].广州:广东高等教育出版社,2017:43.

更为关键的是,这些课程除少数必修课外,其他大部分都是选修课,所有课程都排入每周35课时的正式课表。每年秋季开学的时候,十一学校的每个学生都会拿到一本《学生课程手册》,手册上详细介绍了学校提供的全部课程。学生通过校园网络平台选课,不仅选课程,还可以自主选择学习时段,实现了一位学生一张课表,最大程度地满足每个学生的学习需求。"全校有4174名学生,就有4174张不同的课程表"[1]。学生们采取"走班上课"制,每个学生都按照自己所选择的课程安排一天的"行程"。表9-5为某数理方向学生的课程表。

表9-5 北京市十一学校数理方向某生高一上学期课程表[2]

上课时间		星期一	星期二	星期三	星期四	星期五
第1节	08:00—08:45	数学Ⅳ-1/高中楼403	数学Ⅳ-1/高中楼403	数学Ⅳ-1/高中楼403	数学Ⅳ-1/高中楼403	数学Ⅳ-1/高中楼403
第2节	08:55—09:40	化学Ⅲ(A)-1/高中楼427	自习/高中楼523	自习/高中楼523	语文(A)-1/高中楼523	自习/高中楼427
第3节	09:50—10:35	语文(A)-1/高中楼523	化学Ⅲ(A)-1/高中楼427	物理Ⅲ(A)-1/高中楼509	化学Ⅲ(A)-1/高中楼427	语文(A)-1/高中楼523
第4节	10:45—11:30	物理Ⅲ(A)-1/高中楼509	英语(A)-1/高中楼505	英语(A)-1/高中楼505	物理Ⅲ(A)-1/高中楼509	英语(A)-1/高中楼505
第5节	11:40—12:25	自习/高中楼403	地理Ⅰ-4/高中楼119	思想政治Ⅰ-1/高中楼117	羽毛球-1B班/体育馆	地理Ⅰ-4/高中楼119
第6节	12:35—13:20	午餐	午餐	午餐	午餐	午餐
第7节	13:30—14:15	思想政治Ⅰ-1/高中楼117	思想政治Ⅰ-1/高中楼117	地理Ⅰ-4/高中楼119	地理Ⅰ-4/高中楼119	羽毛球-1B班/体育馆
第8节	14:25—15:10	羽毛球-1B班/体育馆	自习/高中楼509	自习/高中楼523	机器人Ⅰ(乐高机器人)-4班/科技楼B506	思想政治Ⅰ-1/高中楼117
第9节	15:30—16:15	基础听力-5/高中楼505	自习/高中楼403	自习/高中楼523	机器人Ⅰ(乐高机器人)-4班/科技楼B506	基础听力-5/高中楼505

---

[1] 郭学军,康丽.课程"走"起——北京十一学校"选课走班"背后的故事[N].中国教师报,2016-08-10(8).
[2] 李希贵,等.学校转型:北京十一学校创新育人模式的探索[M].北京:教育科学出版社,2016:69.

每天早晨8点以前、中午以及下午4点15分以后的时间,为学生自主安排时间,任何年级不得安排统一的活动。另外,学生的课表用四种颜色标识出来,其中红色代表的是课程(包括语文、数学、英语等)时间;粉色代表的是自习时间,绿色代表的是锻炼时间,蓝色代表的是学生根据自己偏爱的学科自行安排的时间。课间,学生会携带学习资料及用品,前往相应的教室学习。

第三节 走班制教学下的选课指导

"学校致力于培养志远意诚、思方行圆,即志存高远、诚信笃行、思想活跃、言行规范的社会栋梁和民族脊梁"。为了实现培养目标,同时也是为了满足学生的个性发展需求,学校自2011年开始全面实施选课走班,逐步形成了一套分层、分类、综合、特需的课程体系供学生自由选择,最大程度地满足每一位学生的学习需求。[①] 课程多了,学生们的选择空间大了,但如何让学生选择到适合自己的课程,又成为一个难题。为了解决这一难题,学校一方面加强学生生涯规划教育,另一方面规范选课流程,加强学生选课的过程指导。

一、开展生涯规划教育

学校在顶层设计时,将生涯规划作为学校的一项重点工作来抓。《北京市十一学校行动纲要》第四十二条明确指出,"重视学生职业与人生规划。从初中、高中起始年级开始进行职业与人生规划,鼓励学生通过各种方式了解社会,认识自我,明确自己的职业与人生目标,激发学生内在成长的动力"。在选课指导方面,学校主要做了如下工作。

(一)开设生涯规划实践课程

为了让学生更好地了解自己、了解社会以及学会选择,学校开设了大量的生涯规划实践课程,包括"未来行业精英课程""社团课程""职业考察课程""行业校友课程""学生创业课程"等。

例如,开设"未来行业精英课程"的目的是激发学生立志成为某一领域的领军人物或杰出人才,这类课程类似社团性质的兴趣小组。目前学校已经有少年文学院、少年科学院、少年社科院、少年工程院、新闻学院、经济学院、生活学院、植物学院八大学院。这

[①] 北京市十一学校课程设置[EB/OL].(2022-12-31)[2023-01-18]. http://www.bnds.cn/course/normal/.

些学院每周都开展大量丰富多彩的活动,学生在活动中既培养了兴趣,也增加了才干。

目前学校校园里活跃着172个、14种类型的学生社团组织,有15个社团联盟,这些社团也都是与学生的兴趣及未来希望从事的职业相关。社团旨在培养学生的领导能力,为自己的成功生涯奠定基础。

学校还开设了"学生创业课程",同时在"松林书苑"设立创业基地,学生们可在这里开设广告公司、学生银行、咖啡厅等,自主经营、自负盈亏。

(二) 在生涯体验课程中规划人生

除了开设生涯规划实践课程外,学校在"综合课程"中,还设立"社会职业考察",这类课程一般在节假日或小学段进行,学生通过对不同名校、行业、职业领域的实地考察,了解不同职业的特点和要求,为自己的选课与职业规划提供参考。

> 目前学校已经建立了各个行业的职业体验基地100多家,横跨30多个职业领域。每周及寒暑假学校都会带学生到职业体验基地考察,这些职业基地通过开展讲座甚至现场体验的方式使学生感受真实的职业场景,深入了解各种职业的性质与工作内容。[①]

为了让学生在职业体验时得到更多的收获,学校还要求学生在体验之前通过互联网或相关书籍,了解这个职业的相关信息。同时,学生还要在这个职业领域中寻找相关的名人,并阅读一本该职业的名人传记,了解名人选择这个职业的原因以及成功的秘诀等。

职业体验使学生能够亲身体验相关的职业场景、工作背后所付出的努力以及需要什么样的专业知识和技能,在自主体验中培养职业兴趣,确定职业目标。

除了职业体验外,学校通过"名家大师进校园""校长有约""家长有约""学长有约"等活动,邀请行业精英与学生面对面交流,为学生们的生涯规划解惑答疑。

二、统筹协同全校学生选课工作

为了做好选课工作,北京市十一学校还制定了全校学生选课工作安排计划表,统整学校各方面资源,将选课工作贯穿于整个学年的工作中。具体工作安排详见表9-6。

---

① 赵彩侠,雷露.在体验中规划人生——北京市十一学校德育主管雷露专访[J].中国教师,2014(9):15.

表9-6 北京市十一学校选课工作安排计划表①

流程	工作内容	日程安排	备注
1	确立本学年度选课、排课工作流程	3月、10月	
2	明确各年级的课程设置,包括各科的周课时数目		由课程研究院确定,与学部沟通
3	明确公共课开课目录、上课地点及开课人数范围		
4	明确本学年度可用的功能教室数目及其分布情况(提出新学年的教室预算)	4月、10月	
5	确定起始年级的各层课程人数比例及分班个数		
6	初排全校体育、技术、艺术课表		
7	初排全校多语种课表		
8	各年级依据公共课课表排年级课表(非起始年级尽量平稳)		
9	起始年级分层考试、赏析类课程考试,从教研组长或者学科教教处获得给学生的选课建议	小学段进行	
10	技术课Ⅱ类课程考试		
11	对学生进行选课培训		将选课培训资料存档
12	将选课建议放在网上,组织学生选择必选分层课程(数、理、化、生等)	5月、11月	
13	各年级根据需要依据学生的选择微调课表		
14	将公共课表和语文、英语自选课表放在网上,组织各年级负责人测试,避免时间、场所撞车,避免名额不够	6月、12月	
15	组织学生进行第一轮公共课选择(是否需要错开进行)		
16	根据学生的选择情况关闭无法开设的课程	7月、1月之前完成	请课程研究院相关人员监督操作
17	组织学生进行第二轮补选、退选		

---

① 张之俊,杨雄.非常理想,特别现实:北京市十一学校章程与制度集萃[M].北京:教育科学出版社,2016:111—112.

续 表

流程	工作内容	日程安排	备注
18	选报体育活动课、自习课	7月、1月	
19	确定课表,学生自行打印课表		
20	学生持课表上课;若需要调课,进入调课申请程序	开学后两周内	

三、选课指导流程与各阶段具体工作

从表9-6可以看出,学校选课工作一般安排在上学期的学期末或新学期开学之前,选课指导的流程详见图9-1。

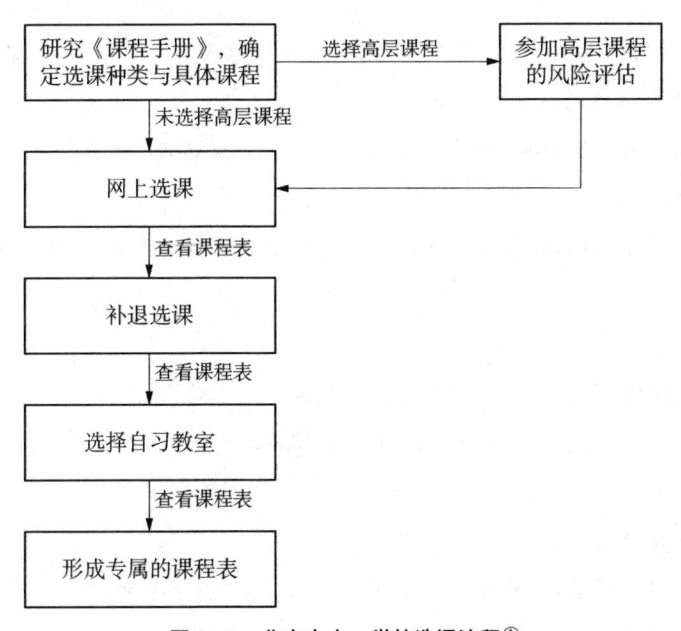

图9-1 北京市十一学校选课流程[1]

从图9-1中可以看出,学校的选课流程是先让同学们了解《课程手册》,然后在网上选课,同时开展补退选课工作。课选好后,每个学生还要选择自习教室。上述工作完成后,最终每个学生会有一张专属的课程表。结合上述选课流程图,下面重点谈谈

---

[1] 王春易,等.选课走班100问[M].北京:中国人民大学出版社,2018:27.

各阶段选课指导的具体做法。

(一) 开展选课前的指导工作

通过生涯规划实践课程、社会职业考察以及"名家大师进校园"等课程教学和各类活动,学生们对自我的兴趣与爱好等有了大致的了解,同时对行业和职业、高校与专业也有了了解。但对学生来讲,选择仍有各种困惑。

为了让学生能正确地从数量众多的课程中选课走班,学校在各个年级均设有一个负责选课排课的项目组。学校通过各年级项目组,开展选课前的指导工作,具体指导工作包括:

(1) 加强高一新生选课的培训工作,让学生了解学校的课程体系及选课注意事项等;

(2) 解读《课程手册》,在选课之前,项目组向学生发放并宣讲《课程手册》,手册上有课程简介及具体要求等;

(3) 学长经验分享,让学生了解本学期的开课情况,选课要求等,同时,邀请高年级的学生分享选课经验;

(4) 开设体验课,高一新生在选课之前可以参加体验课程,增加感受,为选课提供依据。

特别需要指出的是,《课程手册》在学生选课中发挥着重要的作用。《课程手册》是由学校课程与教学研究院牵头组织编写的,具体内容包括:[①]

(1) 培养目标;

(2) 课程设置,包括课程名称、课程类型、适用学生、开设时间、课时、学分、评价方式等内容;

(3) 课程实施,包括教学组织形式、选课要求、选课辅导、课堂教与学、学习建议等方面的内容;

(4) 课程的评价与诊断;

(5) 毕业要求,包含对学生毕业总学分的要求以及学校规定的其他学分的

---

① 王春易,等. 选课走班100问[M]. 北京:中国人民大学出版社,2018:25.

说明;

（6）常见问题,学生在选课和学习规划中可能遇到的各种问题,在这部分内容中会得到详尽解答。

应该说,《课程手册》是全校课程的全景图,既是学生选课的指南,也是教师授课的指南。尤其在学生选课中,《课程手册》发挥的作用是不言而喻的。

（二）进行高层次课程风险评估

我们知道,数学、物理、化学、生物等理科课程属于分层课程,学校按照学生的学习基础、学习能力、发展方向和难易程度设立了不同的层次,层次越高难度越大。"为降低学生选择高层次课程的风险,高层次课程设置了入门风险评估,基于数据来评估学生与该门课程的匹配度,并及时给学生提供合理的选课建议"[①]。

（三）模拟选课阶段

这个阶段主要是了解学生的选课意向,同时向学生介绍学校选课平台的操作流程及注意事项等,之后进行选课平台的测试及模拟选课。

（四）正式选课阶段

学生按照自己的意愿进行选课,包括选择分时必选、分类必选、分层必选、自选课程。

（五）补退选阶段

正式选课之后,学生就进入走班上课阶段。一般情况下,前两周的课为体验课。经过体验,学生若发现已选的课程不适合自己,可提出退课申请,同时改选其他的课程,学校审核后,学生可按调整后的课程表上课。

另外,还有些情况导致退课补选的情况,如某门课程由于某种原因无法开课,或有的学生错过选课时间等。

（六）选择自习教室

各个学科教室在没有课的时候,均可以作为学生的自习室,学生可按照自己的需要,通过选课平台梳理出来每节课哪些教室没有被占用,这些教室可以作为自习教室,此时学生可以根据自己的喜好选择自习教室。

选课完成后,每个学生都有一张专属的课程表,每个人都按照自己所选择的课程,

---

① 王春易,等.选课走班100问[M].北京:中国人民大学出版社,2018:29.

到不同的学科教室上课,在不同的教学班之间流动。

第四节　走班制教学下的大小学段制

一、大学段的安排

为了与构建一套多样化的、可供选择的课程体系的思想相衔接,学校制定了"大小学段制"。学校将每学期的20周划分为三个学段,即两个大学段和一个小学段。

每个大学段为9周(用阿拉伯数字表示),小学段为2周(用英文字母表示),学期结构为大学段/小学段/大学段。

高三年级由于总复习的要求,小学段设置更多,时段略有不同。设置小学段主要是满足学生个性化学习需求。

大学段表示方式依次为1—12大学段;小学段表示方式依次为A—F小学段。高中三年共设12个大学段,其中1—8大学段主要用于学习新课,10—12大学段主要用于高考总复习。个别学科学习新课的时间延长至第9学段。

在高三复习阶段,小学段安排略有不同,详见表9-7。

表9-7　北京市十一学校高中大小学段安排[①]

学年	高一				高二				高三						
学期	高一上		高一下		高二上		高二下		高三上				高三下		
学段	1	A	2	3	B	4	5	C	6	7	D	8	9	E1	10	E2	11	F1	12	F2	F3

大学段主要进行统一课程的集中学习。两个大学段之间有个小学段。大小学段设置要注意以下几个问题。

(1)大学段和小学段要进行整体规划,小学段纳入每一个课程的总体进度规

[①] 郭学军,康丽.课程"走"起——北京十一学校"选课走班"背后的故事[N].中国教师报,2016-08-10(8).

划中去；

（2）鼓励每一个学生提前做好小学段的规划与调整；

（3）做好小学段的反思与总结；

（4）小学段不允许组织集体性上课或考试；

（5）小学段的援助和补弱一定要实现个别化。[①]

二、小学段的安排

两个大学段之间的小学段为期2周。学校不安排统一的学习内容，没有老师，也没有作业，但学生仍然需要到校学习。学生可以根据自己的学习需求，制定自主学习规划。学生可利用这小学段安排如下的学习和生活。

（一）自主学习

主要用于补弱、提升、拓展。学生可以利用这两周时间，复习巩固之前大学段学习的相关知识，也可以预习接下来大学段要学习的新课等。因此，对大多数学生来讲，小学段的自主安排，有利于学生查缺补漏，为下一段的学习打下基础。

（二）个别化援助

主要针对每位学生的学习情况和需求，编排专门的内容，安排好时间、地点，进行有针对性的查漏补缺，由各学科的任课教师实施一对一的辅导。

（三）研究性课题答辩

学生也可以利用小学段，开展自己喜欢的项目研究，如完成研究性学习或进行高端实验室项目研究等。一般会在小学段期间，开展研究性课题的答辩工作，并按照评价标准，评选出优秀成果。

（四）专题讲座

任课教师为学生开设讲座，教师就某一专题或结合自己的研究成果给学生做专题讲座。学校也会邀请知名校友及其他专家到校给学生做专题报告等。

（五）社会实践

还有的学生利用这段时间走出学校，走进博物馆、高校、科研机构或学校的实验基地进行参观、访谈、游学、体验学习或进行社会职业考察等。例如，每个学期的游学课

[①] 沈祖芸.让教育真实地发生——北京十一学校的教师智慧[M].北京：中国人民大学出版社，2016：4.

程就放在小学段的第一周,游学课程整合政治、历史、地理和生物学科中需要体验才能完成的内容,结合室内外的实践基地,设置不同的课程路线。①

在小学段期间,学校也会安排教师到教室进行考勤、巡视,及时提醒学习状态不佳的学生。在小学段最后一天,按照民主评议,推选出小学段优秀学生,并张榜公布。总之,通过大小学段,虽然课时缩短了,但并没有影响学生的学习成绩,反而由于自主性提高带动了学习效率的提升,很多同学的学习成绩更好了。

第五节 走班制教学下的教学空间

随着分层课程、分类课程、综合课程和特需课程四大课程的全面实施,特别是分层分类课程越多,教室的需求量大大增加。为解决这一矛盾,学校对现有的教学空间进行了改造,并充分利用走廊空间,极大地解决了走班教学后教室紧张的问题。

一、学校改造扩建学科教室

(一) 改建原有教室和实验室

走班后,学生根据学科的分层分类自主选择,被划分至12—24人班额、不同层次的教学班。但学校原有的教室一般可容纳40—50人,为了适应每个教学班不超过24人的要求,学校将这类教室一分为二,改建为小教室,从而增加教室数量。

> 学校于2010年利用抗震加固的机会对教学楼进行改建。容光楼内大一点的教室打了隔断被一分为二变成两间,小一点的教室两间改成三间,为打破单一的讲授形式,教室内拆掉讲台。②

通过将大教室一分为二或二分为三,以增加教室的数量,满足学生走班上课的需求。另外,学校还将原有的物理、化学、生物实验室改造为学科教室。

(二) 教师办公室改建为学科教室

相对于传统意义上的普通教室,走班制下的每间教室都固定用于某一学科的教学,因此教室有了学科的属性,成为学科教室。学科教室整合了授课、讨论、讲演、实

---

① 李希贵,等.学校转型:北京十一学校创新育人模式的探索[M].北京:教育科学出版社,2016:63.
② 刘琪.走班制中学教学空间配置研究——以北京十一学校为例[D].北京:中央美术学院,2019:21.

验、答疑、自习、储藏等众多功能。

学校取消了教师原有办公室,只在每个年级安排老师的会议室。每间学科教室分配固定一到两名教师,配备办公桌和电脑,作为教师备课、办公和答疑的地方,也方便学生随时找到老师。因此,这里既是他们办公的地方,也是上课的地方,还是答疑的地方。学校将原有的教师办公室改造扩建为学科教室,学校又多出了一定数量的学科教室。

(三) 增加临时教室

学校在空旷的地方建设活动板房,用于学科教学,以解决学科教室不足的问题。

(四) 充分利用食堂等空间

如对餐厅进行改造,配置教学设备。将原有的饭桌升级为可以组合的饭桌。通过升级改造,食堂除了用餐外,还可当作学科教室、会议室和报告厅等。另外,将仓库、地下室全部腾出来,改为学生的活动用房。在每一层楼腾出一个一百平方米的地方作为学生的公共空间。[①]

二、创设学科教室的环境

学校取消了老师的办公室,设置了学科教室,按照学科特点布置教室,将老师的教学、办公和学生的答疑放置在一个空间,缩小了老师和学生之间的距离。为加强师生之间的交流与沟通,在学科教室环境创设方面,学校还做了一些其他方面的探索与改革。

(一) 取消讲台

学校从 2012 年起,把所有的讲台全都拆除了,这不仅为了高效地利用教室面积,加强师生交流互动,同时也是一种教学理念的变化。提出这一倡议的闫存林老师说:

> 原来好像老师站在讲台上,他是一个知识的权威,但是当今社会,因为学生可以从各个途径获得很多很多连老师都不知道的知识,于是这个讲桌就没有很大存在必要了,学生和老师在知识获取这一方面是平等的。那么,老师所扮演的角色就会发生很大的变化,他就不是一个知识传授者,应该是个学习的具体指导者。[②]

[①] 刘琪. 走班制中学教学空间配置研究——以北京十一学校为例[D]. 北京:中央美术学院,2019:21.
[②] 北京十一学校:没有讲台的中学　培养学生终生学习能力[EB/OL]. (2019 - 10 - 04)[2023 - 01 - 18]. https://m.chinanews.com/wap/detail/sp/sp/shipin/cns/2019/10-04/news8971630.shtml.

（二）重新配置桌椅

传统教室的桌椅是固定在地面上的,不能随意调整和搬动,同时教室的空间布局单一,很难适应现代教学模式。为了方便师生之间的交流,学校升级了学生的桌椅,采用轻便且易于移动的桌椅,可以成组或成排围合布置。

> 学科专用教室根据不同学科的特点和需求确定适当的空间,有带挂钩的桌子、有根据人体造型设计的椅子、有颜色大小形状各不相同的黑板、有可变动的粘贴软板。学科专用教室还以授课教师的名字以及课程的名称来命名,展现出了与原先普通教室不同的新特征。[①]

每间教室有一或两张办公桌供教师使用。教师办公桌基本布置沿袭了传统的形式,安排在教室前部窗边。在教室后排角落放置一台空闲的电脑,以方便同学们自习查阅资料。黑板下方、前后门口都放置了柜子和书橱,用于存放物品和学生作业等。

（三）学科教室的特色建设

"教师固定坐班、学生流动上课"是北京市十一学校的走班教学的一大特点。"我的地盘我做主",让学科教室充分体现出学科特色。

> 有了自己的学科教室,我每天的教学和生活就在这个空间展开。我首先是要让这间教室充满浓郁的语文味道,墙壁上挂着的是我和学生的书法作品,有篆体有楷书也有行书,尽管显得拙朴,但显露着亲切和真实。其次,是要让这间教室具有聚人的魅力及育人的功能。[②]

教室里除了有一些绿植和盆栽营造温馨的读书氛围外,教师还根据自己所教学科的内容与特点,对教室环境进行布置与装饰。

> 生物学科教室里通常会摆满教学时会用到的花花草草,靠墙的两边一般会设置试验台,排满了实验用的仪器、试剂、标本。书柜中会配置与生物学科有关的音

[①] 和学新,武文秀.学校变革理念何以能落到实处——北京十一学校的教学组织形式变革及其启示[J].当代教育科学,2019(5):83.
[②] 刘青松."讲台之下"的教育学——访北京十一学校曹书德老师[J].基础教育课程,2017(13):94.

像、图书、外文资料等。与此类似,物理、化学等需要实验的学科教室也都将实验仪器、设备搬进了学科教室,使学生可以随时动手做实验。政治、历史、语文这些文史学科的教室,通常会有两三个书架,里面摆满了相应的学科图书,学生可以随时阅读。艺术、技术学科的教室更是各具特色,每间教室与相应的课程资源配套,国画教室里有笔墨纸砚、动漫教室里配有电脑、服装设计教室里有缝纫机……①

还有位语文老师,博士毕业,是研究鲁迅的专家。他发挥自己的专长,将自己的学科教室打造成鲁迅主题的"博物馆"。书架上摆满了鲁迅的著作,墙壁上挂满了与鲁迅相关的照片、书法作品,学生置身于鲁迅的成长时空,可以体会到与大师面对面的乐趣。

即便是同一个学科,学科教师的布置风格与内容也各不相同。为了让自己的学科教室更富有特色,老师们使出浑身解数,希望通过各种途径,让自己的教室成为学生喜爱的地方,成为学习的乐园。

三、打造特色学科教室

学校开设了种类繁多的艺体类选修课,这类课程对上课场地的要求比一般学科要高。为了满足这类课程的上课需求,学校在艺术楼和远翥楼两座教学楼中打造了众多空间宽敞舒适、设备先进齐全的艺术和技术特色教室。

在学校艺术楼内设置了包括音乐、美术、表演的各类艺术教室共 36 间。② 在远翥楼地下层,学校设立了服装设计教室、影视编导与制作教室、汽车模型教室、动漫设计教室等多间技术特色学科教室。

特色学科教室为教师的教和学生的学带来便利的同时,成为一个真正意义上的教育空间,具有丰富的教育意蕴。

四、充分利用走廊空间

走班教学后,学生流动在各个学科教室间上课,学生失去了固定的传统行政班后,每天上课需要往返于不同的学科教室之间,书包、衣物等物品的存放就成为亟待解决的问题。为此,学校在教学楼走廊两边的墙面全部放置储物柜,以方便学生存放书

---

① 王春易,等. 选课走班 100 问[M]. 北京:中国人民大学出版社,2018:27.
② 刘琪. 走班制中学教学空间配置研究——以北京十一学校为例[D]. 北京:中央美术学院,2019:46.

包及衣物。平均每个学生都有 1—2 格储物空间,刷校园卡即可打开。利用教学楼抗震加固和改建的机会,有的橱柜被嵌进了墙体,如科技楼,走廊较窄,改建时将非承重墙向里凿开 50 厘米,嵌入柜子。此举为学校实施走班选课创造了基本的物理空间条件。

第六节　走班制教学下的学生管理

走班上课后,由于没有了原来的行政班,也没有了班主任,学生不再在固定的教室里,用教学班取代行政班这一举动无疑对学生有效管理提出了挑战。为此,学校在学生管理方面进行了一系列改革举措,建立了与走班制教学相适应的学生管理新模式。

一、学科老师与学生管理

自 2012 年秋季开学起,学校开始全面实施走班教学,每个学生都有了一张属于自己的独立课表,行政班自然淡出了历史的舞台。但教育学生却是每时每刻都在校园里发生着,承担教育职责的便是每一位任课教师。因此,在选课走班时代,所有的教师都是"新型班主任",他们承担原有班主任的一些职责。

(一) 加强与学生家长的沟通

学科教师既可通过家访,与家长面对面沟通,也可通过微信、网络平台与家长线上沟通。沟通的内容主要为学生课堂表现、作业完成情况、考试成绩等。学科教师也可通过学校网络平台、家长微信、班级家长群等途径,将学生在校的课堂纪律、作业完成情况、活动图片等及时传递给家长。

(二) 监控学生作业完成情况

未走班前,作业由行政班的课代表收齐送到教师的办公室,教师评阅好后,再由课代表取回发给学生。走班后,作业由学生主动上交,并取回已经评阅的作业。时常有学生无法按时上交作业,因此任课教师必须监控学生作业完成情况。

学校在每个学科教师内放置两个作业框,一个标记为"交作业",另一个标记为"已评阅作业"。任课教师要求学生每次来学科教室第一件事情就是交作业,并取回已评阅的作业。学科老师在评阅时会检查学生作业上交情况,若有学生未能按时完成作业,学科教师就会通过学校的网络平台或微信及时和学生或家长沟通,询问未完成作业的原因。

(三)开展班级日常常规管理

学科教师的身份是多重的,他可能既是任课教师,也是导师、咨询师或学校行政工作者。角色的交叉要求学科教师除了了解自己的学生之外,还要在教学班建立相应的班规、公约,以约束学生的言行,维护正常的教学秩序。要关注学生的学习、生活情况,开展个性化的家长会,与学生家长保持密切联系。学科教师承担着教书与育人的职责,不仅需要对所授科目进行研究与课程设计,还需要在课上课下注意学生的言行,及时疏导学生的困难与问题,引导、教育、陪伴学生的成长。

学科教师不仅仅是班主任,他们对班级的管理、学生的教育起着至关重要的作用。他们规范着教学班的秩序,引导着学生的良性发展,承担着立德树人的教育重任。

二、导师与学生管理

学校取消行政班后,年级组设立了导师、咨询师、教育顾问等岗位,参与学生管理工作。其中,在学生管理工作中,导师发挥着重要的作用。每位导师一般负责15名左右的学生,由学生选择,师生互选,最终确定每一位导师及所负责的导员。导师的职责主要包括:学生的学业指导、生涯规划与心理疏导、素养教育与安全教育以及家长学校等。

(一)建立学生档案

每位学生自进入学校起,导师就为他们建立动态的成长档案,内容包括学生的兴趣爱好、个性特点、家庭情况等。另外,内容还包括父母眼中孩子的优点、父母认为孩子需要改进的地方,甚至具体到父母是否出差多、谁管教孩子多、教育观念是否一致等细节。搜集学生相关信息,是为了全面地了解学生的成长状态,以便于加以指导。

(二)个别指导或团体指导

通过约见个别或团体,对学生在心理、学习方法、生涯规划、人际交往等方面遇到的困惑进行指导,分析原因,提出对策。

> 通过学科学习诊断,导师对学生学习提出建议,学生根据导师建议进行改进,导师及时跟进,这种跟进式精准帮扶产生了很好的效果。援助的内容根据学生来设计,实现了个别化教育,也就是因材施教。[1]

---

[1] 徐延芹.教育本真的探问和表达[M].武汉:武汉理工大学出版社,2021:98.

同学们十分青睐导师制,十一学校学生段亚飞这样评价说:

> 由于人数相对较少,学生个人更容易得到关注;导师的工作重在倾听和引导,尤其是在职业和学业发展上,导师给予的建议更加到位。个人存在的问题更能被及时发现,因此批评与建议也容易被接受。导师对学生了解得更充分,包括他们的兴趣爱好和特长。师生之间更容易打开心扉,这不仅有利于人与人之间的交流,还有利于学生的身心发展。①

(三) 主动与学科教师沟通

对学生在学习生活中遇到的问题,及时与学科教师或上级领导进行沟通,寻求多方面的帮助与指导。

三、教育顾问与学生管理

除了导师外,学校还设置了"教育顾问"岗位,每个年级设 1—2 名教育顾问。教育顾问由学部聘任,一般由教学与管理经验丰富的任课老师来担任。

> 学生出现的一般行为问题,由各个管理岗位的分布式领导负责人解决;课堂上的问题,由教学班的任课教师解决。当这些解决都不能见效或发生重大的行为问题时,才会由教育顾问出面。②

教育顾问的工作对象与职责主要有:

一是面向全体学生,进行公民道德教育、规则意识培养。

二是对特殊事件、特殊学生的处理。教育顾问会按照工作流程妥善地处理特殊事件及对问题学生的帮助、教育。

三是接受学生申诉。教育顾问会认真倾听并记录,核实情况后,教育顾问会通过讨论、综合其他师生的意见做出判断,再转告学生申诉结果。

---

① 刘自成.教育改革典型案例(一)[M].北京:人民教育出版社,2012:181—182.
② 李希贵,等.学校转型:北京十一学校创新育人模式的探索[M].北京:教育科学出版社,2016:155.

四是协助常规项目组、自习项目组做好常规管理工作。①

四、自习项目组与学生管理

学习管理采取分布式领导方式,在年级层面设立导师、咨询师、教育顾问、课程管理(选课排课)、诊断与评价、小学段与研究性学习、常规及自习管理、自主管理学院、出国课程管理等9个项目组。每个项目组由一位项目主管和数量不同的成员组成,各个项目组主管和成员均由年级的任课教师承担。

在上述九个项目组中,自习项目组主要负责学生自习的管理工作。之所以要对学生的自习进行管理,是因为走班教学后,学生的自习课不再固定于一个教室,可能分散在年级的各个教室。另外,每个学生的课表又各不相同,所以每个学生的自习时间也各不相同。如何管理好学生的自习,提高学生的学习效率,这些工作均由自习项目组承担。"自习项目组"的工作流程如下:

课前巡逻,提醒学生准备好自习的学习资料,准备进入教室自习。

登陆平台,查看学生的请假情况,核查出勤名单。如遇到学生自行旷课情况,及时与教育顾问沟通后,进入下一个教育环节。

定时巡视,查看学生自习情况,及时处理各种问题。

及时在平台上录入违纪学生情况,向自习项目组反映比较集中的问题,提出建议,对个别自习效率不高的学生,协同导师和教育顾问一起做好教育引导工作。②

学校取消了行政班,实施学科教师、导师、教育顾问、自习项目组老师等共同参与学生管理,建立了新型治理体系,形成了民主平等的师生关系,实现了全员育人,全程育人。

第七节 走班制教学下的教学评价

《北京市十一学校行动纲要》中明确指出:"评价最重要的目的就是促进评价对象

---

① 王春易,等.选课走班100问[M].北京:中国人民大学出版社,2018:131.
② 王春易,等.选课走班100问[M].北京:中国人民大学出版社,2018:194.

的进步。质量检测的目的是诊断教学中的问题,为改进教学服务。"

十一学校清晰地认识到评价的目的不是为了在学生群体中分出个优、良、中、差,而是要让学生了解现状,认清方向,引导学生进步。学校顺应选课走班的课程改革形势,坚持素质教育的教育理念,试图从多个维度去了解学生、评价学生,建立科学健全的评价与诊断平台,以引导每个学生及时查漏补缺、自主发展。

一、对教师的评价

在选课走班的推行下,学生流动起来,教师固定在教室之中,看似对教师的要求降低了,因为不需要教师备很多班级的课,不需要兼顾不同层学生的理解力,实则对教师的要求大大提升,教师需要考虑的问题变多了:

> 大到课程指南、学习读本、课程标准细目的编写、学习资源的选择与改编,小到教室的规划与布置,教师需要不断提高自身素质才可以符合课程变革对教师的高要求。

一方面,教师需要具有相当的专业学术能力。在丰富的教学经验之外,还需能够承担分层、分类、综合、特需课程的设计与研发工作。北京市十一学校的教师不仅需要掌握"是什么"的问题,更多是要考虑"为什么"的方面。高层次课程的设计中,课程难度、高度、宽度常常会超出中学的课程知识体系,这就要求任课教师不断扩充自己的专业知识,不局限于中学的知识体系,甚至有些课程本身就属于大学课程,这些课程的设置对北京市十一学校教师的要求大大提高,对教师的学科专业学术能力要求很高。

另一方面,教师还要有较强的合作研究能力。四类课程的设计与研发需要合众人之力以攻坚,在课程项目组、教研组中,教师之间职责分工明确,共同为学校课程建设出力。此外,教师还需要有较强的责任感,北京市十一学校取消班主任,但每个教师都是班主任,承担着立德树人的教育职责,关心学生、爱护学生、尊重学生。教师与学生的关系是平等的,教师对学生的管理更多的是一种咨询、引导、陪伴与服务,而不是传统意义中的管理与惩罚。

课程改革使得北京市十一学校对教师的评价标准也发生改变,合格的教师需要做出五方面的努力:

其一,把课程学习的主动权交还给学生,教师更多的是倾听与引导,而不是传授;

其二,教师要从微观的课堂设计转到宏观的学科思考中来,学科教室与学科教师的设置都要求教师改变其思维方式,保有全局观;

其三,教师需要不断提高专业素养以应对多种角色的转变,在任课教师、导师、咨询师等角色切换中灵活应对;

其四,教师需要给学生提供空间,引导、服务学生,多用教育而非管理来束缚学生的发展;

其五,教师要与学生建立平等的交往关系,做学生成长的陪伴者与看护者。

二、对学生的评价

学校遵循多元化、针对性、层次性、易操作、简约化的评价原则,搭建过程性评价体系与基于学段终结性评价的质量诊断体系的建构,依托网络平台与电子数据分析等工具来评价学生的综合素养。学校对学生的评价主要分为过程性评价和终结性评价两个部分。过程性评价和终结性评价的比例,高考科目一般为4∶6或5∶5;非高考科目可以根据实际需要确定为5∶5或6∶4。①

(一) 过程性评价

过程性评价主要关注学生在学习过程中的出勤、课堂纪律与课堂表现、作业、互助、倾听、表达、自主学习、提出有价值的问题、参与讨论、与人合作等方面的表现。学生通过过程性评价反馈平台及时获得评价信息和改进意见。

为方便教师的观察和随时记录过程性评价,学校建立了网络平台,任课教师登录平台,就可以找到自己教学班的学生名单。教师可以将学生平时的学习表现及时记录在平台上。

平台上的数据可以直接由 Excel 表导入或导出。依托这个平台,过程性评价的结果可以及时记录、及时反馈,便于学生有针对性地调整自己的行为和学习状态,成为学生学习动力的推动器。同时,过程性评价平台具有记录保存和多维度

---

① 郭学军,康丽.课程"走"起——北京十一学校"选课走班"背后的故事[N].中国教师报,2016-08-10(8).

呈现的功能,方便老师和学生分析、比较,也便于使成绩管理程序化、制度化。①

"立足过程、促进发展"的过程性评价体系强调要建立促进学生全面发展、教师提高与课程发展的新的评价体系。评价体系通过对学生学习方式、学习态度、学习习惯、学习内容等要素的评价,来帮助教师关注学生的学习过程,及时通过评价的结果来激励学生,给予学生有针对性的指导与帮助。

而关于评价体系本身,不同学科的评价指标有所差异,同一学科不同课程的评价指标亦有差异,同一课程的不同学段亦会带来评价指标的差异,即使是同一课程的同一学段,其单元、学习内容的差异同样会带来评价指标的差异,因而过程评价体系不是一成不变的,能够依据具体情况进行调整与变动,且不同的课程有不同的评价体系。表9-8展示的是《机械技术Ⅱ》课程的过程性评价方案。

表9-8 《机械技术Ⅱ》过程性评价方案②

评价项目	权重(%)	指标描述	加(减)分项	分值	得分
学习态度	25	上课积极认真思考,团结协作,主动查阅课外资料	能提出有价值的问题	+10	
			团结协作,帮助同学解决问题	+10	
			积极进行课外拓展	+5	
课堂纪律	10	按时上课,不迟到早退,不大声喧哗,不玩游戏,不打闹,不做与课堂无关的事情	玩游戏/次	−3	
			打闹/次	−2	
			迟到、早退/次	−1	
设备管理	15	按照5S管理方法的要求进行学习实验,工具摆放整齐,工位干净整洁,不浪费资源	按照5S管理方法的要求进行学习实验	+5	
			工具按要求摆放整齐,工作岗位干净整洁	+5	
			爱护设备,节约能源	+5	
安全规范	30	严格按照作品制作工艺流程安全规范工作,注意人身及设备安全,做到不伤害自己,不伤害他人,不被他人伤害	设备安全	+10	
			自身安全	+10	
			他人安全	+10	

---

① 李希贵,等.学校转型:北京十一学校创新育人模式的探索[M].北京:教育科学出版社,2016:107.
② 李希贵,等.学校转型:北京十一学校创新育人模式的探索[M].北京:教育科学出版社,2016:101.

续　表

评价项目	权重(%)	指标描述	加(减)分项	分值	得分
学习技能	20	能按设计图纸安全并正确使用各种工具、量具、机械设备	设计制作方法合理,能完好地实现作品功能,制作精度达到设计要求	+10	
		技术运用	能综合运用所学的知识并拓展,灵活运用到不同情境,举一反三	+10	

学校通过网络平台,将课程按照单元、学段、学期、学年的指标与分值逐级呈现,便于教师随时记录与分析。所有评价指标的合成就形成了学生的"综合素质评价报告单",这个报告单会全面呈现学生的在校学习生活情况。

(二) 终结性评价

高考科目每个学段进行一次质量检测,即终结性评价。时间一般是每学期第9周和第20周,这两周都是大学段学习的结束周。终结性评价既包括各种形式的练习或测验,也包括小论文、研究报告、演出汇报、实验操作、动手制作等个性化作品成果。

为了更好地记录评价结果,学校建立了"学生学业诊断与考试评价分析系统",从多角度呈现学生学业状况,对学生学业提供个性化的诊断、分析,并为每一位学生的下一步学习方向提供有针对性的建议。

学校采用基于标准的学生学业评价模式,建立学生学业成绩管理系统,实施考、教分离,学校高考科目与部分会考科目的学段质量检测实行专家命题制,形成一整套学业质量诊断的标准化工作流程。

学校还充分利用大数据时代网络平台的先进性,用电子数据替代教师手工与感官,用具体的指标来评价学生,做到有理有据,注重学习过程的评价,科学、合理、全面地评价学生,有助于学生及时查漏补缺,更好地发展。

学校每个学期以综合素质评价报告单形式,将学生在校的选课、修课情况和学习过程中的表现、学业成绩、学分以及其他表现情况,通过网络反馈给学生及家长。每一位学生都通过自己的学号和密码登录平台,随时查看综合素质评价报告单,了解自己在各门课程学习过程中的表现情况,如哪些科目得到了较高的分数、哪些评价项目上出现了问题等,以便在接下来的学习中加以调整。

结语

北京市十一学校凭借良好的办学资源、先进的教育理念与创新的教育实践,培养出一批优秀学子,其分层选课走班的教育举措为我国其他中学的课程改革提供了借鉴与学习的依据,也为学校的发展提供了参考方向。

首先,学校要着力开发校本课程。结合学校实际,围绕国家课程的核心理念,结合地方课程与学生意愿,开发符合学生兴趣、有利于学生发展的学校课程;其次,提高教师的专业素养,给予在校教师以在职培训与学习的机会,使教师从观念层面上理解走班制的作用,并支持走班制的实施;再次,与学生家长做好沟通,使家长理解、支持与配合学校的相关工作,并对自己的孩子进行及时的引导;此外,在学生层面,要广泛征求学生意见,在学生群体中进行民意调查,了解学生的兴趣所在;最后,学校利用资源,完善走班制所需的设施设备,集中一切力量推行走班制。

北京市十一学校走班制的卓越成效引起全国各地中学的关注与学习,学校影响力的增大,走班范围的扩大,都说明走班制在我国中学课程改革中的地位。至今北京市十一学校已初步形成了有利于每一位学生个性成长的学校生态。学校现任校长李希贵说过,"有什么样的条件,就办什么样的事",[①]这也提醒一些学校领导工作者,不要盲目跟风,好好利用学校现有的教育资源,充分挖掘教师的教学潜力,切实为学生发展考虑进行办学实践,着手课程改革,结合实际,创造适合学生发展的教育。课程改革是一件任重而道远的工程,符合实际的改革才可以真正实现育人为本的教育理念,才能够切实地促进学生的成长,让学生发现自我、唤醒自我、成就自我。

---

① 王培莲.北京十一学校校长李希贵:"有什么样的条件,就办什么样的事"[N].中国青年报,2014-06-24(3).

第十章　走班制下学生管理的问题与对策

在走班制下,学生根据自己的需求选择学习课程,进入不同教室上课学习,学生分布在若干教学班级,学生的流动性相对增大,这给学生管理工作带来了巨大的挑战。本章对当前走班教学中学生管理存在的问题进行分析,同时以我国部分高中在班级管理方面的成功经验进行个案分析,以期为当前新高考改革的实践提供有益的参考。

第一节　走班制下班级管理的困境

走班制的实施与发展确实使得教学质量有所提高,学生的个性有所展现,更好地促进了教育教学活动的开展,但是实行某一项新的措施,必然会出现一系列的挑战。就走班制的实施而言,也会有一系列的问题,总体表现为以下几个方面。

一、班主任职能的弱化

提到一个班级的管理者,人们在很大程度上会立即想到"班主任"三个字。如果把整个班级比作一支军队的话,那么班主任所扮演的角色就是军队中的统帅,指导着班级建设的开展,引领着班级向前发展。但是在走班制下,学生在学校上课的过程中,基本上都是从一个教室到另一个教室,每门课的教师不同,共同学习的学生也不一样,似乎形不成一个熟悉的班级,由此导致的结果就是班主任职能的弱化。而班主任作为传统固定班级的"主帅",承担着管理的职能,其职能弱化所导致的结果自然是班级管理的混乱化。

选课走班制使行政班班主任组织开展班级管理工作变得相当困难,这是因为学生在校期间的学习时空发生了极大的变化。在时间上,由于选择不同的课程,学生在多个时间段将会游离于班主任的视线之外;在空间上,由于学习层次、兴趣、爱好的不同,学生会选择在不同的教学班上课,在行政班的学习时间大大减少。因此,他们不再像以前那样时时处于班主任的监控之下,班主任很难对学生的真实情况有全面的了解,更难对学生的行为进行有效监管。要使班主任的管理触角从行政班延伸到教学班,难度较大。[1]

所以说,一方面,班主任这个角色本身就没有传统的固定班级那样那么受到学生的认可和重视;另一方面,由于走班制本身特点的影响,学生在各个教室中流动,在这样的状况之下,即使有班主任负责管理,学生也在很大的时间范围内脱离班主任的视线,班主任很难对学生的情况有着清晰且及时的了解,那么所谓的管理也就难上加难。而对于班级管理来说,如果班主任职能的弱化无法得到有效弥补,则会给班级管理带来很大的冲击,不利于班级管理活动的开展。

二、班级文化的淡化

走班制的特点就在于"走班"二字,学生在某个班级上完课之后会赶往下一个班级,由此所导致的结果是"班"的感觉弱化。学生在上不同课程的时候会赶往不同的班级,导致学生似乎是在多个班级之间穿梭的"过客",并没有对某一个班级拥有特别归属之感,那么必然会使得班级文化的淡化。

学生在上每一堂课的时候,所有的最直观的感受是:周围环境、授课教师、身边同学全部都是不一样的。而在课间休息的时间也是匆匆赶去下一堂课,中间与老师同学的交流机会甚少,这也大大阻碍了班级文化的创建。

共同的固定班级被打破,班级中原本可以通过时间形成的价值观等都受到了冲击,使得班级文化的建设成为了一个难题。

走班以后,好像少了"班"的感觉。以前的班级,大家三年都是同学,每天一起上课、活动,还有很多以班级为单位的集体活动,三年下来会觉得对每位同学都很

---

[1] 周常稳.普通高中走班制模式中存在的问题及对策[J].教育与管理,2015(16):23.

熟悉,很热爱这个集体。但是现在走班了,和教学班同学的接触基本就局限在课堂,和自己行政班的同学相处的时间也少得可怜,虽然有集体活动,但感觉大家的积极性并不是很高,反正就是不再像以前那样为了自己班级的荣誉可以不顾一切地去争取,大家都好像有自己的事情要做。其实我不是很喜欢这样的集体,我觉得一个班就应该有一个班的样子,应该是拧成一股绳那样的团结,而不是像现在这样松松散散的,大家都各管各的。①

所以说,由于固定相处时间的减少,固定集体活动次数的降低,很容易导致班级之中形成不了应当形成的凝聚力。因为在固定班级之中,学生会认为自己是属于这个班级的,与这个班级整体希望达到的目标、渴望征求的荣誉是相符合的,所以学生们会形成一种集体归属感,在这种集体归属感之下,自然会形成一些相应的与班级有关的文化,共同去朝向某项目标,去摘得某种荣誉,由此形成的班级是一体的。所以对于班级管理来说,整个班级就是一个极具凝聚力的集体。

正如马卡连柯所言,在集体之中可以形成一种平行教育影响:

> 平行教育影响正是教育和影响个人的一种形式,只不过它是以集体为教育对象,是通过集体来教育个人,在这里,教育者对集体和集体中每一个成员的教育影响是同时的、平行的。②

> 给个人一种影响的时候,这影响必定同时应当是给集体的。相反地,每当我们涉及集体的时候,同时也应当成为对于组成集体的每一个人的教育。③

也就是说,在固定的班级之中,可以以一整个大的集体作为教育对象,对这个集体施加一定影响的同时也就教育到了个人。这样对于教育管理来说,也就相对容易很多。但是如果反过来说,在没有一个统一的班集体的状况下,就无法做到对整个集体施加影响,以及通过集体影响个别的人。因为在走班制背景之下,一个具有强有力凝聚力的集体难以形成,整个大的班级文化难以组建,这就在无形之中加大了管理的压

---

① 杜芳芳,金哲.走班制视野下高中生学业生活的转变及学校行动[J].湖南师范大学教育科学学报,2017(2):46.
② 吴式颖,李明德.外国教育史教程[M].3版.北京:人民教育出版社,2015:404.
③ 吴式颖.马卡连柯教育文卷(上卷)[M].北京:人民教育出版社,2005:81.

力。因为现在的对象不是一个完整的集体,而是分散在各个地方、在某一堂课上才聚集到这个教室空间的学生,这样所要教育的对象相对来说更倾向于个人,也就有种摸不到头绪的感觉,于管理而言,在难度上也就加大了许多。

三、"教"与"育"二字的割裂

一般认为,"教育"二字最早出现在《孟子》之中,所引用最多的一句话是"得天下英才而教育之,三乐也"。由此"教"与"育"二字不可分割。若讨论这二者的区别,"教"相对来说更加倾向于"教书",有一种更加关乎知识的传授之感;"育"则更加偏向于"育人",相对来说更加偏向于德育的部分。而将"教育"二字连起来,也就表现出了德育与智育的关系,二者总体而言都是不可偏废的。

而在走班制实施的过程之中,学生更加倾向于到某一个教室学习某种诸如"语文""数学""英语"等特定科目的知识,而很少关注道德方面的培养。而且,在走班制实施的条件之下,也使得德育方面最基本的角色——班主任与学生的关系淡化。教师只负责教授特定的科目,却很少思考道德教育应当如何开展,即便所有的教师都应当承担起教书育人的职责,但对于任课老师而言,关注点主要还是在学科教学上。所以从某种程度上来说,走班制也就导致了德育问题的突出,自然也不利于管理的开展。

> 当前,很多中学虽然实行了走班制,但谈到德育,首先想到的还是班主任。德育管理模式并没有随之变化。走班制下,随着课程、学科教室都有了更大的选择性,随之增强的还有学生的自我意识,仅凭借每周一次的班会,很难满足实施全面德育教育的需求。同时,以前班主任可以处理的问题,现在变成多个教学班之间的问题,仅凭班主任的一己之力,很难实现德育管理的实效性。①

所以说,对于德育问题的开展,还是出现很大的问题,走班制确实是加强了选择性,但这种选择在很大程度上是关于"教"方面的选择,学生确实增加了更大的自主权,有利于教学活动的开展,但是关于"育"方面,则会出现一定的问题。

走班制想成功,德育管理须做到"从游离走向融合"。而走班制度要有效地建

---

① 王少华.走班制下中学德育管理存在的问题及对策[D].烟台:鲁东大学,2017,11.

立一种德育与学校生活有机融合的机制,其成功标志便是学生在学校中有被关爱与接纳的归属感。这要求学校要建立良好的学生管理体系,及时应对学生出勤、纪律等琐碎问题。更重要的是,德育要与走班制度的精神相一致,不是要看管学生,而是要发展学生自我管理的能力。①

总而言之,对于走班制的实施而言,德育问题确实是一个不可回避的问题。走班制若想取得预期的成效,对班级的德育管理是关键路径之一。应当建立起合理的德育管理体系,促使学生建立起良好的心态,由此达到的效果是:并不是采用一种强迫的纪律去进行管理,而是在良好的品德形成之中自然而然地养成某一种自觉的纪律,而这种自觉的纪律就是一种道德规范,学生可以打心底里知道什么应该做,什么不应该做。由此提高自己的道德修养,养成良好的道德品质。如果班级里的学生都有这种良好道德品质的话,自然会有利于管理的开展。

所以,德育问题的解决,就是使"教"与"育"二者相互联系在一起,这不仅有利于教育教学活动的顺利开展,也有利于走班制下班级管理活动的持续推进。

四、班级秩序的混乱

走班制在实行的同时,对于班级管理而言,确实是一项不小的挑战。

一方面,走班制流动、灵活的特点使班级学生呈现一种离散状态,导致班级管理松散,部分自控能力较弱的学生出现迟到、旷课等不良现象;另一方面,行政班班主任对流入到其他教学班的学生情况较难掌握,且由于行政班和教学班分开管理,任课教师和班主任把握学生的层次差异的难度增大,这给学生管理、班级管理以及学生动态变化的掌握带来不便。②

在以往固定班级中,在班集体之下,确实是一种凝聚的状态,而在凝聚的状态中,人员是固定的,环境是固定的,由此在无形中使得管理较为便利。但是,由于走班制的突出特色就是流动、灵活,在这样的特色之下,学生必然会处于一种离散的状态,那么

---

① 王少华. 走班制下中学德育管理存在的问题及对策[D]. 烟台:鲁东大学,2017:26.
② 杜芳芳,金哲. 走班制视野下高中生学业生活的转变及学校行动[J]. 湖南师范大学教育科学学报,2017(3):45.

班级管理则会表现出松散的情况,这在无形中增加了班级管理的难度,给班级管理带来极大的不便。

走班制的特点表现在"走"这个字,学生上完一节课之后,会匆匆收拾东西到另一个教室学习另一门课,所以在课间的时候必然会看到学生匆匆而来匆匆而去的身影,学生在短短的课间需要穿梭在班级之间,整体会有一种混乱之感。

> 走班模式下,教学班的学生分别来自同一年级的多个行政班,学生在课间不断穿梭于不同的班级之间,课后难以与同学进行沟通和交流。加之缺少班主任的管理和监督,教学班的教学秩序和教学质量往往难以保证……课堂秩序变差了。由于老师上完课就走,对于班级学生的了解也不够,在学生心中的由于外部压迫而产生的制约因素少了。某些学生在课堂中会走神、睡觉等,而老师不是像原来行政班那样有责任感,不会实行很严格有效的管理。[①]

由此可见,在课与课之间,由于走班的需要,学生必须来回走动,可能导致一系列的弊端。例如,学生走去别的教室学习,教师也走到别的教室上课,那么整个学校都会有一种来去匆匆之感。仿佛某一个教室只是教师与学生暂时停驻的地点,教学和学习只是在这个地点之中要完成的任务。不管是老师也好,学生也罢,上完课之后都匆匆离开。

如果学生对这堂课有疑问也只能憋在心底,没有精力也没有时间去找相应的老师,由此造成教学问题。而学生在上课之中,由于和教师的理解不够,沟通不够,难免有一种缺少压力之感。学生可能会抱着"反正老师也不知道我是谁"的心态,在上课的过程中不认真听课,甚至会故意扰乱课堂秩序,这都会给班级管理带来极大的挑战。另一方面,就教师层面而言,他们好像只是在教室中上课的人而已,当上完了这堂课之后,还着急去赶下一堂课,自然也无心某一课堂之中的班级管理。因此,在上课的过程中可能会导致"没人管"的局面,这在无形之中也增加了班级管理的难度。

再者,在原来的固定班级之中,不只教师与学生之间,学生与学生之间也存在着互相监督的关系。在以往的固定班级条件之下,可能学生与学生之间会很快地从陌

---

① 杜芳芳,金哲.走班制视野下高中生学业生活的转变及学校行动[J].湖南师范大学教育科学学报.2017(3):46.

生走向熟悉,由此在开展教学活动时,可能同学之间会有一种相互的参照,彼此形成一定的制约关系。而在走班制实行的条件之下,可能在一堂课结束之后,下一堂课的同学全部都不认识了,这也就导致了同学之间缺乏相互监督,在这样的状况下,在教师监督的减弱的同时也使得学生之间的监督减弱,由此也成为了班级管理的又一不稳定因素。

教学班由同一年级来自不同行政班、选择同一任课教师的学生组成。它不仅是一种相对灵活的班级组织形式,还是一种管理较为宽松的组织机构,他们通过等级水平考试后随之解散。因此,教学班并不像传统行政班那样作为一个严谨的组织机构而存在,它只不过是一种"灵活且宽松"的临时教学组合体,这一性质注定其班级管理功能的狭隘性。教学班的学生来自同一年级的不同行政班,他们上下课一般都是"来也匆匆,去也匆匆",这种临时性的集结增加了教学班的不稳定性,进而使教学班的教学管理工作难以开展并显得格外混乱,主要体现在学生的出勤率和作业收缴方面。[①]

所以说,走班制下的班级管理形式,相比传统的固定班级要松散很多,这导致的结果是增加了相应的不稳定性。比如在出勤率方面,由于学生每节课的教师和教室全都不固定,教师可能根本都认不全学生,所以如果学生旷课的话,当时上这节课的教师也不一定知晓。再比如,在作业的收缴方面,难度相对来说大很多,因为学生之间都不认识,作业该交的时候到底要交给谁也是一个难点。再者,班级既然是不固定的,那么作业应当以什么样的形式来收缴呢?这又是一个难题。

在上述的条件之下,学生可能会出现一种"有恃无恐"的态度,仿佛在这个班级之中,几乎很少有人能够去真正制约某个学生,那么在学生本身也缺乏自制力的条件之下,很有可能导致开小差、睡觉、做小动作、旷课等一系列不良的反应,而这些不良的表现在以往的传统班级之中可能相对来说发生较少,由此可能会在无形之中增加班级管理的难度,带来一些在原本传统固定班级之中所没有的管理要求,也是走班制下班级管理的挑战所在。

---

① 周常稳. 普通高中走班制模式中存在的问题及对策[J]. 教育与管理,2015(16):24.

第二节　走班制下教师职责的变化

对于走班制来说,其实施必然会带来一系列的变革,教师的职责也是如此,在走班制实施的背景之下,教师的职责也发生了变化。

一、任课教师的包班制

在走班制实施的过程中,任课教师实施的是包班制,而他们实施包班制是可能的。在走班制的背景之下,必然会导致任课教师职责的转变,在任课教师职责转变的过程中,也会有相应的管理措施,以促进走班制的顺利实施。

(一) 任课教师职责的转变

在走班制教学下,还有所谓的"行政班"和"教学班"之分。"行政班"是学校根据教学要求和编班原则,学生和教师固定上课,有固定的班主任,日常管理仍在这个固定的班级;而"教学班"是指由学生自由选择上课内容和学习的教室,学生走班后上课的教室为教学班。在行政班和教学班并存的情况下,任课教师承担着管理学生的职责。

"班级学生"已经逐渐变成"学生个体",如果班主任还以班级的形式管理学生,是很低效的,因为很难"抓住"一个一个的学生。这意味着一个个班级的块状管理必须要转向一个个学生的个体管理。这样一来,仅靠一个班主任是无法承担育人职责的,那么就需要所有教师都变成班主任,全员育人。但是把育人作为教师的职责还不够,一定要上升到责任的高度,才可能为选课走班保驾护航。角色定位决定职责定位,不仅班主任的角色要转变,任课教师更需要意识到这种转变,这是承担育人责任的关键所在。[1]

既然既有行政班,也有教学班,于管理而言,必然不会像传统的固定班级一样,还是以整个班级的形式进行管理,这种管理是相对来说比较低效和徒劳的。现在的问题是,管理必须转向对学生个体的管理,而学生个体相对来说是散落的,分散在学校的各个角落。如果仅仅靠传统固定班级的班主任来"管"的话,便不可能达到良好的成效。

---

[1] 林海妃.走班制背景下普通高中生管理问题研究[D].上海:华东师范大学,2016:38.

这样就提出了一个要求，即所有的教师在一定程度上都要去承担一定的管理职能，这样才能促使走班制的顺利实施。

这就要求任课教师转变职责，上完一节课之后并不意味着"任务"的完成，当然也并不意味着万事大吉。而应当有一定的意识，知道自己还承担着管理的职能，且自己的这种管理是不可或缺的。从某种程度上来说，任课教师还应当是这个教学班中的管理核心。

（二）包班制下学科教师的管理

首先从思想上，任课教师就应当明确其职责所在。在新高考背景下，走班制的实施是一个必然的趋势。而在这种趋势之下，自己所承担的角色绝不仅仅限于"教书"二字，必然会承担一定的管理职能。倘若任课教师对自己的职能有所明确的话，必然会促使包班制下管理的良好开展，从而促进走班制的发展，由此进一步推进新高考改革目标的实现。

> 美国的教学班管理实行包班制。一个或两个教师负责一个教室，教室里所有的一切都归教师管。借鉴这种做法，国内教学班也实施"谁的课堂谁负责""谁的班级谁管理"的管理措施。[①]

虽然学生是流动的，但是教室一直在那里，位置是不会移动的。所以美国在走班制的实施中强调由教师来负责教室。如果一个教师负责某一个教室，那么教室里的一切事物，不论是学生也好，物理空间也罢，全都归这个教师管理。这确实有助于管理的开展，也有助于班级管理的实施。

而国内也借鉴了这种经验。例如，如果某个教师上某一堂课，那么这个课堂就是这个教师负责的。如果某个班级是属于这个教师管的话，那么这个教师就对这个班级负有一定的管理责任。这种包班制会在不知不觉之中加强班级的管理，有利于正常教学秩序的维持。

走班制所突出的一大特点就是选择性，学生根据自己的兴趣需要选择某些课程，然后去教学班中进行课程的学习。总而言之，教学班的出现是由学生的课程需要决定的，学生需要去上某些课程，一个教学班的学生同时选择了这样一节课，于是才能共同

---

① 林海妃. 走班制背景下普通高中生管理问题研究[D]. 上海：华东师范大学，2016：38.

地组成这个教学班。

所以综上所述,教学班的核心是在教学层面,所谓的管理也是在教学实施过程之中的"管"。不能够为了管理而管理,关键在于,在教学活动顺利实施的过程之中,实现对班级的良好管理,管理和学习也并不是相互分割的两个部分,实际上,它们二者是密不可分的。因此,对于包班制的实施而言,无论是管理共同体,还是学习共同体,都是要去共同构建的。

> 班级组织是班级管理工作的基础,班干部是教师管理的得力助手。教学班的学生来自各个行政班,为了消除行政班界限,增强教学班的凝聚力,任课教师要建立班级组织,设立重要的岗位,包括班长、课代表、卫生委员、学习委员、纪律委员等协助管理。[①]

对于任何一个管理活动而言,其形成应当是有组织的,如果没有一个合理的规划组织,那么这个管理活动必然得不到良好的开展。班级管理也是如此,因为学生是来自各个行政班的,相对来说可能学生的归属感更在行政班中,那么在教学班上,这种归属感相对来说就低很多,由此必然不会利于任课老师包班制的开展,也不会利于整个走班制的实施。所以说,对于任课老师包班制的实施,必然应当建立一定的班级组织,在这教学组织之中,会有一定的组织分布,职责明确,同时可以协助教师进行管理,由此可以促使教学活动的顺利开展,也能够促使走班制班级管理的实施。

对于班级来说,单一的言语约束力度并不太强,应当有一部分配合言语规定的规章制度。规章制度代表着一定的规范,在这种规范之下,会有一定的约束力,让班级管理活动很好地实施。所以说,对于任课老师来说,在某一门课上也可以建立一系列的作业收缴制度、班级纪律制度、班规实施制度等,以此促进班级管理的实施。此外,也有研究者指出,可以建立其他管理体系以共同促使走班制的开展。

走班之后学生不一定能随时找到任课教师辅导学习问题,主要有以下措施:有的学校在不同楼层留出少数教室作为答疑教室,规定不同学科的教师在不同时间段内轮流"坐诊",只要学生有相关问题,就到相应的教室求助;有的学校则收集

[①] 林海妃.走班制背景下普通高中生管理问题研究[D].上海:华东师范大学,2016:39.

学生的学习问题,如果有较多的学生存在困惑,学校就会帮忙安排合适的时间、地点和教师给学生上辅导课。再如,教师拖堂会影响走班秩序,教室门口或走廊里就会拥堵,学生进出教室不方便;课间10分钟不够走班,学生来不及上厕所;学生走班太慢,上课会迟到;学生之间的交往是否融洽和谐等。这就需要任课教师做个有心人,及时发现及时解决,无法解决的就向学校汇报,保证学生稳定有序地走班学习。①

二、实施导师制,开展生涯指导

对于传统的教学班来说,班主任扮演着不可或缺的角色,一个班级都是由班主任进行管理的,可谓担负着很重要的职能。但对于班主任而言,不仅需要维持一定的教育教学活动的开展,也要促进班级建设,维持班级管理的正常运转。在这样的状况之下,班主任在很大程度上是以整个班级为教育对象,对这个班级施加一定的影响。但是这也会导致一个最为明显的问题,即忽视每个学生个性发展的需要。在传统的固定班级之中还有一个十分明显的弊端,那就是"管理权"属于班主任一个人,似乎班主任才是这个班级之中的管理者,而其他的任课教师所承担的职能无非就是授课,这种现象其实会导致资源的浪费。而在走班制实施的过程之中,传统的班主任已经不能满足走班制背景下管理的需要,那么在这样的大背景之下,导师制也就应运而生。

(一)走班制下的导师制

所谓导师制,关键在于"导"这个字,而"导"含有一种引导之感,关键在于"导"而不只在于单一的"管"。走班制的实施在很大程度上增加了学生的流动性和灵活性,也加大了管理的难度,在这样的情况之下,教师所扮演的角色更多在于引导而不在于生硬地管理,故而在走班制的趋势之下,导师制的实施也成了必然。

1. 适应走班需求

选课走班之后,班主任和任课教师的管理还无法深入和落实到学生个体,为了更好地关注、关心每一个学生的成长,学校建立了导师制,这主要是向欧美国家取经。因为欧美国家长期推行选课走班制,班级不设班主任,而是让每个教师担任学生的导师,对学生进行指导和德育渗透。美国中学设立导师更多源于社会对全面发展教育的重

---

① 林海妃.走班制背景下普通高中生管理问题研究[D].上海:华东师范大学,2016:40.

视。学生不仅接受知识,还需要接受精神教育、健康教育、社会教育、公民教育等。导师制可以将学校、教师、学生、家长、社会联系起来,涉及较多领域,达到较多目标,有助于培养学生成为良好的公民,这是学科教学难以达到的。

所以说,对于导师制而言,关注的点在学生身上。由于传统的固定班级的弊端,使班主任或者任课教师的关注点不能在学生这个个体之上,导师制才会出现。也就是说,为了弥补传统教学组织的弊端,除了班主任和任课教师之外,必须出现一种新型的教师,这种教师所担任的教学职能可以很好地满足教学的需要,弥补传统班级组织形式的缺憾,从而适合走班制的发展,促使整个走班的顺利开展。

2. 促进学生个性发展

走班制具有流动性和灵活性,教师所面对的是学生个体,对应的目标是促进学生个性的发展,以期达到在每个人个性发展的基础之上,促进教学质量的提高,以及教学活动的良好进展。

> 指导不同于教学与管理,教学注重知识的传递,管理注重规程的形成,而指导则以生为本,尊重学生基础背景和发展需求,旨在促进学生个体独立性和发展性的形成。独立性侧重精神发展,发展性侧重学业发展。[①]

所以说,在"以学生为本"理念的倡导之下,所需要做的是遵循学生各个方面发展的需要,促使学生形成独立的个性。如果拆开来看的话,"导师"应当是"指导的教师",关键点还是落到了"指导"上。班级管理如果只是"管"的话,那么所带来的基本上是一种制约与压迫的性质。在这样的一些性质之下,所谓的管理也必然达不到良好的成效,所以可以采取一些相对温和的方式。导师制的实施可以满足学生个性发展的需要,使学生在个性发展的基础之上其他方面也得到良好的发展。

作为一个教师,所承担的角色也是一个引导者。教师引导着学生的发展,让学生明白自己到底想要什么,到底希望达到什么样的目标,明确未来的发展方向,给予学生充分的指导。学生在经历过充分的指导之后,真正地懂得了自己到底要干什么,这样自然会朝着未来想要发展的方向努力。在这种情况之下,一方面顺应了个性发展的需要,充分展现了学生个人的个性特征,另一方面也达到了班级管理的目的,有利于班级

---

① 朱益明. 审视高中导师制:学生发展指导的视角[J]. 基础教育,2011(6):60.

管理的实施,从而可以达到教学目标,可谓一举两得。

(二)导师制实施要求

导师的主要职责是帮助学生进行科学的人生规划和学业规划,帮助学生做出理性的选择。在实践中,一般一名导师指导若干名学生。导师和学生如何匹配?在实践层面,导师分配主要有三种方法。

  第一种是导师选学生。考虑到学生对教师不太了解,选择起来也没多大意义。让导师选有利于整盘规划导生结构,促进导生之间的交流,也能避免选择过程中可能出现的矛盾。导师选学生以"大班小班化"的方法操作,即把一个班级按适合的人数比例大致分成几个小班或小组,再分别由相应数量的任课教师兼任小班或小组成员的导师。①

  第二种是学生选导师。学生倾向于选择自己熟悉的,了解自己且能提供帮助和关心的导师。让学生选的优势在于满足学生的需求,导师也能更好地指导学生。在老师少学生多的情况下,学校采取类似高考填报志愿的方法"填报导师",学校允许学生有2—3个志愿,学生按照自己的意向依次填写导师。学校尽可能满足学生的第一志愿,满足不了的就调剂到第二、第三志愿。

  第三种是双向互选。双向互选先让学生"填报导师",再由教师对学生面试或笔试,最后小范围调整,确定师生组合。②

由此可见,导师的选择也是有讲究的,可以用多种方式促使导师选择的开展,达到应有的成效。对于导师制的实施来说,每个导师可以带到中意的学生,每个学生都有心仪的导师,这无疑是最理想的状态。但是在具体的实施过程中,可能会因为一些原因,达不到相对理想的状态,但是却可以采取一定的策略,运用一定的导师选择的方法,如以上三种选择导师的方法,由此促进导师制的实施,班级管理也可以顺利开展。

导师分配之后,导师与学生就形成了一个小团体,导师就要对这个小团体予以充分的指导。指导内容包括思想、学业、生活、心理、人生规划等各方面。例如,在"6选3"上,导师是学生选课的参谋。当学生求助时,导师可能要向学生解释选课指导手册

---

① 陈才锜.普通高中教师职责定位探析[J].中国教育学刊,2013(7):86.
② 林海妃.走班制背景下普通高中生管理问题研究[D].上海:华东师范大学,2016:43.

的内容,确保学生能理解手册的各项规定;结合职业性向测试让学生认清自己的优势、弱势和兴趣点;根据学生的测试成绩提出选科意见等等。指导途径以见面交谈为主,按照指导人数可划分为集体指导和个别指导。导师可定期集合所分配的学生,进行集体指导,也可以对每一个学生进行个别指导。按照指导时间,划分为按周、月、学期期初、期中、期末等不同时段的定期指导,也可以根据师生的时间表进行不定期指导。按照指导对象,可划分为学生交流和家长沟通。导师每学期至少要与家长沟通1至2次,向家长反映学生的基本情况。

在导师制实施的过程中,导师要明确自己的职责所在,知道自己在走班制背景下所扮演的是一个非常重要的角色。如果一切都可以顺利实施的话,对于学生来说,自然会使自己得到良好的发展,由此也会在一定程度上促进班级管理的开展。

既然导师是一个非常重要的角色,班级管理如果想要取得应有的效果,就应当选择合格的导师,推动导师管理工作,由此也可推进班级管理工作。

> 考核以月、学期或年为单位进行。考评内容主要围绕导师工作设定指标,由导师自己、学生、年级组、学校领导对其进行评价。根据评定结果予以荣誉和资金奖励。……对导师进行考核评定,既是落实导师工作,也是鼓励导师成长。简言之就是看教师做得怎么样,鼓励教师做得更好,倒逼教师要先"走"一步,主动发展自己。①

所以说,导师的考核是管理中的一项重要工作,只有优秀的教师才有资格担任学生的导师。

(三) 导师制与德育管理

在走班制的实施过程中,学生全部都分散到各个班级,甚至可以用"一盘散沙"来形容,在这样的条件之下,德育管理也被提上了日程。因为导师制的重点在于"引导",而道德的培养也不是强制的压迫,还是着重于引导层面,因此,导师是德育工作中最为重要的人选。

选课走班之后,学生不再拥有固定的班级、熟悉的班主任和朝夕相处的同学,学生流动上课,必容易走散、走乱,德育管理面临新挑战。一是班主任作为德育管理主体面

---

① 林海妃.走班制背景下普通高中生管理问题研究[D].上海:华东师范大学,2016:46—47.

临缺位,二是行政班作为德育载体的功能面临缺失。

德育管理绝对并不仅仅是某一个班的班主任的"专利",教书与育人两大部分不应当割裂开来,而应当相辅相成,共同促进教育教学活动的开展。

  在新课改时期,已有不少学校推出德育导师制作为传统德育模式的补充,主要作为班主任工作的必要补充,将德育管理分流、细化到担任德育导师的任课教师身上,让教师既教书又育人,既管教又管导。德育导师制与传统德育的显著区别在于,传统德育强调共性,是面对集体的教育,德育导师制关注个性,是面对个体的教育,能针对学生开出个性化的"德育菜单"。走班之后,德育导师制也就顺理成章地发挥作用了。[①]

导师制的实行有助于在走班制背景下德育问题的解决。作为导师实行"导"的职能,有助于指导性质的发挥与开展。导师不等同于班主任,但却需要做比传统班主任还要多的事情。另外,导师相对于传统的班主任来说,在管理层面更加注重对学生的个性化管理,在这种状况之下,导师制在很大程度上可以促使走班制的顺利实施。

第三节　走班制下学生管理的个案分析

走班后,教师授课的学生群体多变,班级结构趋向松散,给学生管理带来巨大挑战——教师"找不到学生""抓不住学生"。本节分析部分中学走班制学生管理的成功经验,以期对其他中学走班制的学生管理提供借鉴与思考。

一、全员导师制的实施:山东省莱山第一中学

导师制是走班制的前提与基础,导师制的实施与发展有利于走班制的顺利开展,也有利于教育教学活动向着良好方向发展。始建于1995年的山东省莱山第一中学(以下简称"莱山一中")坐落于烟台市莱山区学院路。为进一步落实"让人人都得到尊重,人人都拥有机会,人人都体验欢乐与成功"的办学理念,全面提高教育质量,实现教

---

① 林海妃.走班制背景下普通高中生管理问题研究[D].上海:华东师范大学,2016:62.

师师德师能发展与学生素质全面发展的双赢,莱山一中于 2014 年 3 月开始实施"全员育人导师制",形成了"学科渗透、全员育人、全面覆盖、全程管理"的德育工作体系,效果显著。① 下面以该校导师制的实施情况为例,介绍如何实施导师制。

全体教师都被编入相应的导师组中,所有教师都承担起学生成长过程中的责任,全方位、全过程"一对一"给予每个学生成长陪伴,跟踪指导每个学生。导师组分为班级导师组和年级导师组。

班级导师组以班主任为核心,由本班班主任和任课教师组成。每周召开一次班教导会,分析掌握班级学生的基本动向,针对遇到的问题提出解决方案。

> 班主任负责组织召开班级导师会议,收集汇总学生日常学习生活情况,针对一些严重问题,大家共同讨论解决办法。每学期末学校通过对学生的问卷调查和《成长手册》检查来评价导师工作,全校通报导师工作情况,对部分导师进行表扬。②

年级导师组以级部主任为核心,由所有班主任及任课教师代表组成。年级导师组每月召开一次年级导师例会,其主要任务是分析本年级学生和教师的基本状态,提出进一步的指导和改进意见。

莱山一中每位教师指导 5 至 6 名学生。学年初,班主任根据学生的基本情况,并结合班级任课教师的个性和特长,配对学生。导师和学生配对实行双向选择,形成"最佳拍档"。目的是帮助学生成长,关注和解决学生成长中所遇到的困难和问题。

> "高一时,我物理不好,恰巧物理老师成为了我的导师;上高二了,我数学较弱,而导师又恰恰是数学老师。希望这次,我不会让她失望"。这是谈及导师的分配时,该校学生瀚予的回答。其实,这种"恰巧",就是莱山一中导师制分配的原则之一。③

莱山一中的导师制是全体教师共同参与的,要求全体教师都要肩负起导师的职

---

① 李京兰,祝梅,栾聪胜. 莱山一中实行全员导师制[N]. 烟台晚报,2015-06-09(A18).
② 王宁. 走班制背景下普通高中实施导师制的问题研究——以莱山一中为例[D]. 烟台:鲁东大学,2017:19.
③ 李京兰,祝梅,栾聪胜. 莱山一中实行全员导师制[N]. 烟台晚报,2015-06-09(A18).

责。导师要了解学生近期学习生活情况,了解学生近期思想心理上有哪些波动,了解学生学习和生活中出现的需要帮助解决的问题。不定期与个别存在问题多的学生进行交流沟通,了解更多详细情况进行分析与指导。另外,莱山一中导师制的一大特色是,导师依托《成长手册》开展指导工作。

《成长手册》内容包括学生基本情况、家长希望、学生自我评价、学生心声、导师寄语这几个模块。前三项学期开始就填写完,学生每周填写"学生心声"跟导师谈谈自己一周的学习、生活、心理、情感等方面的问题,寻求导师的指导……师生的交流以《成长手册》为主。学生在日常学习生活中有疑惑或者问题首先可以写到手册上,定时上交,导师在手册上针对问题留言指导解答。①

莱山一中在导师制的实施过程中,考虑到走班制中班级管理的不便利性制定了《成长手册》,来促使师生之间的交流。

"这不仅仅是一个简单的小蓝本,它记录的是师生间的情谊,传递的是爱与温暖"。高二(3)班的杨清同学在其《成长手册》上这样写道。学生口中的"小蓝本",就是莱山一中导师制用于师生交流的《成长手册》,它在师生间架起了传递情感、解除疑惑的桥梁,体现了师生互动的教育形态。②

学生通过《成长手册》中各项活动的记录,看到自己的进步,增强了成就感,同时也了解到了自身的缺点,以便在将来的学习中进一步提升。因此,通过《成长手册》来指导学生,可以进一步引导、鼓励、促进学生的发展,使学生既能学会判断自己的进步,感受成功的喜悦,又能积极反省自身的不足,主动寻求改进的方法和途径,不断自我完善。

二、多轨式走班管理:浙江师范大学附属中学

浙江师范大学附属中学(以下简称"浙师大附中")创建于1953年,学校直属于浙江省教育厅,隶属于浙江师范大学,是浙江省一级重点中学。2012年年底首先选择数

---

① 王宁.走班制背景下普通高中实施导师制的问题研究——以莱山一中为例[D].烟台:鲁东大学,2017:19.
② 李京兰,祝梅.莱山一中:构建温暖文化[N].烟台晚报,2015-05-26(A20).

学、英语两个科目的部分课时进行走班实验;2013年9月起,选择了高一年级6个平行班,实行"全员全科,分层走班"实验;2014年9月起,高一、高二年级全面实行"全员全科,分层走班"教学。① 学校在走班模式、多元课程、学生管理等方面进行了有益的探索,其中的一些做法值得借鉴。

(一)"二三四"走班模式概况

自2013年起,浙师大附中就开始了走班教学改革,至今已有近10年的历史。经过多年的实践,学校现已形成了具有自身特色的"二三四"选课走班模式。

"二"指的是行政班和教学班两个教育教学单元,其中行政班三年保持不变,教学班根据各个阶段学生的不同选择形成不同的组合;"三"指的是学校的所有课程按"专业分类、水平分层、内容分项"分成三大类课程;"四"指的是选课走班教学在高中三年的12个学段分成四个阶段推进。②

所谓四个阶段推进选课走班,即把高中三年分为12个学段(每学期两个学段)。

第一阶段即第一学段,必修课教学以行政班为主,选修课程实行选课走班;

第二阶段即第二、三学段,必修课程实行分层选课走班教学,选修课程实行选课走班。

第三阶段即第四至九学段,学生逐步确定选考科目与非选考科目,思想政治、历史、地理、物理、化学、生物和技术等7门科目实行分层与分类相结合的选课走班教学;语文、数学、外语继续实行分层选课走班教学;选修课程实行选课走班。③

第四阶段即第十至十二学段,学生要完成所有科目的学考和高考任务,思想政治、历史、地理、物理、化学、生物和技术等7门科目实行分层分类与分项相结合的选课走班教学;语文、数学、外语实行分层与分项相结合的选课走班教学;选修课程实行选课走班。

---

① 何通海.品质教育 活力附中:浙江师范大学附属中学课程建设与学校发展研究[M].北京:教育科学出版社,2015:31.
② 何通海.普通高中"选课走班"的实践探索——来自浙江师范大学附属中学的经验[J].新课程评论,2016(5):27.
③ 何通海.选课走班在行动:高中选择性教育的设计与实施[M].杭州:浙江教育出版社,2018:120—121.

(二) 建立走班管理制度

为确保选课走班教学的顺利实施,进一步提升教学质量,学校建立了一系列管理制度,以加强走班管理。目前的管理制度主要有:

第一,教师课前候课制(教师和学生必须提前3分钟到教室候课)。

第二,学生每课考勤制(每节课实行三级考勤:学习小组点名、班长点名汇总、教师记录考勤考核)。

第三,学生双重请假制(学生请假,必须分别向行政班班主任和教学班教师请假)。

第四,班级座位固定制(教学班学生座位固定编排,形成固定座位表,学生不得私自更换座位)。

第五,班级安全责任制(走班教室的财物安全,由每节课任课教师和走班学生自行负责)。

第六,教室卫生轮值制(走班教室的卫生保洁工作,由相应教学班学生轮值负责)。

第七,作业收发组长负责制(来自同一行政班的学生组成学习小组,作业收交由组长负责)。

第八,学生信息互通制(教学班教师和行政班班主任及时沟通学生信息)。

第九,课后辅导集体负责制(年级教研组集体承担本学科所有教学班的学生辅导工作)。[①]

上述管理制度涉及教师课堂要求、学生请假、班级管理、作业收发、授课教师与行政班班主任沟通、课后辅导等多方面的内容。这些制度与要求对走班教学的有序开展起到了非常重要的作用。

(三) 多方参与学生管理

1. 任课教师一岗双责

所谓一岗双责,是指任课教师在教学班的教学中,除了完成教学任务,还需要履行所带教学班学生管理的责任。教学班学科教师的管理职责主要有:

[①] 何通海. 选课走班在行动:高中选择性教育的设计与实施[M]. 杭州:浙江教育出版社,2018:130.

第一，建立、健全教学班班级组织和管理制度。
第二，指导学生开展教学班学习、纪律、卫生、安全等方面的自我管理工作。
第三，及时了解学生行为、心理动态，及时做好教育引导工作。
第四，及时处理教学班学生的偶发事件。
第五，及时与行政班班主任、学生的成长导师沟通学生的情况。
第六，合理评定学生学业成绩。①

可以看出，浙师大附中要求学科教师既要完成教学任务，还要承担所教班级的学生管理工作。任课教师就是教学班的班主任，是教学班中的教学、纪律、财物、安全管理的第一责任人。

2. 成长顾问对学生进行多方面指导

由学校"学生指导中心"牵头，聘请拥有丰富人生经验和多年教学经历的、擅长做学生心理和思想工作的教师担任。② 成长顾问的职责主要有生活指导、学业指导和心理疏导等方面。成长顾问的一项重要职责是指导学生选课。

面对学校提供的丰富的课程菜单，学生在成长顾问和辅导员以及家长的指导下，根据自己的学科状况、学业水平、升学意愿等进行自主选课。③

3. 辅导员负责课余时间的学生管理

辅导员由各"年级管理中心"聘请原行政班班主任担任。辅导员与成长顾问、学科教师通力合作，信息互通，负责教学班课堂教学以外时间的学生管理。

应该说，在走班教学管理中，学科教师、行政班班主任、成长顾问等多轨式参与学生管理，最大限度地发挥了全员育人的效果。

---

① 何通海. 选课走班在行动:高中选择性教育的设计与实施[M]. 杭州:浙江教育出版社,2018:131.
② 何通海."选课走班":最大可能地适合学生成长[J]. 内蒙古教育,2018(15):36.
③ 何通海. 品质教育　活力附中:浙江师范大学附属中学课程建设与学校发展研究[M]. 北京:教育科学出版社,2015:31.

第四节　走班制下班级管理的对策

在选课走班制下,班级管理出现了班级管理职能无法充分发挥、传统行政班班主任的作用被弱化、容易造成智育和德育的脱节等问题,针对走班教学下班级管理出现的突出问题,加强班级管理势在必行。

一、加强班级文化建设

在选课走班背景下,学生按照个性化课表到不同的教室上课,使行政班学生半数时间分散至不同的课堂,这与多年来班级、座位、同桌三固定的传统教学模式有着本质区别,导致学生一时难以适应,这对学生归属感的建立提出了挑战。

> 走班后,行政班的学生聚少离多,班级群体的形成、发展都会受到影响,学生失去群体这个组织和活动的基础,归属需要就没那么强烈。而且学生受不同教学班群体的影响,可能与行政班的群体产生冲突或不相容。归属感的削弱就进一步影响了班集体建设。……走班之后,行政班的概念被淡化了,班集体的观念也随之减弱,正统的集体教育说不定名存实亡。这就影响班级教育功能的发挥,在培养与发展学生的思想、品德、情感、人格等素质方面也会受阻。①

对于一个人来说,集体归属感较为重要,有了一个强有力的集体,则必然会增强集体的凝聚力,从而使集体之中的每个人都有一定的目标。而走班制的实施,在流动和灵活的特点之下,所带来的弊端则是削弱了原本固定班级集体的力量,使集体变得相对来说散了许多,这就对班级文化的建设提出了挑战。

学生如果在这个集体之中找不到归属感,则会感觉自己根本不属于这里,由此或多或少都会有抵抗情绪。如果这种抵抗情绪较大的话,自然不利于班级管理的顺利进行。而若要解决这一弊端,应当加强班级文化建设,让学生在这个班级之中找到归属感,有共同的目标、兴趣与期望。而如果这种班级文化顺利形成的话,自然会使整个班级有相当强的凝聚力。那么对于班级管理来说,相对而言也就要容易许多。

---

① 林海妃.走班制背景下普通高中生管理问题研究[D].上海:华东师范大学,2016:36.

二、完善管理模式,实行高效管理

(一) 学生层面——自主管理

学生是学习的主体,在学习的过程之中必然占有重要的地位,学生自己对自己的认识是管理的关键。对于一个学生来说,自主管理是必须的,只有拥有一定的自主管理,才能达到良好教学目标的实现。而这种自主管理也是最基本之所在,最有效之所在。

> 高中生处于青年初期阶段,生理和心理发展成长逐渐成熟,自我意识、自尊意识和个性意识明显增强,但是,学生的自我管理意识比较缺乏。有的学生学习目标和动机不够明确,自我约束能力较差,出现逃课、迟到等现象。因为他们正处于从少年向青年的过渡时期,涉世不深,常常凭个人意志判断,对所喜爱的事物表现出极大热情,对反感的事情深恶痛绝,对自己的情绪疏于管理。学生的自我管理能力是分层走班制教学实施的重要影响因素。①

因此,走班教学不仅要赋予学生自主选择的权利,还要培养学生的自主学习和自我管理能力。在学生的自我管理之下,自然有利于整个班级管理活动的有效开展。

(二) 教师层面——尽责管理

教师在教育教学活动中扮演重要角色,无论是传统的固定班级还是走班制的实施,教师都承担着重要角色。尤其是对于走班制的实施而言,无论是任课教师的包班制还是导师制,所需要的都是一个负责任的教师,在这个教师的指导之下,可以促进教育教学活动的开展,也可以使走班制得到很好地实现。

> 教书育人是每一位教师的本职工作,育人是学校一切工作的核心。无论是班主任还是任课教师都应自觉承担教育、管理及帮助学生的职责,进而形成一种"师师尽责、教管合一"的班级管理新体制。②

如果教师都有这样一种尽责的心态,那么学校的教学活动必然会顺利开展,于班

---

① 王萍. 新高考背景下的分层走班制:特点、困境与路径[J]. 德州学院学报,2017,3(3):7.
② 周常稳. 普通高中走班制模式中存在的问题及对策[J]. 教育与管理,2015(16):25.

级管理而言，自然也是充满益处的。

（三）家长层面——协助管理

家长对于学生的成长发展影响巨大，如果仅仅把学校教育的职责放在那里，而家长对学生的教育不管不顾的话，自然也达到不了良好的成效。虽然在管理层面学校很重要，但是家庭作为学生成长发展不可缺少的部分，自然也应当承担其自己的职能，以协助的方式帮助学校进行管理，以此来达到应有的成效。

家庭教育在学生成长过程中发挥着重要作用。良好的家校关系势必为学生的健康成长提供良好条件。在实行走班制的普通高中，更应重视家校共管。这不仅仅是行政班班主任的工作，还是每个教师的职责。因此，学校应切实做好家校的时空"对接"，通过重新整合家校沟通渠道，使学生在家校共育中和谐发展。①

所以说，不论是家庭还是学校，都在管理中扮演着重要的角色。家长做好协助者，有利于管理活动的顺利开展。

（四）学校层面——配合管理

学生的教学活动是在学校之中进行的，学校必须做到管理的有效实行，配合管理活动的顺利开展，在教师、家长需要的时候协助管理活动的实现。学校应当设有一定的部门协助进行管理，在该部门之中应当有确定的人员对这个部门负责，做到有专人去负责此项工作，在这样的条件之下，才可能促使最终班级管理的实现。

三、打造新型管理平台

走班制的突出特点就是学生的流动性较强，在这样的状况之下，教师和学生全部都是一种比较分散的状态。那么，应当采取某种手段使分散的教师与学生集中起来。信息化手段的应用在某种程度上可以解决这一问题。打造新型的管理平台，运用数字化的管理，有助于管理活动的开展，也能够保证班级管理的良好运作。

采用现代计算机技术及信息化管理系统，将教务处、政教处、各科任教师及学生信息都纳入智能化信息处理平台之中，形成有效的班级管理信息互动平台。班

---

① 房亚萍.走班制教学中班级管理的有效策略研究[J].新教育时代电子杂志(教师版),2016(15):116.

主任教师利用这个平台,对各种散乱的信息进行整合,及时了解学生"走班"听课状况,解决"走班"带来的混乱和无序等问题……。同时,信息平台的运用,可以加强教学督导、及时反馈教学信息、及时收集和处理师生意见,对于教育督导和评价都有极大的促进意义。[1]

现代社会瞬息万变,信息技术的发展确实在很大程度上解决了人类很多的难题,因此走班制的实施也可运用数字技术等,将混乱的信息加以整合,将有助于班级管理的实现。

---

[1] 蓝日模."走班制"与高中班级管理模式创新[J].教师教育论坛,2016(8):69.

第五编

实施建议

第十一章　我国普通高中走班制的本土化之路

2014年12月,我国颁布了《关于普通高中学业水平考试的实施意见》,确定我国于2017年起在全国全面启动高考综合改革,采取"3+3"高考考试科目的形式。随着高考改革的启动,高中阶段的教学模式必然要有相应的变化,其中走班制教学是大势所趋。我国走班制的实践探索现已取得显著成效,但同时也存在一系列亟须解决的问题,如班级管理功能的弱化、学生生涯规划与选课的迷茫、学科教师的短缺、教师评价的困境、教室空间资源的紧张等。面对难题,结合国外的成功经验,本章第二节提出走班制在我国普通高中本土化发展的六点建议:建立任课教师一岗双责制,做好教书育人工作;发挥导师在走班中的作用,实施班主任和导师的双轨制管理;开展生涯规划教育,重点做好选课指导工作;加强教师队伍建设,应对教师短缺问题;构建多元评价机制,对教师进行综合评价;拓宽教学空间资源,拓宽走班教学的活动空间。

第一节　我国普通高中走班制面临的挑战

随着高考改革的大规模推进,走班制教学越来越受重视。通过我国大部分地区高中的实践探索,走班制现已取得了一些成功的经验,但在推进的过程中也遇到了一些挑战。

一、班级管理功能的弱化

2014年9月,国务院公布了《关于深化考试招生制度改革的实施意见》,对我国考试招生制度改革做出系统部署,正式拉开了新一轮高考改革的序幕。本轮高考改革的总体特征是取消文理分科,给予学生自由选择科目的机会。在新高考选科背景下,走班制应运而生。

走班制是指学科教室和教师固定,学生根据自己的学习水平、兴趣特长及高考目标专业,选择适合自身发展层次的班级上课,其特点是教师不动、学生走班。学生可根据自己的兴趣爱好选择要上的科目和班级。因此,在走班制下,出现了行政班和教学班并存的新情况,这势必会导致行政班管理功能的弱化、班主任地位的下降、班级凝聚力不强等问题,这些都为走班教学带来新挑战。

(一)走班制下班集体的新形态

本书第一章中阐述了我国普通高中走班制的四种主要模式,即"不走班""小走班""大走班"和"全走班"。"不走班"模式就是将三门选考科目相同的学生组成一个班级,学生无须走班,都在一个固定的教室上课,所有学科教学都在行政班教学。"小走班"将部分学生或科目走班,即将三门或两门选科相同的学生优先组成班级,其他科目或学生走班教学。它又分为"优先三科成班"和"定两科走一科"两种方式。[1]"大走班"模式是指除了语文、数学、外语三门必考科目作为固定的行政班外,其余三门选考科目所有学生均通过走班完成教学。

根据高中走班制的四种主要模式,实施走班教学后班集体出现了两种新的形态:一种是行政班和教学班并存;一种是彻底取消行政班,只有教学班。

行政班是学校根据教学要求和编班原则,学生和教师在固定教室上课,有固定的班主任,日常管理仍在这个固定的班级。教学班是由选修相同模块课程的学生组成的班级,学生自由选择上课内容和上课的教室。

从实践来看,行政班和教学班并存是本轮新高考改革的主流。大多数学校将高一新生编入不同的行政班,在高一上学期所有科目按照行政班授课,学生管理也以行政班为基本单位。经过半个学期的适应与了解后,从高一下学期开始,除语文、数学、外语三门必考科目都在行政班教学外,其他科目实行走班教学。

在行政班和教学班并存的新常态下,以前由行政班的任课教师担任班主任,"现在学生跨班级上课,行政班班主任有可能不是自己的学科任课教师"。[2] 这给学校的教育和管理工作提出了许多新的挑战、新的要求,但也为学生实现全面而有个性地发展提供了新机遇、新机制和新气象。

---

[1] 成硕,赵海勇,冯国明. 从"不走"到"全走":走班教学模式及保障策略研究[J]. 中小学管理,2016(12):11.
[2] 杨敏. 读懂新高考:通识读本[M]. 长沙:湖南教育出版社,2019:153.

(二) 走班制下班主任地位的变化

传统的班级管理采用的是行政班形式,由固定的班级、固定的学生,并且由一位固定班主任管理班级,带领全班同学共同学习。班主任几乎天天与班级学生在一起,学生的性格与爱好、家庭情况、学习情况、思想变化等,班主任都非常熟悉。实施走班教学后,学生按照自己的课程表到所选课程的班级上课,行政班这一传统的班级管理模式被打破,给行政班的班级管理带来了挑战。

> 走班后,学生大多分散于多个教学班上课,不一定被班主任所教。班主任不能像以前那样监管学生,也无法掌握学生的行踪,这样如何对其进行教育,又如何进行班级管理?如果班主任的管理触角要延伸至各个教学班,管理难度必定加大,班主任还能一如既往地发挥作用吗?①

应该说,走班后,班主任地位与作用不断弱化。本研究项目课题组对2 873名高中教师进行了关于"走班制教学实施后,您觉得班主任的作用发生了怎样的变化"的问卷调查,结果详见图11-1。

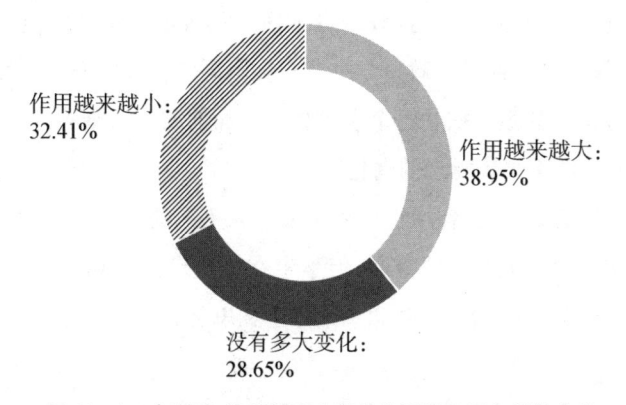

图11-1 走班后,您觉得班主任的作用发生了怎样的变化

调查结果显示,有931名老师(占32.41%)认为,走班后班主任的作用"越来越小"。班主任地位下降的原因是时间与空间两个方面的延伸造成的。

在时间方面,由于每个学生选择不同的课程,从而导致同一个行政班学生上课时

---

① 林海妃. 走班制背景下普通高中生管理问题研究[D]. 上海:华东师范大学,2016:36.

间不同的现象。如北京市十一学校有4 174名学生,就有4 174张不同的课程表。学生们采取"走班上课"制,每个学生都按照自己所选择的课程安排一天的"行程"。

> 走班开始后,学生每天不停流动,大部分的时间和精力都花在了"走班"上,班主任与学生接触的时间变少,这给班主任的思想教育工作和班集体活动的组织带来困难,原有的行政班开展班级活动的频率也大大减少。①

在空间方面,传统的授课基本在固定的行政班里,但走班教学后,行政班教室有可能不是自己的教学班教室。这使学生的上课和学习空间从固定的行政班教室扩展到整个校园,学生在行政班的学习时间大大减少。

> 实行走班制后,由于每个学生分布于不同的教室上课,行政班的班主任很难监控每个学生的学习情况,任课教师在短暂的一节课里也不能够熟悉每个学生,教师们有"抓不住学生"的感觉。②

可见,走班制的全面铺开导致行政班班主任缺乏对学生有效的监督,对学生真实情况的了解也不够全面。面对行政班学生分布在不同的班级,如何灵活地掌握学生的动态、有效地教育指导学生是摆在每个学校教育者面前的一道难题。

(三) 走班制下学生集体观念的弱化

走班教学后,因为课程选择不同,学生需要进入不同的班级进行学习,进而接触到不同的同学,虽然可以扩大交往的范围,但学生在行政班上课和集体活动的时间大大减少,这无形中会弱化学生的班级观念和集体主义思想。

> 实施"走班制"后,每名学生的所选课程、教师都不相同,即使在同一个行政班,同学之间真正相处的时间也不多,彼此间的熟悉程度大打折扣,同学之间联系少,感情变得淡漠。班级归属感缺乏、集体观念弱化等状况就变得明显。③

---

① 韦尹.选课走班制下的班级管理策略[J].基础教育研究,2020(19):86.
② 何通海.品质教育 活力附中:浙江师范大学附属中学课程建设与学校发展研究[M].北京:教育科学出版社,2015:167.
③ 侯新兰.新高考背景下"走班制"班级管理工作的实践探索[J].教书育人(校长参考),2020(26):29.

本研究项目课题组对全国956名高中教师通过问卷调查"走班制教学实施后,您在班级管理方面遇到的问题主要是什么"(详见表7-4),问卷结果也基本得出了与上述阐述相近的观点。调查结果显示,有26.57%的教师认为"走班制导致缺乏归属感的个体学生增多",有16.84%的教师认为"走班制导致班级集体活动减少,班级凝聚力不足",以及有32.22%的教师认为"走班制导致集体约束力减弱,行为偏差生增多"。应该说,在走班制下,学生缺乏原有班级的约束,集体观念弱化,最终导致学生归属感的缺乏及班级凝聚力的不足,这也给班集体建设带来了挑战。

在一项关于"您认为走班制最大的缺点是什么"的问卷调查中,有70.66%的高中老师认为"班级管理松散,班集体意识变弱"。详见图11-2。

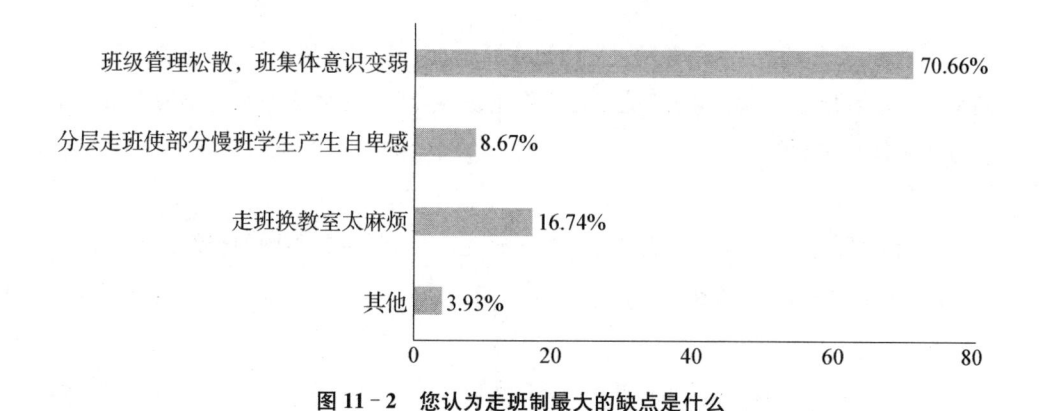

图11-2 您认为走班制最大的缺点是什么

在关于"您认为走班之后班集体的建设如何"的问卷调查中(详见图7-16),有71.15%的教师认为"存在一定困难",15.84%的教师认为"很困难",除了7.76%的教师表示"不确定"外,仅有5.26%的教师认为"不困难"。

因此,在走班制教学下,学生因选修课程而在行政班和不同教学班之间奔走,长期游离于行政班和教学班之间,难免会让部分学生产生"放任自流"的散漫想法。久而久之,也会导致学生对行政班归属感、认同感和荣誉感的弱化。这不仅不利于集体主义价值观的形成,也会影响学生身心的健康发展。

(四)走班制下班级管理的挑战

走班制下班级管理面临的挑战主要集中在学生考勤、座位编排、班级值日和作业收发等方面。

1. 学生考勤和请假

走班之前,班主任走进班级,班级学生出席情况一览无余。但走班教学后,学生分散到不同的教学班,学生流动量大,班主任无法及时了解班级学生的出席情况,管理难度变相增大。

> 学生走班选课之后,班级管理遇到了前所未有的挑战。同一个行政班的学生去了不同的教室上课,同一个课堂则汇集了不同班级甚至不同年级的学生。每堂课都有分散在教学区、图书馆各处自修的学生,每间教室都有不同需求的学生在做着各不相同的事情。……过去到教室走一遭,全班的学生尽收眼底,今天走遍年级的所有教室也不可能见到所有的学生。考勤成了班主任的难题。①

另外,走班之前,学生的考勤一般由班主任负责。若需请假,学生也必须向班主任递交假条,经过班主任签字同意后方可。但走班后,考勤谁来负责?这成为走班教学管理中亟须解决的问题。

2. 座位的编排

在行政班,学生的座位一般是固定的。但走班后,学生在不同的班级之间流动上课,座位是不固定的,一个座位可能会有多个"主人"。

> 学生受不同班级文化的熏陶,思想观念存在差异,加上教学班学生相处时间短,情感基础薄弱,学生可能会因争抢座位发生冲突。如果对教学班学生的座位进行固定,学生有可能会出现上课找不到座位或坐错座位的情况。因为他们需要走动的班级很多,而每个班级中的座位又是不同的,所以这种现象的发生是难免的。②

因此,走班后如何根据学生的性格、兴趣、特长、身高、视力、意愿等因素科学编排座位,成为教学班任课教师必须考虑的问题。

3. 班级值日

学生在教学班上课,班级学生的流动性较大,学生走后班级的垃圾谁来负责、班级

---

① 李希贵. 面向个体的教育[M]. 北京:教育科学出版社,2014:85.
② 刘红坤."走班制"对班级管理的影响与对策[J]. 江西教育,2020(33):8.

黑板谁来擦等,这也是走班后遇到的又一个挑战。

> 走班教学也带来一些班级管理中的麻烦,如在班级卫生的打扫清理中存在教学班级不管不问,行政班级管理赶不上,有时影响班级卫生的情况。①

班级清洁卫生工作是班级管理很重要的工作之一,为了给学生们创造一个良好的学习环境,必须制定相关制度,保障教学班值日的顺利进行。

4. 作业的收发

在走班之前,作业的收发由课代表负责。作业布置后,学生完成后由课代表收齐交给任课老师。教师批改后,再由课代表发给班级同学。但走班后,作业收发也是一个棘手问题。课题组对全国956名高中教师关于"走班后,您班级学生作业收交情况"的调查(详见图7-5),有超过一半(52.2%)的教师认为"收交作业有序",有16.95%的教师认为"收交作业混乱",只有15.9%的老师认为"与传统固定班级相比没有变化"。

> 收发作业在行政班里本不算什么大事,但遇上走班,收发作业这件简单的事也变得不简单了。一个教学班有多个行政班的学生,一个教师要教多个班级,是不可能跑遍行政班去催作业的。②

教学班的学生来自不同的行政班,原来一门学科一个课代表,现在需要多个。收交作业时同一个行政班需要收交的作业科目多了,时间就会变得非常匆忙,大大影响了班级的纪律。另外,课代表把作业交到老师办公室,因为人数增加,这势必会影响老师们的办公。

二、学生自主选课的迷茫

2014年,上海、浙江作为试点地区进行高考改革,截至2022年9月,全国已有29个省份启动了高考综合改革。此次高考改革的目的,是要打破唯分数论和文理区隔,增加高校自主权、学生选择权和选课自由度,"旨在给予学生更多的教育选择权,让他

---

① 魏进霄,尚友杰. 分层走班教学 因材施教育人[J]. 新课程(下),2018(3):30.
② 林海妃. 走班制背景下普通高中生管理问题研究[D]. 上海:华东师范大学,2016:37.

们按照自己的潜力与兴趣选择高考学科,并通过高考学科的自由组合实现拓展兴趣和发展个性的学习目标"①。

在新高考背景下,考生有了更大的自主权,但随之而来的问题是,面对高考科目,考生和家长如何进行理性的选择? 如在高中选科组合3+3模式中,浙江(7选3)有35种科目组合,上海(6选3)有20种科目组合;而湖北、江苏、福建、广东等省份3+1+2模式,有12种科目组合。

> 很多孩子进入高一后,马上进入什么都要自己选择的模式,这会让他们很困惑。物理、化学、生物、历史……每门功课都很重要,可是必须做出取舍,该如何选择? 孩子从小喜欢音乐,可是放弃大家都在学习的物理、化学,走艺术这座独木桥,会不会影响将来的职业发展? 孩子想当医生,可是他的生物成绩不好,他能选生物吗? 各个独立的学科到底学什么? 难度怎么样? 自己是否有兴趣? 这些都是令高一孩子困惑的问题。②

学生如何做出正确的抉择,选择适合自己的科目? 前提是必须对自己性格、兴趣和爱好等有比较清晰的认识,因为这些与未来的职业有一定的关联。本课题组进行了关于"你了解自己的性格和兴趣爱好特点吗"的调查(详见表6-5),结果表明,学生对自我认知缺乏了解。仅有1 129名高中生(60.15%)了解自己的性格和兴趣爱好,其余的学生表示"不太确定"(681人,占36.28%)、"不了解"(39人,占2.08%)甚至"没有考虑"(28人,占1.49%)等。

正是因为对自我了解不够,导致大部分学生对如何选课感到非常迷茫。有研究者调查发现,41.32%的学生对新高考改革赋予学生自主选科的举措感到茫然,不知道该做何选择。③

除了选课外,高中生还要面临如何选择大学及专业的问题。但本课题组的调查发现,现在高中生对高校专业不够了解(详见表6-8),这势必会影响他们对高校与专业的选择。在接受调查的高中生中,"非常了解"高校专业的仅77人,占4.10%;"比较了

---

① 周彬.高中走班教学:问题、路径与保障机制[J].课程·教材·教法,2018(1):54.
② 陈敏丽.给孩子的健康书[M].武汉:湖北教育出版社,2019:75—76.
③ 杜芳芳,金哲.走班制视野下高中生学业生活的转变及学校行动[J].湖南师范大学教育科学学报,2017(2):45.

解"的467人,占24.88%;但超过70%的学生仅仅是"有点了解"(854人,占45.50%)和"不了解"(479人,占25.52%)。

学生对自我的个性与兴趣以及高校与专业不了解的原因是,学校对学生生涯规划指导不够。在对教师关于"在学生选择选修模块之前,您所在学校开展选课指导的情况"的问卷中,有29.24%(840人)的被调查者认为,学校"没开展过"选课指导。

因为学校对学生生涯规划和选课指导的不足,结果大部分同学对自己的性格、兴趣、特长等都不甚了解,最终导致学生对未来职业选择的茫然。由此看来,高中生涯规划任重道远。

三、走班教学教师的短缺

与教室空间资源不足相对应的是教师数量的短缺。本课题组在对全国2873名高中教师进行了关于"贵校是否有足够的教师供选课走班"的问卷调查,具体结果如图11-3所示。

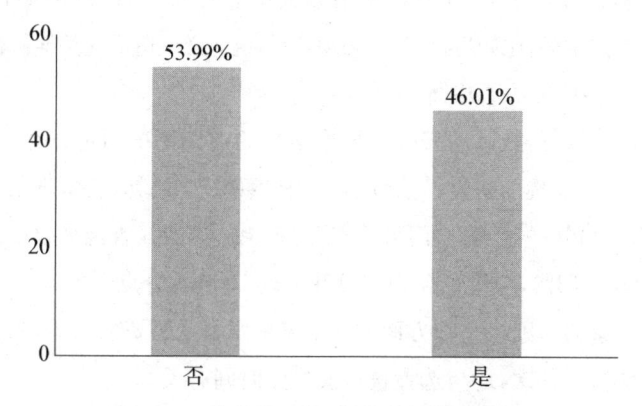

图11-3 贵校是否有足够的教师供选课走班

上述调查结果表明,有1551名老师(占53.99%)认为"学校没有足够的教师供选课走班"。教师数量不够是选课走班后的一系列变化带来的必然结果,其原因也是复杂多样的。

(一)教学班数量的增加

选课走班后,必修课和选修课的自主选课走班使学生的选择权扩大,同时伴随着学科班级规模变小等原因,导致教学班数量明显增多。

选课走班后,由于学生对作为等级性考试的3门科目的选择不一样,造成最后的选课结果有20种组合。而每一种组合的人数差别很大,人数太多的必须分成几个班,人数少的则不够班额标准。比如,有的组合就不到40人(只有10多人或20多人),但是学校也要将他们组成一个教学班。这样,实际的教学班数量就会比选课走班前人数差不多都在40—45人的行政班增加了不少。①

在走班后,随着班级数量的增加,教师数量也必须及时跟上。如上海市建平中学走班后,教室数量增加了30%,要求教师数量同时增加30%,分层走班的运作才能更加顺畅,学生学习成长的空间也会更加广阔。②

因此,教学班数量增加后,每个班都要有教师上课。但现实的情况却是,在班级数量增加的同时,教师编制基本没变,这必然会导致普通高中学校走班后教师的短缺。

(二)学生所选学科的增加

高中学生要"6选3",那么高一新生一入校,学校就必须把这"6"门学科给学生开齐开足,好让学生对各门学科有所了解,以便让他们从中选择3门作为等级性考试科目。这样,以前高一不开的学科,比如生物,现在必须开设,这势必会造成这类学科教师的短缺。

(三)某些学科选学的不均衡

在选课走班背景下,教师的安排要根据学生的选课情况而定,学生的选课是动态的,教师的安排也会体现随机性,这会产生一定"隐患"。比如,会出现某些学科所选学生"门庭若市",而另外一些学科"门可罗雀"的现象。如浙江省选择政史地的学生约占学生总数的42%—48%,与改革前相比提升了近10个百分点。③

造成这一现象的原因也是多方面的。如某些学科的师资实力雄厚,则会出现选择该门课的学生增多。其次,还与选考科目安排的时间有关。

比如上海市,生物和地理教师需求量增加,这是因为上海市这两门课的高考在高二5月份进行。学校和学生为了减轻高三的负担,在高二必须参加生物、地理中至少一科的高考。所以选考这两科的学生人数增加,教师需求量随之加大。④

---

① 陈志科,霍晓宏.选课走班,我们在行动[M].天津:天津社会科学院出版社,2019:12.
② 刘希伟.试点省市高考改革研究[M].杭州:浙江教育出版社,2017:82.
③ 王小平.教师短缺,这道难题怎么解[N].中国教育报,2018-12-19(09).
④ 薛红霞.新高考背景下选课走班一窥——再次赴上海浙江考察的感悟和收获[J].山西教育(管理),2017(12):12.

浙江由于实行学段制,学考、选考时间安排在每年的4月、10月,师资需求的"潮汐现象"十分明显。上海学考合格性考试与等级性考试安排在每年的5月,不像浙江那样实行比较明显的学段制,但师资需求也存在一定的"潮汐现象"。①

另外,教师的潮汐变化还与学科难度有关。有些学科如物理,由于本身高度抽象,难度较大,学习相对耗时,在自由选考及等级赋分制的影响下,大量考生纷纷放弃物理,这样就造成了不少学校物理教师相对剩余的情况。

走班制试图彰显学生的自主性,让学生自由选课,却导致物理等较难获得高分的科目选考人数减少,造成"学科危机"。②

在这样的情况下,有的学科如地理、生物选学人数较多,导致教师数量不足,而有些科目如物理,选学的学生较少,导致学科结构性超编。

(四)女教师怀孕生子人数的增加

在我国中小学教师中,女性教师一直占较高的比例。加之传统上女教师55岁退休,女教师更新周期比男教师短。而新入职教师中,女教师比例较大。因此,中小学学校适龄、适育女教师的比例也较大。③ 在新入职教师中,女性教师数量明显高于男性教师,这就在教师数量的稳定方面产生了"隐形"风险。

以杭州市某优质高中为例,该校共有女教师128名(教职工总数为222人),自2016年二孩政策放开以来,平均每年有7名"75后"女教师生二孩,预计5年内需请产假人数在70人左右。按此计算,这段时间内学校平均每年缺少教师6—7名。④

新进女教师偏多,二孩政策后,请产假人员自然增多,导致课程安排紧张,尤其是新高考要推行走班制,师资需求量猛增。以湖南省株洲市茶陵县为例,茶陵一中还需

---

① 刘希伟.试点省市高考改革研究[M].杭州:浙江教育出版社,2017:149.
② 王卉.新高考改革形势下走班制的问题反思[J].当代教育论坛,2019(4):17.
③ 杨光."全面二孩"政策的教师理解与学校应对——基于北京的实证研究[J].教师发展研究,2017(2):19.
④ 王小平.教师短缺,这道难题怎么解[N].中国教育报,2018-12-19(09).

各科教师共25名、茶陵二中需33名、茶陵三中需11名、茶陵世纪星高中部需26名。①

除了女性教师请产假外,还有一些教师有临时生病、外出参加培训等特殊情况,"选课走班后,因为课不齐头(同一学科不同班级上课的进度不一样)而难以找到合适的老师临时代课,这样造成教师不够用"②。

四、教师评价带来的挑战

由于受传统"应试教育"思想的影响,我国大部分普通高中以学生的学业成绩作为教师评价的重要标准甚至是唯一标准。但走班教学之后,不同层次班级学生水平存在较大的差异,任课教师与行政班班主任很难形成教育合力,新高考后,教师用于非教学事务的时间增加等,这些都为教师评价带来了新的挑战。

(一) 不同班级之间的差异

在走班之前,课堂教学的对象是以行政班为单位的,分班是根据学生的入学成绩,按照成绩高低及学生性别情况,依次分到不同的班级。同时考虑师资强弱搭配,以保障各班之间的均衡性。因此,各班学生水平和师资相当,具有可比性,可以按照平均分、及格率、优秀率等一些指标对教师进行评价。

但走班后,教学班之间的学生不同、学生的基础和层次也不相同。不同层级间的班级考试成绩难以简单进行横向比较,因此对任课教师的教学效果也就难以做出对比评价。

如何在统一的"量表"上,对各自教学效果和每位教师业绩做出科学考核,是学校从未遇到过的新问题。③

(二) 班级育人合力的难题

按照任课教师一岗双责的要求,教师既要完成教学班学科的教学任务,又要承担起对所任教教学班学生的管理责任。因此,教师不仅要抓好教学,更重要的是还要

---

① 中共茶陵县委党校.用脚步丈量:茶陵县乡村振兴与基层治理探索[M].长沙:湖南师范大学出版社,2020:124.
② 陈志科,霍晓宏.选课走班,我们在行动[M].天津:天津社会科学院出版社,2019:12.
③ 冯成火.高考新政下高中课改的评价、问题与策略——基于浙江省的实践与探索[J].教育研究,2017(2):127.

育人。

在走班前,学校对班级的评价就是对行政班的评价,任课教师和班主任教育和管理的对象是固定的,容易产生合力,齐抓共管。

> 实行走班制后,行政班和教学班并存,班级考试成绩分裂成行政班的成绩和教学班的成绩。班主任只关注本行政班的成绩,而科任教师只关注本教学班的成绩。关注对象不同,难以产生合力,齐抓共管。①

因此,如何通过考核促进任课教师与行政班班主任的分工合作,形成育人的合力,是教师考核面临的一个挑战。

(三) 教师工作量难以界定

教师工作量一般是以上课的时数来计算的,但走班教学的实施在很大程度上使高中教师工作量发生了变化。

例如,综合素质评价是学生升学的重要参考,走班后,记录学生综合素质情况是教师的一项重要工作。《教育部关于加强和改进普通高中学生综合素质评价的意见》明确指出,综合素质评价包括以下内容:

> 1. 写实记录。教师要指导学生客观记录在成长过程中集中反映综合素质主要内容的具体活动,收集相关事实材料,及时填写活动记录单。一般性的活动不必记录。活动记录、事实材料要真实、有据可查。
> 2. 整理遴选。每学期末,教师指导学生整理、遴选具有代表性的重要活动记录和典型事实以及其他有关材料。用于招生的材料,学生要签字确认。②

因此,在教学过程中,教师不仅要观察学生成长中的日常行为,进行记录、存档工作,还要指导学生整理相关材料用于招生。

实施新高考改革后,不仅有些科目考试次数增加,学业水平考试也分为合格性考试和等级性考试,与考试相关的工作也随之增加。

---

① 刘红禄. 分层走班教学对教师评价的挑战与对策[J]. 新教育,2017(13):23.
② 《普通高中学生生涯规划及选课指导》编写组. 普通高中学生生涯规划及选课指导(第一册)[M]. 济南:山东科学技术出版社,2017:104.

另外,教师还要指导学生的学习,包括选修课程、选考科目、报考专业和未来发展方向等,同时也要指导学生生活和生涯规划。①

新高考后,上述这些工作都将对教师工作量产生影响。这些工作如何计量,在考核中如何体现,是教师考核必须要考虑的一个问题。

五、教室空间资源的紧张

在走班之前,有些学校就存在教室数量不足的问题,从而导致一些研究性和拓展性课程无法安排的情况。走班后,由于学生选择科目增多,致使教室空间不足的情况更加严重。

(一) 走班制下教室空间的调查

国内有学者对走班后资源配置问题进行了调研,其中关于"教师认为选课走班的最大障碍"的问卷中,教师普遍认为教师和教室数量不够是影响走班制顺利开展的最大障碍。详见表11-1。

表11-1 教师认为选课走班的最大障碍②

选项	所选人数	所占比例(%)	排名
教师的数量不够	324	69.4	1
教室的数量不够	260	55.7	2
教师信息化水平不高,不能应用新的数字化工具	180	38.5	3
教师的管理能力不强	96	20.6	4
教师的教学能力不强,不能胜任所教课程	40	8.6	5
教师的师德水平不高,不能满足学生的需要	24	5.1	7
其他	26	5.6	6

从表11-1可看出,教师认为选课走班的最大障碍排在第一位的是"教师的数量不够",占69.4%;排在第二位的是"教室的数量不够",占55.7%。排在前两位的最大障碍都是因为班级数量增加,导致教室和师资数量的不足。

---

① 蒋帆,姚昊,马立超.新高考改革何以形塑教师工作量?——基于上海市8所高中学校的实证调查[J].中国考试,2021(1):54.

② 陈志科,霍晓宏.选课走班,我们在行动[M].天津:天津社会科学院出版社,2019:11.

本研究项目课题组对全国 2 873 名高中教师进行了关于"贵校是否有足够的教室供选课走班"的调查,具体结果见图 11-4。

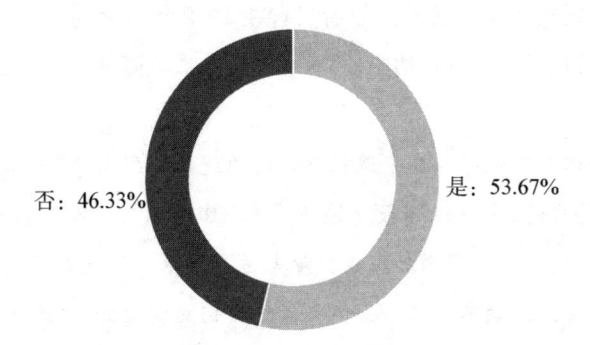

否：46.33%　　是：53.67%

图 11-4　贵校是否有足够的教室供选课走班

上述调查结果表明,有 46.33%(1 331 人)的教师认为"学校没有足够的教室供选课走班"。

据学者研究分析,走班教室具体增加多少,和学校的学生规模、班级规模有一定关系。一个学校如果按照一个年级 10 个班、一个班级 40 个学生的规模,选修教室需要占到原有行政教室的 25%—30%。也有校长提出如下的教室增加需求：

> 如果满足"大走班"的需求,需要增加 40% 的教室;如果满足"中走班"的需求,需要增加 30% 的教室;如果满足"小走班"的需求,需要增加 20% 的教室。[①]

总体来讲,在走班制下,教室的数量增加了,这给学校走班教学的顺利开展带来了挑战。

(二) 教室空间资源不足的原因

教室等空间资源不足是走班教学面临的一个普遍性问题。造成这一现象的原因是多方面的。

一是学生选择多样性增加了班级数量。走班制要求学校开设足够多的课程以便于学生选择。如上海等地的"6 选 3"有 20 种不同的科目组合供学生选择,浙江"7 选 3"共有 35 种科目组合,而采取"3+1+2 模式"的地区,共有 12 种组合。由于学生选择

---

① 袁振国.中国教育政策评论 2018[M].上海:上海教育出版社,2019:21.

的多样性，无疑会增加班级的数量。如上海市同济一附中高一年级原来有 11 个班，现在被拆分成了 200 个教学组合班。①

二是政策性班额减少造成的。如浙江省在 2012 年前普通高中的平均班额在 50 人左右，后来在特色示范学校评估中，要求班级学生数额降低至 40 人之内。

> 随着浙江省深化普通高中课程改革的推进以及配套的"浙江省一级特色示范学校评估"的启动，高中班额数普遍下降至 40 人以内。在生源相对稳定的背景下，大多数普通高中采用增加班级数量来适应改革。而随着"7 选 3"改革的实施，部分学科选考班班额不足 35 人，但班级编排仍然需要保留，这使得班级总数量进一步扩大，达到了 2012 年之前的 1.3 倍左右。②

三是为了满足学生个性化需求。在选课实践中，学校一般将选择相同 3 门学科的学生编入同一个班，但也会遇到某些科目组合的选择人数太多，因而不得不拆分为多个班级的情况。另外，有些科目组合选择的人数非常少，但为了满足学生的个性化需求，也会保留一个班级，在这样的情况下，班级数量自然增多。

> 如浦东复旦附中分校有高二学生 75 名，高一学生 120 名，学生总数为 195 人。这些学生正常分班是 5 个班，但实施走班后，出现了 38 个不同的常规学科教学班，班级数增加了 6 倍。③

走班制导致班级数量增多、教室不够，这在很多学校都是一个无奈的现实。为了给学生提供尽可能多的教室，有的学校将原有的教师办公室改为学习室，导致上完课的教师无处可去。有教师形容说"下课之后我们只能自己随便找个地方待着"④。在这样的情况下，教师没有办公室，缺乏独立的空间，难以专心科研和备课，长此以往将对教师的专业发展产生不利的影响。

---

① 彭德清,龚洁芸. 走班制改革,就像办一所新学校[N]. 解放日报,2016-05-06(6).
② 王小平. 教师短缺,这道难题怎么解[N]. 中国教育报,2018-12-19(09).
③ 徐星. 高中走班:"分"出个性,"走"向自主:浦东复旦附中分校探索走班分层教学[J]. 上海教育,2015(15):35.
④ 周序. 高考改革与基础教育变革[M]. 杭州:浙江教育出版社,2017:121.

第二节 我国普通高中走班制本土化建议

针对当前我国普通高中走班制实践中存在诸多的问题,本节将结合国内外走班实施的成功经验,对我国普通高中走班制本土化实践提出如下六点建议,以期对我国高中走班制探索的完善与进一步发展提供参考与借鉴。

一、建立任课教师一岗双责制

实行走班教学后,学生的学习场所不再固定,不同学科教学班的学生也不再固定,这样势必会导致教育监管人之间沟通不畅的局面。针对走班制中出现的新情况,本着"谁的课堂谁负责,谁的课堂谁管理"的原则,建立任课教师一岗双责制:既要完成学科教学任务,又要承担起对所任教教学班学生管理的责任。

在一岗双责制下,通过行政班与教学班共同管理,形成教育合力。在"新高考后,您校对不同年级学生如何进行管理"的问卷调查中,对2873名高中教师的调查结果显示,行政班与教学班共同管理是理想的管理模式,详见图11-5。

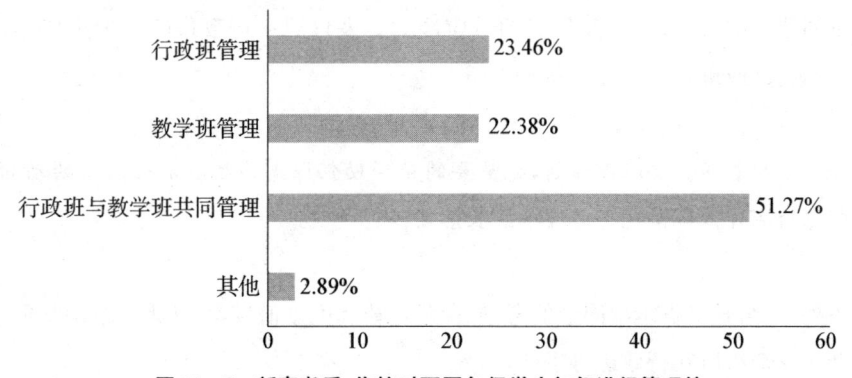

图 11-5 新高考后,您校对不同年级学生如何进行管理的

从图11-5可以看出,有51.27%的教师认为"行政班与教学班共同管理",而认为采取"行政班"和"教学班"分班管理的分别占23.46%和22.38%。

因此,任课教师是教学班的核心,是教学班中教学、纪律、财物、安全管理的第一责任人,在管理教学班时,同时加强与行政班的联系。为达到一岗双责制的要求,特提出如下几点建议。

(一) 提前安排学生座位

走班教学后,每个教学班的学生来自不同的行政班,这给任课教师的考勤、课堂管理带来挑战。为此,建议教学班任课教师在授课之前,必须将学生的座位安排好。

教师可根据学生的身高、性别、性格、成绩、自制能力等情况安排座位,也可以采用自由组合的方式。但为了考勤的方便,原则上来自同一行政班的学生排在一起,并将学生的座位进行固定,不允许随便私自调换座位。这样任课教师根据学生的座位就能了解学生的出勤情况。

> 走班听课的教室中座位安排要固定,来自相同班级的学生最好集中在一起,不能随意更换座位,老师根据学生的座位就能了解学生的出缺勤。时间一长,还能根据座位了解并掌握学生的学习和表现。[①]

学生座位固定后,要确定学生座次表,注明学生的姓名、行政班号,并将座次表张贴于教室门口。任课教师可对已经固定的学生座位定期前后轮换、左右轮换。这样既可以避免因为长期坐在同一方位,造成学生近视或斜视现象,也可以给学生体验坐在教室不同位置的机会,以提高他们的适应能力。来自同一行政班的学生组成学习小组,并设组长(或班长)一名。

> 小组长不但要以身作则,更重要的是帮助任课老师把握本班同学的动向,老师课后有什么事情也可通过小组长落实。[②]

另外,小组长负责本组同学的考勤、课堂纪律和卫生值日等,并将小组同学的表现情况及时反馈给所在行政班班主任。

(二) 建立一支班干部队伍

教学班的学生来自不同的行政班,为打破原有行政班的界限,增强教学班的凝聚力,必须要建设一支负责任的班干部队伍。

---

① 《现代教育论丛》编写组.学习方式新思考[M].上海:上海教育出版社,2016:76.
② 《现代教育论丛》编写组.学习方式新思考[M].上海:上海教育出版社,2016:77.

对于选课模块学习时段较长、人员相对稳定的教学班,可以参照行政班的做法,在班主任的协调下,成立班委会,选好课代表,负责教学班的日常管理。①

浙江师范大学附属中学实施行政班班主任和教学班班主任双班主任制度。学科任课教师同时是教学班的班主任。要求教学班任课教师(教学班主任)应在课程起始前,确定班长、课代表、走班组长等学生干部,并明确相关职责,具体职责如下:②

班长——协助课程导师做好教学班的教学和管理工作;协助导师考勤,对迟到、旷课、请假同学进行登记,每次课后交选课导师;督促本班同学按照规定的座次坐好,提前做好课前准备。

副班长——主要负责班级的卫生、教室公物的维护;下课后组织同学迅速离开教室;督促值日生清理教室;检查教室内公物损失状况,并及时做好登记和报告;对于使用走班教室的教学班,课后负责关闭电源、关锁窗门。

学习委员——主要负责作业的收交和学习信息的上传下达;具体负责督促各行政班走班组长在每次课后、次日下午上课前收齐本教学班同学的作业,完成《选课程作业登记表》,登记后与作业一起交课程导师;在每次上课前到课程导师办公室把作业领回分发给学生,同时领回《选课程作业登记表》,便于下次作业收交情况的登记。

走班组长——负责收集本行政班同学的作业,每次课后、次日放学前交教学班学习委员,对于欠缴作业的同学及时催缴,对在上交教学班学习委员前仍未上交的同学做好记录并将名单告知教学班学习委员;将缺课同学的"选课请假单"课前交选课导师并告知教学班班长。走班组长由各行政班推选一名同学担任。

浙江师范大学附属中学的任课教师不仅在正式上课之前,根据走班的需要,确定了班级班干部组成人员,同时还明确了每个岗位的具体职责,这样就极好地解决了教学班日常管理中的考勤、作业收缴与发放、卫生值日等问题。

---

① 郑庆忠.新课标下行政班与教学班管理模式初探[J].考试周刊,2010(10):231.
② 何通海.选课走班在行动——高中选择性教育的设计与实施[M].杭州:浙江教育出版社,2018:145—146.

(三) 做好日常学生管理工作

1. 学生考勤

任课教师在日常管理中教育学生严禁旷课,杜绝迟到、早退现象。班级建立双重请假制度,即学生必须向行政班班主任和教学班任课教师同时请假。各行政班组长负责本行政班学生的考勤,并在每节课后将考勤情况上报给教学班班长和行政班班主任。

教学班班长汇总各小组递交的名单,并核实名单,然后将考勤名单汇报给教学班任课教师。行政班班主任将班级学生考勤情况上交政教处,政教处公布各班学生考勤情况,并纳入学生综合素质评价材料。

2. 作业收缴

走班后,学生来自不同的行政班,原来一门学科一个课代表,现在需要多个课代表。

这样收缴作业时同一个班级需要收缴的作业科目多了,短短的课间十分钟,教室变成一个杂乱而又繁忙的场所。学生不但要上交作业到课代表处,还要完成另外一些生活小事,时间就会变得非常匆忙。[①]

因此,作业收缴已成为走班教学管理中的一大难题。在关于"您认为在走班制模式下,哪种作业收缴模式更适合管理"的问卷中,有2873名高中教师参与了问卷,调查结果如下:有34.01%的高中教师认为"由课代表收缴作业",37.21%认为"设置专门作业收缴处",28.79%认为"课后定时定点收缴"。详见表11-2。

表11-2 走班制下,哪种作业收缴模式更适合管理

选项	所选人数	所占比例
由课代表收缴作业	977	34.01%
设置专门作业收缴处	1069	37.21%
课后定时定点收缴	827	28.79%

根据调查结果及一些学校的成功经验,建议教学班任课教师可采取灵活的方式来

---

① 许伯祥.走班制学生管理的几个注意点[J].教学与管理,2016(1):28.

完成作业的收缴工作。

（1）走班组长收缴作业。即由来自各行政班的组长收缴。组长收齐作业后送至任课教师办公室，或将作业交给教学班的学习委员，由学习委员统一送交到任课教师办公室。

（2）设置作业收缴处。有条件的学校可在每个学科教室或教师办公室外面放置橱柜，用于作业的存放。如上海浦东复旦附中分校在学科教室外面放置一些木柜，专门用于学生作业的存放。

> 前门旁放着一个或两个大木柜，每个木柜都有三到四个抽屉，每个抽屉的右上方贴着小字条，注明A班、B班或C班……学生将作业统一放置此处，教师拿走批改好后再放回原处，学生再从这里取走。①

（3）课后定时定点收缴。任课教师和学生约定交作业时间和地点，学生完成作业后，单个送去。教师针对学生的作业情况进行面批或适当的辅导。

3. 卫生值日

任课教师负责教学班的卫生值日工作。首先，任课教师在平时的教育中引导学生不乱扔纸屑、果皮；抽屉里不准放纸屑等；自己座位周围的纸屑应主动、及时地打扫干净。其次，可采用轮流值日制。此项工作可安排一名班干部负责，安排教学班里的同学轮流值日，以保持教室的清洁。

（四）加强与班主任的沟通

关于"走班制教学实施后，班主任与学科老师间的交流情况"的问卷调查显示，有36.40%的高中教师认为，走班后班主任和学科教师"沟通不便，越来越少"（详见图7-21）。

为此，教学班任课教师应经常与各行政班的班主任进行联系，及时与他们沟通、交流学生的学习情况和具体表现。如浙江省绍兴市稽山中学规定，任课教师应加强与行政班班主任的联系，实现无缝隙管理。

> 选修课程导师（任课教师）要注意观察和了解学生的学习和思想情况。对选

---

① 徐星.高中走班："分"出个性，"走"向自主：浦东复旦附中分校探索走班分层教学[J].上海教育，2015(15)：35.

修课程教学班级中出现的迟到、早退和旷课等现象,及其他问题及时与相关行政班班主任沟通联系,问题比较突出的要协同行政班班主任及时报德育处解决。①

因此,任课老师若发现班级学生缺课、听课不认真、不能及时完成作业等情况,除了课后及时与学生进行沟通与教育外,还应及时通知班主任,或与班主任一起开展教育,采取适当的补救措施。

二、发挥导师在走班中的作用

选课走班之后,由于学生流动较大,班主任和任课教师无法顾及每一位同学。此外,本次新高考改革给予学生更多的权力按照自己的潜力与兴趣选择高考学科,但如何选择科目成为高中生面临的一大问题。为此,学校应发挥导师在走班中的作用。在关于"您认为在走班制模式下,导师扮演的角色"的问卷中,有2 873名高中教师参与了问卷,其中有2 102人(73.16%)认为,在走班制中,导师的作用"很重要",认为"一般"的有594人(20.68%),仅有127人(4.42%)认为"不太重要",50人(1.74%)认为"不重要"。详见图11-6。

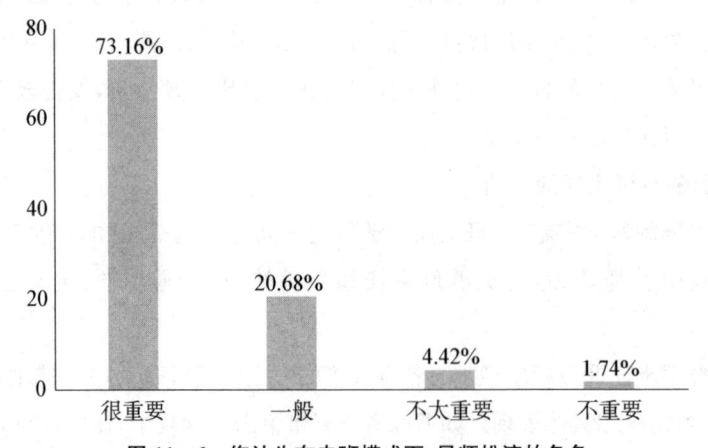

图11-6　您认为在走班模式下,导师扮演的角色

我国很多高中在实施"走班制"的同时,还将"导师制"引入学校管理,实现了班主任和导师的双轨制管理。

---

① 朱雯,等.走向"大成":浙江省绍兴市稽山中学课程建设与学校发展研究[M].北京:教育科学出版社,2015:165.

(一) 明确导师的基本职责

1. 导师制的由来

按照"辞海"的释义,导师制(tutorial system)是英国高等学校的一种教学制度。导师(tutor)对学生负有教学与辅导的责任。学生入学后,凡课程的选择、考试的准备等都可请求导师给予个别指导。每一位导师指导4—10人。①

导师制最早源于英国牛津大学。1384年,温彻斯特主教威廉·威克姆(William of Wykeham)创办温彻斯特公学,同时建立了牛津大学新学院(New College),让公学毕业生能够进入大学深造。导师制最早于15世纪初在牛津大学新学院实施。

> 新生一入校,学院就根据其所选专业,为他指定一位导师,负责指导他的学习和品行。导师和学生每周必须进行一次谈话,由导师指定阅读书目,学生汇报读书心得,师生一起进行研讨。②

1636年6月22日,时任牛津大学校长的威廉·劳德(William Laud)颁布了《劳德规约》(Laudian Code),首次将导师制确认为牛津大学体制不可分割的一部分,标志着导师制的正式确立。③ 该规约规定:

> 所有的学生都必须配备导师,并且担任导师的候选人必须是具有良好品质、广博学问和宗教信仰的教师;聘任导师须由院长或大学校长批准。导师需教导学生遵守教规戒律,规范其衣着,监管其行为。④

从17世纪末到18世纪,牛津大学的学院导师既要对学院负责,又要对学生家长负责,他们主要承担两项职能:一是监护人,二是教育顾问。⑤ 当时导师工作的好坏直接影响到学院的声誉和招生人数。因此,导师的作用和影响力越来越大,越来越受到人们的青睐和关注。

1872年,学分制(credit system)作为一项教学管理制度首次在哈佛大学诞生。它

---

① 杨德广,王锡林.中国学分制[M].上海:上海科学技术文献出版社,1996:135.
② 任京民.关于大学生导师制若干问题的探讨[J].合肥学院学报(社会科学版),2006(4):113.
③ 傅钰涵.英国本科生导师制的变迁、类型及特征[D].大连:辽宁师范大学,2021:19.
④ 周常明.牛津大学史[M].上海:上海交通大学出版社,2012:113.
⑤ 林大为.真理是良师:牛津大学[M].北京:现代出版社,2013:87.

规定学生无论选择什么课程,只要考试成绩合格,即可取得这门课程规定的学分。学生只要达到规定数量的学分就可毕业,不限学习年限。从此建立在选修制基础上的学分制在美国正式形成。①

19世纪末20世纪初,英国牛津大学和剑桥大学等高校效仿美国哈佛大学采用学分制,并将导师制推广,用于大学生的培养,为所有的大学生都配备了导师,成为导师制成功的典范。

我国的北京大学曾在1910年后开始试行美国模式的学分制。几乎在同一时期,浙江大学在竺可桢的领导下首开大学生导师制之先河。随后,国内其他高校也相继仿效。② 新中国成立后,大学生学分制和导师制被学年制取代,导师制只用于研究生教育。

导师制在中学的出现源于中学学分制的实施。学分制最初在哈佛大学等几个高等学府实施。1893年,美国教育学会设立了一个"十人委员会",该委员会提出关于在中学开设选修课的建议,之后,学分制逐渐在中学开始实施。美国在实施中学学分制的过程中发现,面对纷繁复杂的课程,"如果没有指导教师和家长的协助,学生很难做出符合自身实际的抉择"③。因此,学分制与导师制配合运作是美国实施学分制多年所积累的重要经验之一。④

法国、芬兰等很多在中学实施学分制的发达国家,政府都以文件的形式明确规定必须采用导师制来配合学分制。法国1981年的教育改革方案中重要的一条就是在中学实行导师制。⑤

1938年,我国教育部颁布《中等以上学校导师制纲要》。⑥ 1944年修订为《中等学校导师制实施办法》,要求导师监督学生的思想行为。⑦ 1988年,南京一中率先建立导师制。近几年,国内一些中学,如江苏省南京市第一中学、浙江省长兴县长兴中学、宁夏银川市第十八中学、北京市第八十中学以及佛山市的高明一中等都对中学导师制进行了探索。⑧

---

① 季诚钧,付淑琼. 大学课程与教学[M]. 上海:上海教育出版社,2018:282.
② 任京民. 关于大学生导师制若干问题的探讨[J]. 合肥学院学报(社会科学版),2006(4):113.
③ 钟启泉,崔允漷,沈兰. 高中学分制:国际经验及建议[M]. 上海:华东师范大学出版社,2004:93.
④ 宋维红. 学校公共关系理论与实践[M]. 北京:中央编译出版社,2007:355.
⑤ 常雪亮,陈建俏,肖义涛. 我国中学导师制的发展历程、现状与问题[J]. 生涯发展教育研究,2020(1):88.
⑥ 陈桂生. 聚焦班主任——"班主任制"透视[M]. 北京:教育科学出版社,2012:24.
⑦ 杜智萍. 19世纪以来牛津大学导师制发展研究[M]. 呼和浩特:内蒙古大学出版社,2011:271.
⑧ 任杰. 面向未来——"公益 科学 教育"论丛[M]. 北京:北京理工大学出版社,2020:73.

2. 导师的工作职责

有研究者将新高考背景下导师的职责概括为"五导",即思想引导、心理疏导、生活指导、学业辅导、成长向导。① 还有研究者将其职责概括为"六导",即选课指导、思想引导、心理疏导、生活教导、学业辅导和生涯荐导。② 上海浦东复旦附中分校按照"思想引导、心理疏导、生活指导、学习辅导"的要求,将导师的职责明确为"学业指导、升学指导、生活辅导、家校联系"③。总之,导师以促进学生的终身发展为职责,为学生提供思想、学业、生涯、生活和心理等多方面的指导。

思想引导方面,引导学生树立正确的人生观、世界观、价值观;培养和提高学生的思想政治素质,形成良好的道德品质。

学业指导方面,帮助学生尽快适应高中的学习生活;帮助学生了解新高考相关政策、学校的课程设置、高中所学科目的相关内容等;帮助学生了解自己的学习潜能和特点,指导学生制定个人学习计划;帮助学生掌握良好的学习方法,培养良好的学习习惯;缓解学业压力,提高学习效率;帮助学困生解决学业上的困难。

生涯规划方面,帮助学生了解自己的优势与劣势,并结合实际,指导学生制定升学目标与计划;帮助学生认识有关学科、专业和职业之间的关联,为学生科学合理地选择选考科目提供帮助;配合学校做好学生的职业体验、职业规划等工作;帮助学生了解有关高校的招考情况和各类招生的具体要求,为学生高校与专业的选择提供指导。

生活指导方面,帮助和指导学生发展个性和社会性,适应高中生活环境,培养独立生活的意识和能力;帮助学生养成良好的生活习惯和行为规范,掌握一定的自我保护技能,形成健康的生活方式;主动帮助学生了解学校的各项规章制度;关心学生校内生活情况,帮助学生认识同学和室友,了解彼此的性格和生活习惯,尽快适应住宿生活和集体生活;关心学生的生活,指导学生合理安排课余生活,引导学生参加丰富多彩的文体娱乐活动;帮助学生解决生活中遇到的问题;定期与学生谈心,了解学生思想动态和心理状况。

心理指导方面,帮助学生适应高中新生活,养成良好的生活习惯;关心学生的心理健康状况和成长需求,及时发现学生存在的心理问题,并帮助他们消除和克服心理障碍;帮助学生学会人际关系处理的方法和技巧;及时了解学生的所思所想,积极解答学

---

① 翁乾明.新高考背景下的中学导师制漫谈[J].福建教育,2020(25):17.
② 李福南,沈军红.新高考体制下中学新管理制度的面面观[J].江西教育,2018(23):37.
③ 刘希伟.试点省市高考改革研究[M].杭州:浙江教育出版社,2017:79.

生在成才过程中遇到的各种困惑,做好学生心理疏导工作;激发学生自尊、自强、自爱、自主和各方面积极向上的愿望。

(二) 挑选优秀教师担任导师

导师是学生世界观、人生观和价值观的引导者,同时也是学生学习的指导者、组织者和合作者,更是学生思想成长的辅助者和心理健康的维护者。应该说,导师是学生全面成长的推动力量。因此,学校应遴选优秀教师担任导师。理想的导师人选应当具备以下条件。①

> 能够为人师表,师德高尚,具有良好的个人品德和思想素质,行为举止能够起到模范作用;
> 具有为学生服务的精神,能真正投入到学生的日常学习和生活辅导中,耐心细致,善于倾听了解学生;
> 具备较高水平的专业知识和合理的知识结构,视野开阔、思想开明,能够与时俱进,乐于学习进取、不断完善自我。

因此,导师的遴选应注重导师的师德、知识结构与学术素养。导师一般由热爱学生、尊重学生、经验丰富、善于沟通、工作认真负责的学科老师担任。如上海市实验学校对导师的要求如下。

> 导师要求具备良好的思想道德素质,需为学生的行为举止做良好示范;导师要求具备深厚的知识储备,尤其是学科、教育学、心理学和班级管理方面的知识;导师要求具备较强的组织能力和语言沟通能力。特别强调导师对于学生生涯规划、心理疏导的成长辅助。②

上海市实验学校对导师的要求不仅是要具有深厚的知识储备与相关能力,而且对思想道德素质也提出了很高的要求。浦东复旦附中分校也建立了导师师德师风"一票否决"制度,并规定导师任期一般为一个学年,经考核合格才能继续担任。

---

① 蔡亚平.教师与学生道德行为的发展[M].北京:教育科学出版社,2011:155.
② 朱吉政,陈佳彦.谈德说道:高考改革中沪上名校的育人思考[M].北京:世界图书出版公司,2019:114.

学校建立了一套完整的导师考核制度：上一学年师德师风不合格的教师，采取本学年导师资格一票否决制。凡考核合格的教师，可在下一学年担任学生导师；考核不合格者，暂时取消导师资格，在纠正行为偏差、提升师德水平之后，可在下一学年重新提出担任导师的申请，经学校评估后，恢复导师资格。[①]

导师的产生一般是根据学校教师的实际情况，采取教师自荐与学校推荐相结合的办法。导师与学生可双向选择，在师生初步选择的基础上，学校还要根据教师的特点、长处以及学生的具体情况等，适当地进行调配。

要避免"主科"教师过热、"副科"教师过冷的情况。同时，要考虑让每位导师指导优中差不同层次的学生，一般为5—8名学生，必要时应随时调换。导师人选确定后，学校应发布正式文件予以确认，并把担任"导师"作为教师评优、晋升的重要条件。另外，学校还应开展导师培训，提高导师队伍的整体素质。

（三）做好学生的选课指导

实行选课走班后，学生能按照自己的潜力与兴趣选择学科，这对学生的自主意识和自主能力也提出了较高的要求。

那些自主能力较弱的学生在选课时易出现避难就易、拼凑学分的现象，以致造成所学知识的支离破碎，形成不合理的知识结构。[②]

关于"在学生选择选修模块之前，您所在学校开展选课指导的情况"的问卷中（详见图7-19），只有29.24%的高中教师指出"没开展过"。因此，针对学生盲目选课的弊端，导师在指导时，除了常规工作之外，还应重点加强学生的选课指导工作。

高一年级，导师的主要任务是帮助学生确定选考科目。导师通过个别谈话、集中指导、查阅档案材料等方式，了解学生的家庭情况、个性；指导高一新生如何适应高中学习，找到适合自己的学习方法和习惯；指导学生了解选考选科和未来职业之间的关系，同时明确自己所选科目。

高二年级，导师的主要任务是根据学生所选科目，指导他们开始个性化的学习与

[①] 徐星.上海第一所探索全员导师制的高中　浦东复旦附中分校：8年"探路"育人新范式[J].上海教育，2021(30)：13.
[②] 任杰.面向未来——"公益　科学　教育"论丛[M].北京：北京理工大学出版社，2020：74.

研究。导师对学困生进行全方位的心理疏导；指导学生如何应对青春期心理变化，针对学生分科选课给予建议；明确主课与学业水平测试科目之间的关系；指导学生如何面对考试成绩与竞争，面对现实与理想的差距，如何调整目标，发现潜力等。

高三年级，导师的主要任务是指导学生应考和填报志愿等。指导学生制定复习计划；缓解学业压力，增强学生的自信心；指导学生了解高校与专业及如何填报志愿等。

(四) 建立导师考核的激励制度

导师需要明确自己的工作职责，认真完成工作。每年学期或学年末，学校应对导师的工作情况进行考核，导师每年的考核结果为教师绩效奖励、年度评优、职称晋升等的重要参考。

导师考核工作每年一次，由学校专门成立的导师考核工作领导小组负责实施，以保障考核工作的顺利开展。学校应在导师的自评，以及学生、班主任及相关老师他评的基础上，由导师考核工作领导小组评价，最终形成对导师工作的总体评价，以保证考核结果的准确性与公正性。

> 例如，浙江瑞安市新纪元实验学校对各导师进行的评估分为自评(10%)、学生评(30%)、家长评(30%)、校评(30%)。在考评时，综合考评导师的工作态度、工作成效、学生及家长的满意率，同时，结合所指导学生的发展状况(主要评估学生在原有基础上的进步状况)。①

考评时，要重点考核导师在德、能、勤、绩等方面的表现，考核内容主要包括两个方面：

学生方面，主要涉及学业成绩变化、品行表现、行为习惯、生活能力、人际关系、心理健康等方面。

教师方面，制订计划，包括导师对受导学生的基本分析和基本工作意图；辅导记录(手册)填写情况；记录成长分析，建立受导学生成长档案；导师的总结反思、体会、理论分析、经验教训；特殊学生的个案分析等。

导师考核的结果列入教师年度工作评价的内容，并且与导师本人的绩效奖励、职称晋升以及班主任年限等挂钩，以调动导师工作的积极性。

---

① 蔡亚平.教师与学生道德行为的发展[M].北京:教育科学出版社,2011:160.

三、开展生涯规划教育

从国际比较来讲,国外在实施走班教学时,非常重视学生生涯规划的教育与指导。如美国非常重视高中生的生涯规划,在学生指导教师(counselor)指导下,通过生涯规划课程及与生涯有关的讲座、活动等,对自我和社会将会有较为充分的了解,这为他们选课、选高校、选专业奠定了良好的基础。

> 新生进校后,指导教师将为每一名学生进行心理和个性倾向测试,并为学生建立电子档案。高一新生入校后,指导教师就为学生开设选课方面的专题讲座或进行个别谈话,向他们介绍学校课程的开设情况、学分要求、个性倾向与职业的关系、各种职业和学科的关系等。……在指导教师的指导下,学生根据自己的个性和特长、生涯规划(如准备要报考的大学专业,升学还是就业等)、课程大纲等信息选择所要修习的课程。在选课的过程中,指导教师会通过讲座、家访、电话等形式与家长保持联系。[①]

生涯与学业指导在芬兰不分年级高中的管理中显得尤为重要。为此,《高中课程2015》将《学生咨询与指导》列为必修课程,同时还对咨询与指导工作进行了详细的规定。《高中课程2015》明确指出,参与学生指导的人员有:学生顾问(counsellor)、小组指导员(supervisor)及学科老师等。"学生顾问负责全校学生咨询与指导工作,并加以规划与实施。小组指导员监督所负责小组学生的学习。学科教师指导学生学习及相关技能"[②]。

> 芬兰高中学校的学生顾问会在选课之前,帮助学生了解自己的性格、气质、兴趣等,同时通过各种活动帮助学生了解行业与职业、高校与专业等,明确未来的专业与职业的选择。在此基础之上,帮助学生了解学校课程的基本情况,并让学生结合自己的实际情况选择自己要上的课程。另外,学生顾问还要帮助学生制定自

---

① 杨光富,李茂菊.尊重个性与选择权:美国高中走班制的核心[J].外国教育研究,2020(8):23.
② The Finnish National Core Curriculum for the General Upper Secondary Education (LUKION OPETUSSUUNNITELMAN PERUSTEET 2015) [EB/OL]. (2015 - 02 - 05) [2021 - 09 - 12]. https://www.oph.fi/sites/default/files/documents/172124_lukion_opetussuunnitelman_perusteet_2015.pdf.:228.

己的学习计划,并不断地加以调整。除了指导学生选课及制定学习计划外,学生顾问还要接受学生关于学段安排、考试准备、学习方法与策略、未来择业等方面的咨询与指导,还要解决学生关于人际关系、情绪调控、学习压力舒缓等心理方面的咨询与帮助。①

其实,我国对高中生涯规划也比较重视,现已成为高中教育的主要内容。2010年,《国家中长期教育改革与发展规划纲要(2010—2020年)》首次提出,在我国普通高中阶段建立学生发展指导制度,加强对学生理想、心理、学业等多方面的指导。2014年,国务院办公厅下发《关于新时代推进普通高中育人方式改革的指导意见》,将"加强学生发展指导"摆在重要位置,明确指出要加强学生发展指导,处理好个人兴趣特长与国家和社会需要的关系,提高选修课程、选考科目、报考专业和未来发展方向的自主选择能力。

国家已将学生发展指导列为高中教育的一项重要内容,并成为新时代推进普通高中育人方式改革的一项重要内容。学生发展指导从内容来讲,既有学业指导,也有生涯指导,更有生活指导,在新高考选课走班背景下尤为重要。

建议学校将学生发展指导列入课表、进入课堂。学生发展指导的内容既包括学业指导和生活指导,也有生涯指导,学校应根据学生的不同年级与特点各有侧重地安排实施。

在设计课程时,除了需涉及学业和生活指导相关内容外,还应重点加强学生的生涯规划指导。建议课程安排在高一至高二年段。高一年级应加强对自我认知的了解,包括性格、气质、兴趣、个人价值观等,以及它们与未来职业的关系;帮助学生了解个人的兴趣爱好、学习能力、未来职业选择和人生发展规划,培养学生生涯规划的意识和能力;理性选择选考科目。高二年级侧重学生对外部世界的探索,包括行业和职业、高校与专业等,在此基础上,培养他们理性选择的能力。

除了专门的生涯规划课程外,学校还应充分发掘校内现有的各种课程资源,如通过社会实践、社团活动、职业生涯体验,或利用班会、升旗仪式、板报、校报、校园广播、校园网络、专题讲座等多种途径,对学生开展生涯规划教育与指导。

---

① 杨光富.个性与选择:芬兰不分年级高中的组织与管理[J].外国教育研究,2022(5):66.

四、加强教师队伍建设

新高考后,学生选科走班的情况将影响选考学科教师的数量需求,造成教师短缺的情况。在关于"走班后,您所在学校在师资配备上的应对措施"的问卷中(详见表7-8),有73.79%的教师建议"招聘和储备部分学科教师",也有老师提出了"让教师跨年级上课"(61.92%)、"安排多余学科教师转岗"(45.35%)以及"从其他学校聘请学科教师来校上课"(26.98%)多种举措。因此,针对走班学习中出现的师资不足情况,地方教育行政部门和各个高中学校应积极探索解决办法,以应对学科教师不足的问题。

(一)及时配齐学科教师

选课走班后,由于学生选课自主权的加大,为了尽量满足学生的需求,学科班级规模变小了,随之教学班数量明显增多。走班教学由于增加了教学班数量,自然也就需要增加师资总量。"学科班级规模变小,班级数量变多,教师任教科目增加,最终导致教师工作量加大"①。

在关于"走班制有没有加重您的教学/工作的负担"的问卷调查中(详见图7-13),有495名教师(占51.78%)认为"加重负担",有420名教师(占43.93%)认为"没有变化",而认为"减轻负担"的只有41名教师(占4.29%)。因此,针对走班教学教师工作量增加的问题,必须尽快增加教师数量,缓解高中教师的工作压力。

根据走班教学及高考综合改革的需要,地方教育行政部门应充分关注高中学校师资队伍状况。同时,应根据城乡统一的编制标准要求核定教职工编制,增加教师编制,为学校及时补充配齐任课教师,特别是短缺学科教师。

(二)建立教师流动制度

为解决走班制下师资不足问题,教育行政管理部门应出台政策,鼓励建立区域内校际教师的流动机制,具体措施如下。

1. 建立健全教师轮岗交流制度

教师轮岗制度是进一步提升教育均衡化发展水平,缩小城市间、城乡间教育事业发展差距的重要举措。在进行轮岗时,可挑选一批优秀教师,协调安排好上课时间,帮助师资力量较弱的学校。

完善区域内中小学岗位设置动态调整机制,及时调整岗位数量,形成区域内

---

① 刘希伟.试点省市高考改革研究[M].杭州:浙江教育出版社,2017:149.

教师动态交流机制,鼓励教师"多校执教",为解决结构性缺编或者结构性富余问题提供政策支持。①

2. 建立富余教师调配机制

为解决因选课走班带来的教师结构性缺编和潮汐现象,除了招聘配齐教师外,地方教育行政部门还应鼓励校际之间加强合作,建立区域内富余教师统一调配管理机制。

> 可以区域为单位,如一个学区、一个集团或是一个区域教育局等,统一排摸区内教师总量和结构,统一排摸区内各学科对教师数量的需求。要做好支持和保障工作,进行区域内统筹。②

因此,在教师结构性短缺和阶段性短缺方面,区域应统筹协调,制定政策,进行区域招聘、培训和调配。

> 如上海市部分区域尝试建立直接由区教育局管理的流动教师队伍,在有的学校某些学科教师短缺时,教育局则会调动这批资源,以满足学校的正常教学需求。③

区域内师资较好的学校选拔出名师、特长教师帮助师资较弱的学校,给这些教师安排好分层走班的时间,规划好交通路线,安排校车接送。对于整个流动过程中所产生的各项合理费用,建议由当地政府或教育行政部门予以实报实销,并对他们划拨相应的津补贴。④

(三) 富余教师转教其他学科

为了保障教育资源的优化配置,对富余学科教师进行转岗培训,经培训合格后转教其他学科。

---

① 杨敏. 读懂新高考·通识读本[M]. 长沙:湖南教育出版社,2019:216.
② 袁振国. 中国教育政策评论 2018[M]. 上海:上海教育出版社,2019:21.
③ 翟艳. 新高考背景下普通高中资源配置的现状分析与对策建议[J]. 天津市教科院学报,2018(5):12.
④ 冯帮,骆明丹. 关于分层走班教学管理问题的调查报告——以湖北省 Y 市为例[J]. 当代教育论坛,2017(2):53.

如物理教师任教技术学科,并且通过增加课后辅导课的方式来满足教师的正常课时量,有些学校还为课时较少的教师安排了行政或者生涯指导的工作。①

(四)充分挖掘教师的潜能
学校要根据整体师资状况,合理调整教师资源,做到人尽其才。学校应鼓励教师一专多能,开设相关课程,以弥补教师不足的难题。

比如,英语学科教师的第二外语,政治学科教师的法律、哲学、经济学、心理学、政治学方向,体音美教师的专业方向(如篮球、足球、田径、游泳、声乐、器乐、戏曲、舞蹈、书法、国画、油画)等个人特长优势。②

另外,对少部分学科教师结构性缺编情况,通过返聘优秀退休教师、临时借用初中教师、各高中通过"共享互助"、外聘教师以及购买服务等多种措施,来解决某些学科教师不足的问题。

比如,宁波市骆驼中学从2015年开始就与区内其他高中进行这方面的合作,有效解决了师资短缺的燃眉之急。③

五、构建多元评价机制
走班教学后,不同层次班级学生的水平存在差异,很难以统一的标准对教师进行评价;同时,走班教学对教师一岗双责的要求,教师评价不仅要考虑教学,还要考虑育人等。针对走班教学的新变化,学校应构建多元评价机制,采用学生成绩增值评价、对学科团队整体评价以及评价主体多元等方式,对教师的教学和管理进行综合评价。

---

① 洪晓丹,孙建清.新高考背景下的师资配备与绩效评价[J].中小学管理,2016(12):8.
② 杨敏.读懂新高考·通识读本[M].长沙:湖南教育出版社,2019:216.
③ 刘希伟.试点省市高考改革研究[M].杭州:浙江教育出版社,2017:150.

(一) 采用考试成绩增值评价

由于各个教学班学生层次不同,不同层次班级学生的起点会有明显的差异,因此可以采用学生成绩增值评价,因为该评价不仅可以体现学生在一段时间内的学业进步,还可以判定教师对学生学业进步的影响。

增值评价(Value Added Evaluation)也称为附加值评价。它源于詹姆斯·科尔曼(James S. Coleman)1966 年向美国国会提交的《关于教育机会平等性的报告》,简称《科尔曼报告》。报告提出:

> 学校的物质条件并不是决定学生学业成就的核心因素,学校的作用在于帮助学生克服其出身不平等带来的学业进步障碍,即以学校帮助学生成长的努力程度作为评价学校工作绩效的依据。①

增值评价是国际上最为前沿的教育评价方式,该评价是以学生学业成就为依据,追踪学生在一段时间内学业成就的变化,并将客观存在的不公平因素的影响分离开来,考察学校对学生学业成就影响的净增值的评价。

增值评价的基本公式是:增值=输出−输入。"输入"是指学生在开始某阶段学习之前所处的学业水平,"输出"是指学生经过该阶段的学习后所达到的学业水平,两者的差值则是学生所取得的学业进步,即增值。②

增值评价的基本操作流程有四个部分:③

第一,收集学生之前的学业成绩数据,将它作为增值评价的"输入"。

第二,经过一段时间的教学后对学生进行学业测试,将测试成绩作为增值评价的"输出"。

第三,利用计算机程序统计和分析收集到的数据,得出每名学生的学业进步值,这个进步值就是所谓的"增值"。

---

① 王建华,卢鸿鸣,缪雅琴. 基础教育质量综合评价理论与实践研究[M].长沙:湖南教育出版社,2019:29.
② 李雄鹰. 高考评价研究[M].武汉:华中师范大学出版社,2014:152.
③ 杨敏. 读懂新高考·通识读本[M].长沙:湖南教育出版社,2019:159.

第四，将统计和分析的结果撰写成报告，并分析学生可能存在的各种问题。

学校对学生学业的发展性评价，需要通过学生成绩的增值评价来实现。增值评价是通过收集不同时间点上的测试结果，对学生一段时间内的成绩进步水平实施评价，是一种基于学生进步幅度的评价。为了实施好增值评价，学校应采用科学的手段对学生的学习过程进行跟踪，并记录每个学生阶段学习后的终结测评数据，最终形成增值评价报告，作为教师评价的依据。同时，学校若在监控中发现问题，应及时告诉任课教师，并以适当的方式让学生知晓，引导学生及时矫正问题，向好的方面发展。①

（二）对学科团队进行整体评价

走班后，学生按照自己的课表到不同的教学班上课，这样同一个教学班的学生来自不同的行政班。同样，同一行政班的学生未必选择相同的课程。因此，为适应新高考的新变化，学校对学科教师的评价应从之前注重教师个体的评价转向重视对整个学科团队的整体评价。

只有实行"捆绑式"评价，才能促使整个学科组团队综合实力的提升，发挥团队的力量，形成学科品牌效应，在激烈的高考竞争中获得优势。②

可以看出，对学科团队进行整体评价有利于提高学科团队整体水平，另外，这样的评价还可以加强教师间的团队合作。

通过强化学科组团队的评价，弱化教师个体评价，可以减少同科组老师之间的竞争，从而减少教师之间的矛盾，加强合作，调动学科组成员的积极性。③

（三）注重评价主体的多元化

为做到教师评价的公正、公平、公开，提高教师评价的信度与效度，学校在重视教师自评的同时，还要重视学校、家长和学生的评价，通过评价主体的多元化，对教师做

---

① 安富海. 探索增值评价制度　学生素质提升幅度大，才是好学校[N]. 光明日报，2020-07-21(13).
② 刘红禄. 分层走班教学对教师评价的挑战与对策[J]. 新教育，2017(13)：24.
③ 黄牧航. 以教师为中心的区域教师培训模式：广东顺德区"双塔"校本研训模式探究[M]. 广州：华南理工大学出版社，2018：180.

出综合评价。

学校评价领导小组应对教师授课的教学设计、教学效果、教学成绩和班级管理、学生育人等方面进行评价;教师自评是教师对自己的工作成绩、业务能力、工作态度、班级管理等方面进行总结与汇报;学生评价主要是对教师的道德修养、教学态度、课程满意度进行评价;家长评价主要涉及孩子对学习内容的掌握程度、作业批改、课外指导等情况。

另外,在多元评价的同时,学校还要采用定性与定量相结合的个性化评价,过程性评价与教学成绩相结合,以促进教师专业素养与教学水平的提高。

六、拓宽教学空间资源

学生选课的自主性导致各学科、各层次的选学人数无法指定,很难恰好使每个教学班都满额,这在很大程度上会造成班级数量变多、教室需求量增大。政府应加大教育财政投入,全面落实生均公用经费拨款制度,加强高中学校基础条件建设,通过新建或扩建部分校舍,或适当调整招生规模等方式,解决新的教学模式下校舍场馆不足的问题。[①] 除此之外,各高中学校也应采取多种措施来拓宽走班教学空间,解决教室数量不足的问题。

(一)将面积大的教室进行改造

中小学的教室一般可容纳 50 人左右,但选课走班后,很多班级人数压缩至 25 人之内。在这种情况下,可以将现有教室进行改造。

如北京十一学校通过将原有的容纳 40—50 人的教室一分为二,改建为小教室,从而扩大教室数量。如该校的容光楼内大一点的教室打了隔断被一分为二变成两间,小一点的教室两间改成三间,为打破单一的讲授形式,教室内拆掉讲台。[②]

(二)教师办公室改建为学科教室

美国高中教师是没有办公室的,其办公地点是在所任学科的教室,各个班级没有固定的教室,学生上什么课就到那门课任课老师的教室。

美国高中走班制的一大特点是"教师固定坐班、学生流动走班"。每门课程的

---

① 杨敏.读懂新高考·通识读本[M].长沙:湖南教育出版社,2019:211.
② 刘琪.走班制中学教学空间配置研究——以北京十一学校为例[D].北京:中央美术学院,2019:21.

上课地点既是学科教室,也是老师的办公室。美国高中的教室是按照学科划分的,如数学教室、物理教室、化学教室等,什么学科的教师,在相应的学科教室里办公、授课。①

在我国的一些高中,为了满足走班需求,学校也建立了学科教室,教师的办公室也搬至学科教室内。如在北京十一学校,每个学生都有一张专属的课程表,每个人都按照自己所选择的课程,到不同的学科教室上课。在上海浦东复旦附中分校,传统的教师办公室不复存在,取而代之的是一间间标有教师名字的学科教室。

> 学校的二十几间教室没有以班级命名,例如高一(1)班、高二(1)班,而是以学科和教师姓名命名的,如语文教室王老师、数学教室张老师等。专业教室由教师自主布置,同时也是教师的办公、备课、答疑场所。②

山东省潍坊广文中学的文华校区将年长资深教师和青年教师搭配安排在一起,在学科教室办公,各学科教室成为了教师的工作坊。

> 选课走班以后,教师在学科教室里办公,1—2人共用一间学科教室,成熟教师与青年教师搭档成为常态。青年教师向成熟教师学习,成熟教师及时指点青年教师成长,也向青年教师学习新技术和新思想,学科教室成了教师专业发展的栖息地。③

以上成功案例表明,可将学科教室和教师办公室合二为一,这样不仅可以将现有的办公室改建为教室,扩大教学空间,而且学科教室成为教师的办公室,成为教师备课、上课、办公、答疑的地方,还便于加强师生之间的交流,学生有了问题,可以随时找到老师。

(三) 增加临时教室

在一份调查中,21.8%的教师认为可以通过"增加临时教室"来应对教室不足问题

---

① 杨光富,李茂菊.尊重个性与选择权:美国高中走班制的核心[J].外国教育研究,2020(8):21.
② 虞晓贞.刍议"走班制"下的学校管理创新——以浦东复旦附中分校为例[J].教育参考,2016(3):74.
③ 张建英,郝泽启."选课走班"后的集体教研转型[J].中小学管理,2016(12):44.

(表 11-3)。

表 11-3 如何解决教室数量不够用的问题[①]

选项	所选人数	所占比例
增加临时教室	98	21.8%
共享教室兼作教室	198	44.1%
实验室兼作教室	59	13.1%
专用教室兼作教室	88	19.6%
其他	6	1.4%
合计	449	100%

学校可以在空旷的地方，建设活动板房临时教室，用于学科教室教学；也可以利用学校仓库、地下室等空间，开辟临时教室，通过多种措施解决教室数量不足的问题。

(四) 一室多用，扩大利用率

充分提高教室的利用率。如将行政班教室和学科教室合二为一；增加普通教室的功能，把一部分对环境和设施没有专门要求的功能教室直接与普通教室整合；提高功能教室的使用效率。

> 学校大力提高功能教室的使用效率，对舞蹈房、计算机教室、游泳馆、篮球馆、乒乓球馆、图书馆、科学探究室等教室资源进行重新配置。在不开展相关活动时，将它们作为实施校本课程的普通教室。[②]

北京市十一学校不仅将行政班教室转变为学科教室，同时使学科教室成为集上课、办公、阅览、实验、讨论、教研等多功能于一体的空间。

> 学科教室还是学生讨论、阅读、上自习的地方。任何一个学科教室没有课的时候都开放为自习室，学生可以按照自己的需要，选择到任何没有课的学科教室上自习。[③]

---

① 陈志科,霍晓宏.选课走班,我们在行动[M].天津:天津社会科学院出版社,2019:19.
② 梁海伟,王振宇.理想与行动:小班化教育区域实践与研究[M].北京:教育科学出版社,2018:140.
③ 张荣伟.中国教育改革大系:教育实验卷[M].武汉:湖北教育出版社,2016:97.

建议学校应充分利用学科教室,让学科教室成为学科教师授课的地方;学生上课的地方;学生阅读与研讨、上自习的地方;教师备课、办公和答疑的地方。它既是班级教室、功能教室,又是校本课程教室,为选课走班提供了充分的空间保障。

(五)充分利用食堂等空间

如对餐厅进行改造,配置教学设备。将原有的饭桌升级为可以组合的饭桌。通过升级改造,食堂除了用餐外,还可当作学科教室、会议室和报告厅等。另外,将仓库、地下室全部腾出来,改为学生的活动用房。在每一层楼腾出一个一百平方米的地方作为学生的公共空间。[①]

(六)走廊放置储物柜

走班教学后,学生流动性强,没有固定的班级,书包及个人随时物品存放就成为一个亟待解决的问题。很多学校充分利用走廊空间,在教室门口放置储物柜。

如北京市十一学校,在教学楼走廊两边的墙面全部放置储物柜,以方便学生存放书包及衣物。平均每个学生都有1—2格储物空间,刷校园卡即可打开。浦东复旦附中分校不仅在学科教室内设置了储物柜,供学生放置一些不方便随身携带的物品,还在学科教室外面放置了一些木柜,专门用于学生作业的存放。

> (学科教室)前门旁放着一个或两个大木柜,每个木柜都有三到四个抽屉,每个抽屉的右上方贴着小字条,注明A班、B班或C班。据介绍,这是收、放作业的地方,走班后任课教师与学生在课后无法经常碰面,便让学生将作业统一放置此处,教师拿走批改好后再放回原处,学生再从这里取走。[②]

由于学生走班上课,没有固定的教室,学生一天之内要转换很多的教室,学校应从学生的角度考虑,充分利用走廊空间,在学科教室内或外面的走廊放置一些储物柜,供学生存放书包、衣服等物品。储物柜设置密码锁,学生可通过校园一卡通作为存取的凭证,进行开门操作。

---

① 刘琪.走班制中学教学空间配置研究——以北京十一学校为例[D].北京:中央美术学院,2019:21.
② 徐星.高中走班:"分"出个性,"走"向自主:浦东复旦附中分校探索走班分层教学[J].上海教育,2015(15):35.

附　录

附录一　走班制下高中生涯规划现状调查(学生卷)

一、基本信息

1. 你的性别：A. 男　B. 女
2. 所在年级：A. 高一　B. 高二　C. 高三
3. 所在学校(请自行填写)：_____

二、单选题

4. 你了解自己的性格和兴趣爱好吗？
   A. 了解　　　　B. 不太确定　　　C. 不了解　　　D. 没有考虑

5. 你了解自己的能力特长吗？
   A. 了解　　　　B. 不太确定　　　C. 不了解　　　D. 没有考虑

6. 你在学校的学习和生活中有明确的发展目标吗？
   A. 有清晰而长远的目标　　　　B. 有清晰但比较短期的目标
   C. 目标模糊　　　　　　　　　D. 没有目标

7. 你是否清楚自己未来三到五年的发展计划？
   A. 是　　　　　　　　　　　　B. 有想法,但不太确定
   C. 没有具体想法,但有大致轮廓　D. 没想过

8. 你了解自己适合往哪些职业方向发展吗？
   A. 了解　　　　B. 不太确定　　　C. 不了解　　　D. 没有考虑

9. 你选择高校专业的主要依据是：

A. 该专业的就业前景　　　　　B. 个人兴趣

C. 个人能力优势　　　　　　　D. 个性特点

E. 长辈或朋友等其他人的看法　F. 其他

10. 你清楚自己现在的优势和劣势吗?

A. 非常清楚　　B. 比较清楚　　C. 有点清楚　　D. 不清楚

11. 你对各高校专业是否了解?

A. 非常了解　　B. 比较了解　　C. 有点了解　　D. 不了解

12. 你清楚自己在当前及以后职业发展中的优势与劣势吗?

A. 很清楚　　　B. 不太清楚　　C. 不清楚　　　D. 没有考虑过

13. 你们学校针对新高考有没有实行走班?

A. 有　　　　　B. 没有　　　　C. 不知道

14. 走班上课是否对你的学习有促进提高?

A. 非常大　　　B. 有　　　　　C. 有一点　　　D. 没有

E. 非但没有成绩反而降低

15. 你认为哪种因素对同学们在进行走班课程选择的时候影响最大?

A. 课程的难易　　　　　　　　B. 带班教师的经验及地位

C. 带班教师的个人魅力

D. 带班教师的授课方式等对于学生自己是否适合

E. 其他

16. 你认为走班制与传统行政班对比,让你感受最强烈的不同是什么?

A. 老师的关注度不同　　　　　B. 学习进度不同

C. 学习氛围不同　　　　　　　D. 更好地享受教育平等

E. 同学关系变化　　　　　　　F. 其他

17. 走班上课时的管理与纪律与传统行政班上课相比如何?

A. 好很多　　　B. 更好一点　　C. 差不多　　　D. 更差一点

E. 差很多

18. 你是否喜欢走班制?

A. 非常喜欢　　B. 喜欢　　　　C. 无所谓　　　D. 不喜欢

19. 总体上,你认为你们学校的走班制办得成功吗?

A. 成功　　　　B. 比较成功　　C. 一般　　　　D. 不成功

20. 你是否希望继续延续走班制？

 A. 希望   B. 无所谓   C. 不希望

21. 在这之前你知道"职业生涯规划"吗？

 A. 非常了解   B. 听说过   C. 没听说过

22. 在你心目中，职业生涯规划的重要程度有多大？

 A. 非常重要   B. 重要   C. 一般   D. 不太重要

23. 对于高中学校开设职业生涯规划课程，你觉得有必要吗？

 A. 有必要，应开设专门课程保证一定课时

 B. 有必要，应在现有的学科专业课程中加强渗透职业生涯规划教育

 C. 没有必要，应维持现状，保证学科专业学习的课程

 D. 无所谓

24. 你认为职业生涯规划课程应该从高中哪个年级开始？

 A. 一年级   B. 二年级   C. 三年级   D. 贯穿一到三年级

25. 你对学校开设职业生涯规划课程的态度是？

 A. 非常感兴趣   B. 感兴趣

 C. 不感兴趣   D. 学校安排无奈接受

26. 你希不希望接受更多的生涯规划辅导？

 A. 非常希望   B. 较希望   C. 一般   D. 有点希望

 E. 毫不希望

27. 你认为生涯规划对在读高中的你而言：

 A. 非常重要   B. 比较重要   C. 一般   D. 不重要

 E. 非常不重要

28. 你在现在的学习生活中有明确的目标吗？

 A. 有，非常清晰，有远期（人生奋斗方向）、中期（人生职业规划）、短期（3—5年的阶段性目标）

 B. 有，还比较清晰，但只有近期的，并没有做长期规划

 C. 有，只有一点，没有很仔细考虑

 D. 从来没有想过

29. 你觉得梦想和现实工作可能并行吗？

 A. 不太可能吧，我只是一个普通人而已

B. 一般那都是电影和电视剧里的剧情

C. 我坚信可能实现,我将为之奋斗终身

D. 如果精力和时间允许的话应该可以吧

E. 无所谓,挣钱多就行了

F. 想,但梦想这种东西都是梦里想想就行了,不可能实现的

G. 我非常想实现我的梦想,我觉得一个人如果为梦想而工作是一件多么幸福的事啊

30. 请问你现在所在的学校是否开设了职业规划课程?若有,它对你的帮助如何?

A. 有,并且帮助很大 B. 有,略有帮助

C. 有,但帮助甚微 D. 未开设此类课程

31. 你认为进行职业规划的合适时间为?

A. 越早越好 B. 高中

C. 大学 D. 毕业后再做打算也为时不晚

32. 学校是否开设生涯规划相关课程?

A. 有 B. 无

33. 学校内生涯规划课程一般安排一周几节?

A. 一节 B. 两节 C. 三节 D. 四节

34. 你认为生涯规划中容易出现哪些问题?

A. 目标太过宏大,距离过于遥远 B. 只计划,不实施

C. 计划中许多步骤与现实不符 D. 其他(请具体描述):_____

35. 当你面临职业选择困难时,你一般会选择什么途径去解决?

A. 完全按照自己规划的那样继续下去 B. 根据当时就业情况而定

C. 通过咨询他人意见来决定 D. 寻求权威机构决定

E. 其他(请具体说明):_____

36. 你对目前的就业形势和未来就业前景如何看待,最担心哪些问题?

A. 就业压力较大,担心找不到工作

B. 缺乏清晰的职业规划,没有结合自身情况和市场标准就盲目择业,导致找不到合适的工作

C. 自身的能力,技能水平不符合企业用人的标准

D. 对自己很有信心,相信凭借自己的能力能找到合适的工作

37. 你是否了解职业生涯规划的相关理论和方法?

    A. 了解   B. 不太了解   C. 不了解   D. 没有考虑

38. 如果学校可以提供培训,你希望得到哪些方面的培训?

    A. 企业人力资源专家提供的职业规划、就业指导、求职技巧等多方面服务

    B. 成功职业经理人讲座、成功心理学训练课程

    C. 潜能提升课程

    D. 到企业实习锻炼,和更多名企业新人互动、沟通

39. 如果接受学校组织的职业生涯规划,你更喜欢以何种方式进行职业咨询?

    A. 面对面咨询   B. 电话咨询   C. 网络咨询   D. 同学互助

    E. 团体

40. 在职业指导中,你最期望学到的是什么?

    A. 职业礼仪、形象指导   B. 求职、面试技巧、说话艺术的指导

    C. 职场中为人处世原则   D. 从专业知识方面择业

41. 在选择就业时,你认为什么最重要?

    A. 兴趣爱好   B. 薪水高低   C. 发展空间   D. 工作的稳定性

42. 假如你在求职时遇到问题,你会寻求哪种帮助?

    A. 老师   B. 父母   C. 亲朋好友   D. 专业咨询机构

    E. 自力更生

43. 你有无对自己的职业进行过规划?

    A. 有,很清晰,有远期(人生奋斗方向)、中期(人生职业规划)、短期(3—5 年的阶段性目标)

    B. 有,还比较清晰,但只有近期的,并没有做长期规划

    C. 有,只有一点,没有很仔细考虑

    D. 从来没有想过

44. 你是否了解生涯规划的相关知识?

    A. 非常了解   B. 知道,但不是很了解

    C. 听说过   D. 一点也不了解,很陌生

45. 你现在是否有了今后想要从事的职业?

    A. 非常明确   B. 还在犹豫   C. 没考虑过

46. 你认为学校生涯规划课程课时安排怎样比较合适？

A. 一周一次　　B. 一月一次　　C. 半学期一次　　D. 一学期一次

47. 你觉得生涯课程通过什么形式开展比较受同学喜欢？

A. 班级授课　　B. 主题班会　　C. 讲座　　D. 报告会

48. 你是通过何种方式了解生涯规划的？

A. 班级授课　　B. 主题班会　　C. 讲座　　D. 报告会

49. 你一般通过哪些途径来进行自我认识？

A. 网上测评工具　　B. 咨询老师　　C. 咨询家长　　D. 咨询亲戚朋友

E. 其他

三、多选题

50. 你认为应该通过什么角度来选择高考选课科目？

A. 科目成绩的学校排名　　B. 将来想从事职业的专业

C. 听老师的建议　　D. 听父母的建议

51. 你从什么角度来考虑适合自己的职业？

A. 性格　　B. 兴趣　　C. 从众　　D. 家长要求

E. 金钱　　F. 国家发展　　G. 为人民服务

52. 学校开设的生涯课程在什么方面对你有帮助？

A. 对自己有所认识　　B. 自己的人生观、价值观更加清晰

C. 初步有了自己的人生规划　　D. 对不同的职业有所了解

E. 明确了自己高考选考的课程　　F. 没有帮助

53. 你认为以下何种方式能让你对人生规划与职业有更深的了解？

A. 社会实践活动　　B. 研究性学习　　C. 参观　　D. 调查研究与实践

E. 角色扮演　　F. 社会服务　　G. 担任志愿者

54. 你希望职业生涯规划课程主要介绍哪些内容？

A. 了解职业社会和有关就业政策　　B. 获取、辨别和筛选就业信息的方法

C. 求职就业的技巧和方法培养　　D. 进行职业生涯设计规划和设计

E. 让毕业生了解自己的性格、能力、职业倾向

F. 职业选择决策的方法

G. 与家庭成员进行职业选择的有效沟通方法

H. 毕业生就业协议、劳动法和争议解决方法

I. 职业素养的提升　　　　　　　J. 求职阶段的心理调节方法

K. 其他

55. 对于学校开展职业规划教育课程,哪些形式你比较赞成:

A. 课程教学　　　B. 分组讨论　　　C. 企业参观　　　D. 团体辅导

E. 角色扮演　　　F. 实践活动　　　G. 讲座培训　　　H. 面对面咨询

56. 你对自己未来发展最担心哪些问题?

A. 新高考使自己不能考上理想大学

B. 缺乏清晰的职业规划,导致找不到合适的工作

C. 自身的综合素质不符合企业用人的标准

D. 很有信心,相信将来的我能找到合适的工作

E. 其他

57. 如果你选择就业与职业,最关注以下哪些方面:

A. 单位的薪酬福利待遇　　　　　B. 职业的社会声望

C. 有利于实现自己的既定目标(如出国、考研、进沪等)

D. 符合自己的兴趣爱好　　　　　E. 行业的发展前景

F. 能发挥自己的特长　　　　　　G. 单位的经营、管理状况

H. 单位所在地点、工作环境和条件　　I. 工作的挑战性

J. 职业的稳定性　　　　　　　　K. 工作与所学专业的匹配性

L. 单位对人才使用与培训的重视程度　M. 单位的文化和氛围

N. 单位领导和整个团队的魅力　　　O. 职位发展空间

P. 其他

58. 你选择填报高校的因素是:

A. 未来的发展前景　　　　　　　B. 高校的排名

C. 专业的就业前景良好　　　　　D. 有自己喜欢的专业

E. 校园文化丰富　　　　　　　　F. 其他

59. 哪些是对你具有吸引力的职业生涯规划教育的教师?

A. 专业的职业生涯规划教师　　　B. 企业高管或者 HR

C. 不同领域的专家或教授　　　　D. 公务员或者事业单位负责人

E. 其他

60. 你走班上课的形式是什么?

A. 部分必修课 B. 部分选修课

C. 选修必修课都有部分 D. 校本课程(如分层兴趣课)

E. 全部课程(无行政班规划)

61. 你认为应该采取何种措施在高中推进职业规划教育的发展?

A. 开设职业规划教育课程 B. 举办职业规划讲座

C. 开展小组分享会 D. 加强平时老师、家长的指导和帮助

E. 通过第三方机构推进发展 F. 不清楚

62. 如果开设中学生职业生涯规划第二课堂,你希望开展或感兴趣的内容包括:

A. 了解自己的兴趣、能力、性格 B. 就业市场、行业发展的信息

C. 职业生涯规划的方法指点与引导 D. 成功职场人士的经历和经验

E. 一对一的指导 F. 其他

63. 你的学校是否开展过职业生涯规划课程?如果有,你对学习职业生涯规划课学习的态度?(若没开展过可不填)

A. 学校的安排,不得不学 B. 以前没有接触过,对课程好奇

C. 提升自身的就业能力 D. 帮助自我进行了解,发现职业目标

E. 其他

四、开放题

64. 请谈谈你对学校开展生涯规划工作的意见和建议。

65. 请谈谈班级走班中存在的主要问题及解决对策。

附录二 走班制下高中教学管理现状调查(教师卷)

一、个人情况

1. 您所在学校(请自行填写):_____

2. 您所在学校属于:

A. 省级示范性高中 B. 市级示范性高中 C. 普通高中

3. 您所在学校位于:

A. 市区 B. 县城 C. 乡镇

4. 您的性别:

A. 男 B. 女

5. 您任教的学科是：

A. 语文　　B. 数学　　C. 英语　　D. 政治　　E. 历史　　F. 地理　　G. 物理

H. 化学　　I. 生物　　J. 技术　　K. 艺体　　L. 其他

6. 您现在的职位是：

A. 校长　　B. 副校长　　C. 主任　　D. 年级组长　　E. 教研组长　　F. 备课组长

G. 普通教师　　H. 班主任

7. 您的职称：

A. 未评职称　　B. 中教二级　　C. 中教一级　　D. 中教高级　　E. 其他

8. 您的从教年限：

A. 1—5年　　B. 6—10年　　C. 11—15年　　D. 16—20年　　E. 20年以上

二、单选题

9. 您所在学校现在是否采用走班教学的形式：

A. 是　　　　B. 否

10. 我国走班教学主要采用四种模式："不走班"（所有学生固定教室上课）、"小走班"（部分学生或科目走班）、"大走班"（三门选考科目走班）和"全走班"（所有高考科目都走班），您所在学校采取的走班模式是：

A. 不走班　　　　B. 小走班　　　　C. 大走班　　　　D. 全走班

11. 您所在学校走班教学编班的方式是：

A. 三门或两门选科相同的学生优先组成固定班级，其他科目或学生走班教学

B. 三门选考科目所有学生均通过走班完成教学

C. 提供有限的选科组合，将三门选考科目均相同的学生组成一个班，所有学生不走班

D. 所有高考科目进行走班教学

12. 您所在学校一般在何时进行走班教学？

A. 新生一进校　　　　B. 高一上期中考试后

C. 高一下　　　　D. 高二上　　　　E. 高二下

13. 您所在的学校在分班时考虑的首要因素是什么？

A. 学生的学习成绩　　　　B. 学生的学习兴趣

C. 学生未来的理想　　　　D. 其他（请写出）

14. 走班制教学实施后，您班级学生作业收交情况如何？

A. 学生在辅导后收交作业有序　　　B. 学生在辅导后收交作业混乱
C. 对学生作业上交情况不太清楚　　D. 与传统固定班级相比没有变化

15. 您认为在走班制下,预想的教学效果如何?
A. 达到　　　　B. 一般　　　　C. 未达到　　　　D. 不清楚

16. 新高考改革后,您对走班教学的适应程度:
A. 非常适应　　B. 比较适应　　C. 一般　　　　D. 不适应
E. 非常不适应

17. 走班制后,相比传统固定班级,您和学生之间的交流的机会:
A. 少了很多　　B. 少了一些　　C. 没有变化　　D. 多了一些
E. 多了很多

18. 您认为走班制与传统行政班对比,让您感受最强烈的不同是什么?
A. 对学生的关注度不同　　　　B. 学生学习进度不同
C. 学习氛围不同　　　　　　　D. 使学生更好地享受教育平等

19. 走班制有没有加重您的教学/工作负担?
A. 加重负担　　B. 减轻负担　　C. 没有变化

20. 走班制后,您觉得自己能否比之前更为充分地做好课堂教学准备?
A. 总是能　　　B. 有时能　　　C. 偶尔能　　　D. 基本不能
E. 不能

21. 走班制教学实施后,您在班级管理方面遇到的问题主要是?
A. 走班制导致缺乏归属感的个体学生增多
B. 走班制导致集体约束力减弱,行为偏差学生增多
C. 走班制导致责权不明,学生课后学业管理困难
D. 走班制导致班级集体活动减少,班级凝聚力不足

22. 走班制教学实施后,班主任与学科老师间的交流:
A. 沟通需要,越来越多　　B. 跟以前一样　　C. 沟通不便,越来越少

23. 您认为您所在学校走班制成功吗?
A. 非常成功　　B. 比较成功　　C. 一般　　　　D. 不太成功
E. 不成功

24. 您所在学校如何进行科目的选择?
A. 缩小科目的选择范围　　　　B. 设置选课组合,在有限的组合中选择

C. 强制设置选考组合,代替学生选择　　D. 不设限制,学生自由选择科目

25. 在学生选择选修模块之前,您所在学校开展选课指导的情况是:

　　A. 对学生开展过　　　　　　　　B. 对家长开展过

　　C. 对学生和家长都开展过　　　　D. 没开展过

26. 如果您所在学校对学生进行了选课指导,您认为效果如何?

　　A. 很好　　　B. 比较好　　　C. 一般　　　D. 较差

　　E. 非常差　　F. 没有开展

27. 您认为走班教学何时进行较为合适?

　　A. 新生一进校　　　　　　　　B. 高一上期中考试后

　　C. 高一下　　D. 高二上　　E. 高二下

28. 您认为各个层次学生在多长时间后可以适当调整?

　　A. 每半学期　　　　　　　　　B. 一学期

　　C. 一学年　　　　　　　　　　D. 分了就不要再调整了

29. 您认为在各层次间调整学生的主要依据什么?

　　A. 考试成绩　　　　　　　　　B. 对原层次教学的适应情况

　　C. 学科教师与班主任的意见　　D. 学生自己的意愿

30. 您认为在各层次间调整学生时比例应该如何?

　　A. 严格按照各层次的要求,将不符合该层次的学生调整出去,符合的调整进来

　　B. 尽量多的调整,但极个别学生也可以酌情考虑留在原班

　　C. 尽量少的调整,有利于教学班级的稳定

　　D. 根据学科特点进行调整,综合考虑任课教师和学生的意见

31. 您认为在走班制下师生之间的关系:

　　A. 更亲密　　　B. 更疏远　　　C. 没变化　　　D. 不了解

32. 您所在的学校在分班时考虑的首要因素是什么?

　　A. 学生的学习成绩　　　　　　B. 学生的学习兴趣

　　C. 学生未来的理想　　　　　　D. 其他(请写出):＿＿＿＿＿＿

33. 您认为走班之后班集体的建设:

　　A. 很困难　　B. 存在一定困难　　C. 不困难　　D. 不确定

34. 在走班教学中,任课教师与学生的互动情况如何?

　　A. 很多　　　B. 较多　　　C. 一般　　　D. 没有

35. 与传统行政班相比,走班形式下教学班的课堂管理与纪律:

A. 好很多　　　　B. 好一点　　　　C. 差不多　　　　D. 差一点

E. 差很多

36. 您觉得走班教学能够对提升教学质量起到多大的作用?

A. 非常大　　　　B. 一般　　　　C. 不明显

37. 在走班制模式施行之下,您认为一个班级多少学生更便于管理:

A. 30人以下　　　B. 30—40人　　　C. 40—50人　　　D. 50人以上

38. 您认为在走班制模式下,导师扮演的角色:

A. 很重要　　　　B. 一般　　　　C. 不太重要　　　　D. 不重要

39. 以您个人而言,您更喜欢走班制还是传统行政班制?

A. 走班制　　　　B. 传统行政班制　　C. 无所谓

40. 您对走班教学的态度是:

A. 支持　　　　　B. 不支持　　　　C. 无所谓

41. 您认为是否应该继续推行走班制教学?

A. 是　　　　　　B. 否　　　　　　C. 无所谓

42. 您对走班制的了解主要来自:

A. 政府文件　　　B. 学校通知　　　C. 教师培训　　　D. 传媒报刊

E. 其他

43. 贵校是否有足够的教室供选课走班?

A. 是　　　　　　B. 否

44. 贵校是否有足够的教师供选课走班?

A. 是　　　　　　B. 否

45. 您认为走班制最大的优点是什么?

A. 因材施教,学生根据自己的学习能力选择课

B. 相对"小班化"教学

C. 同一课堂学生水平类似,提升了他们的自信心

D. 其他(请写出):_____

46. 您认为走班制最大的缺点是什么?

A. 班级管理松散,班集体意识变弱

B. 分层走班使部分慢班学生产生自卑感

C. 走班换教室太麻烦

D. 其他（请写出）：_____

47. 走班制后,您觉得自己能否比之前更为充分地做好课堂教学准备?

A. 总是能　　B. 有时能　　C. 偶尔能　　D. 基本不能

E. 不能

48. 您认为在走班制模式下,哪种作业收缴模式更适合管理?

A. 由课代表收缴作业　　　　B. 设置专门作业收缴处

C. 课后定时定点收缴

49. 您在备课时是否会进行分层备课?

A. 每次都会　　B. 经常会　　C. 有时会　　D. 不会

50. 新高考改革背景下,贵校是否有实施或模拟开展过选课走班?

A. 有,完全为本校教务处实施　　B. 有,引入第三方机构

C. 暂无

51. 您觉得学校在走班制改革中对教师的培训足够吗?

A. 不够,应当加大对教师的培训　　B. 差不多

C. 已经比较足够了,教师都能胜任现行的分层教学模式

52. 在走班教学的实践中,您最关心哪个方面?

A. 如何根据学生和教师的特点分班　　B. 如何做好走班学生及教师的管理

C. 教师如何做好分层备课、授课　　　D. 如何对分层学生、教师进行评价

53. 在走班实践中,您认为学校如何公布选课信息?

A. 公布科目及任课教师信息　　B. 仅公布科目,不公布任课教师信息

54. 您赞成分班时由学生和学科教师相互选择吗?

A. 非常赞成　　B. 比较赞成　　C. 一般　　D. 非常不赞成

55. 如果让学生来选择学科教师,您觉得对教师的教学和管理有怎样的作用?

A. 有积极作用,有效的竞争可以促进教师自身发展

B. 有消极作用,激烈的竞争会不利于教师队伍的团结

C. 没多大作用,教师不会太在意,和往常一样完成教学

D. 不好说

56. 当前贵校对于选课走班建设的侧重于:

A. 优先考虑满足学生兴趣　　B. 考虑学校现有资源

C. 其他（请写出）：_____

57. 走班制教学实施后，您觉得班主任的作用发生了怎样的变化？

A. 作用越来越大　　B. 没有多大变化　　C. 作用越来越小

58. 在学生选科时，您会不会进行指导？

A. 不会，自己了解不多，怕误导学生　　B. 不会，这是学生和家长的事情

C. 不会，这是学校的事情　　D. 会，按照学校的要求，给参考意见

E. 会，根据自己对政策的理解和对学生的了解积极地指导学生选科

59. 走班制教学实施后，您的班级管理工作量是否有变化？

A. 无明显变化　　B. 增加一点　　C. 增加很多　　D. 减少一点

E. 减少很多

60. 新高考后，您校对不同年级学生如何进行管理的？

A. 行政班管理　　B. 教学班管理

C. 行政班与教学班共同管理　　D. 其他（请写出）：_____

61. 您认为走班制情况下，班级管理的理想模式为：

A. 采取原有的班主任制

B. 班主任＋导师制

C. 任课教师包班制

D. 行政班班主任制，教学班任课教师包班制

E. 其他（请写出）：_____

62. 走班制教学实施后，您认为增强班级凝聚力的最好方法是？

A. 开展生涯教育，引导学生规划未来，以共同目标凝聚

B. 激励学生参与班级管理，以自主管理凝聚

C. 培养得力班团委，以班级领袖凝聚

D. 建立新的班级运行机制，以机制凝聚

E. 积极开展实践活动，以活动凝聚

三、多选题

63. 如果您所在学校对学生进行了选课指导，其主要形式有：

A. 邀请专家讲座　　B. 学校领导动员

C. 年级或班主任动员师介绍　　D. 专设的导师指导

E. 暂时未开展　　F. 其他（请写出）：_____

64. 对于生涯教育课,您所在学校当前在开展的有:

A. 开设独立的生涯必修课　　　　B. 开设独立的生涯选修课

C. 在心理健康课中融入生涯课　　D. 在班会课中融入生涯课

E. 在学科教学中融入生涯课　　　F. 暂时未开展

65. 新高考实施后,学生选课走班,您较为担心的问题是:

A. 自己的课,没有多少学生选　　B. 学校排课

C. 自己的教学业绩怎样来评价　　D. 自己的绩效工资该怎么算

E. 学生该怎么来管　　　　　　　F. 不同层次的学生的课,该怎么上

G. 无所谓

66. 选课走班的制约因素主要有哪些?

A. 对高考作用不大　　　　　　　B. 学科教师配备不足

C. 教室、实验室等硬件不足　　　D. 课程资源较少

E. 选课指导工作开展难度大　　　F. 学生组织管理难度大

G. 其他(请写出):_____

67. 您认为学校应当如何分配分层教学的学科教师?

A. 好班用以往业绩相对较好的老师,差班用以往业绩相对较差的老师

B. 同一教师必须兼任不同层次的教学

C. 应当根据教师的教学特点安排某些层次的教学

D. 考虑该层次学生的诉求,安排学生较为喜欢的老师

68. 高考新政下,您觉得学生最需要班主任的指导是:

A. 如何进行选科方面的指导

B. 如何进行时间分配方面的指导

C. 如何进行选科走班上课的指导

D. 如何开展课题研究及课题报告撰写的指导

E. 如何开展志愿者实践活动指导

69. 您认为学生在选课时主要的依据是什么?

A. 个人的兴趣爱好　　　　　　　B. 未来的职业规划

C. 大学招生需求　　　　　　　　D. 所在学校师资力量

E. 学科优势　　　　　　　　　　F. 家长或班主任的建议

G. 同伴的影响　　　　　　　　　H. 学校强制性要求

I. 功利性地选择相对可以取得更高等级的学科

70. 高考新政下,您觉得班主任在哪方面亟待提高?

A. 高考新政深入了解及解读方面　　B. 高考新政下组建班级新思路方面

C. 班级凝聚力建设新策略方面

D. 学生面对高考新政学习动力及学习方法指导方面

E. 学生生涯规划辅导方面　　F. 学生评价方面

G. 家校联系方面

71. 新高考走班教学,您认为对教师产生较大影响的是:

A. 部分学科教师将面临转岗　　B. 对教师的专业素质要求更高

C. 教师工作压力会增大　　D. 没有什么影响

72. 新高考后,学生选科走班的情况将影响选考学科教师数量的需求。您所在学校在师资配备上的应对措施有:

A. 招聘和储备部分学科教师　　B. 让教师跨年级上课

C. 安排多余学科教师转岗　　D. 从其他学校聘请学科教师来校上课

73. 您认为解决学生选课走班带来的教师、教室不够问题的较好办法是:

A. 加强学生选科引导　　B. 开设选科组合套餐

C. 校际交流组合　　D. 根据学校师资力量来定

E. 根据学校的场地来定

74. 对于新高考改革,您认为面临的三个最主要的困难是:

A. 对高考政策、学业质量标准的理解和把握

B. 学科核心素养的理解与培养

C. 推行高中生综合素质评价

D. 指导学生生涯规划与选科

E. 适应学生个性化发展的分层教学模式

F. 走班制教学与学生管理

四、开放题目

75. 您在当前走班教学中遇到的最大困难是什么?请简单地谈谈您对此问题的解决对策。

76. 为了在我国普通高中顺利地开展走班教学,您有什么好的建议?请简单地谈一谈。

参考文献

蔡先金,宋尚桂,等. 大学学分制的理论与实践[M]. 青岛:中国海洋大学出版社,2006.

陈桂生. 聚焦班主任——"班主任制"透视[M]. 北京:教育科学出版社,2012.

陈志科,霍晓宏. 选课走班,我们在行动[M]. 天津:天津社会科学院出版社,2019.

程振响. 芬兰普通高中课程改革新进展[M]. 北京:中国科学技术出版社,2006.

储朝晖. 中国第三方教育评价探路[M]. 福州:福建教育出版社,2020.

崔玉婷. 普通高中特色发展研究[M]. 北京:知识产权出版社,2016.

顾明远,鲍东明. 推进共建"一带一路"教育专题研究[M]. 北京:教育科学出版社,2018.

何通海. 选课走班在行动——高中选择性教育的设计与实施[M]. 杭州:浙江教育出版社,2018.

华国栋. 差异教学论[M]. 北京:教育科学出版社,2001.

蒋太岩. 中美高校学分制下的人才培养[M]. 沈阳:辽宁大学出版社,2006.

李嘉庆. 聚焦新高考[M]. 济南:山东文艺出版社,2017.

李金初,曲艳霞. 分层教学新探——北京十一学校分层教学实验研究[M]. 北京:北京出版社、文津出版社,2002.

李其龙,张德伟. 普通高中教育发展国际比较研究[M]. 北京:教育科学出版社,2008.

李希贵. 面向个体的教育[M]. 北京:教育科学出版社,2014.

李希贵,等. 学校转型:北京十一学校创新育人模式的探索[M]. 北京:教育科学出版社,2016.

李雄鹰.高考评价研究[M].武汉:华中师范大学出版社,2017.

刘希伟.试点省市高考改革研究[M].杭州:浙江教育出版社,2017.

潘桂法.高考新政下优秀班集体创建实践与策略研究[M].杭州:浙江工商大学出版社,2017.

强海燕.中、美、加、英四国基础教育研究[M].北京:人民教育出版社,2005.

上海市教育委员会教学研究室.创·生——上海课改30年区校成果荟萃[M].上海:上海教育出版社,2018.

沈兰.普通高中学分制政策与实践研究[M].上海:上海教育出版社,2012.

沈祖芸.让教育真实地发生——北京十一学校的教师智慧[M].北京:中国人民大学出版社,2016.

王春易,等.选课走班100问[M].北京:中国人民大学出版社,2018.

王定华.走进美国教育[M].北京:人民教育出版社,2006.

王学风.新加坡基础教育[M].广州:广东教育出版社,2003.

杨德广,王锡林.中国学分制[M].上海:上海科学技术文献出版社,1996.

杨光富.传奇教育家杜威[M].太原:山西人民出版社,2018.

杨光富.国外中学学生指导制度历史演进[M].上海:华东师范大学出版社,2015.

杨敏.读懂新高考·通识读本[M].长沙:湖南教育出版社,2019.

虞晓贞.教育·生长·生活——走班制下现代学校德育设计[M].上海:上海教育出版社,2017.

袁振国.中国教育政策评论2018[M].上海:上海教育出版社,2019.

张之俊,杨雄.非常理想,特别现实:北京市十一学校章程与制度集萃[M].北京:教育科学出版社,2016.

浙江新高考教改实践小组.如何应对新高考——浙江高中学校案例分析[M].杭州:浙江教育出版社,2017.

钟启泉,崔允漷,沈兰.高中学分制:国际经验及建议[M].上海:华东师范大学出版社,2004.

周序.高考改革与基础教育变革[M].杭州:浙江教育出版社,2017.

Antikainen A. Transforming a Learning Society: The Case of Finland[M]. Bern, Frankfurt, Brussels, New York: Peter Lang,2007.

Powell A G, Farrar E, Cohen D K. The Shopping Mall High School: Winners and

Losers in the Educational Marketplace[M]. Boston Massachusetts: Houghton Mifflin Company,1985.

Brown B F. The Nongraded High School [M]. Englewood Cliffs, N J: Prentice-Hall Inc. ,1963.

Campbell C A, Dahir C A. National Standards for School Counseling Programs[M]. American School Counselor Association, Alexandria, VA, 1997.

Cuban L. How Teachers Taught: Constancy and Change in American Classrooms,1890 - 1980 [M]. New York: Longman,1984.

Gardner H. Frames of Mind: The Theory of Multiple Intelligence[M]. New York: Basic Books,1983.

Butts R F. The Education of the West: A Formative Chapter in the History of Civilization[M]. New York: McGraw-Hill, 1973.

杜开颜. 福州八中"选课制、走班制、学分制"教育综合改革——普通高中新课程的前期探索[D]. 福州:福建师范大学,2007.

傅钰涵. 英国本科生导师制的变迁、类型及特征[D]. 大连:辽宁师范大学,2021.

何晓娜. 芬兰中小学个性化教育研究[D]. 上海:华东师范大学,2004.

洪玲玲. 新加坡教育分流理念下基础教育课程设置及其启示[D]. 沈阳:沈阳师范大学,2018.

孔远. 不分级小学教育理念、实践及其启示[D]. 曲阜:曲阜师范大学,2013.

李茂菊. 美国高中走班制的发展历程研究[D]. 上海:华东师范大学,2019.

林海妃. 走班制背景下普通高中生管理问题研究[D]. 上海:华东师范大学,2016.

刘琪. 走班制中学教学空间配置研究——以北京十一学校为例[D]. 北京:中央美术学院,2019.

王宁. 走班制背景下普通高中实施导师制的问题研究——以莱山一中为例[D]. 烟台:鲁东大学,2017.

王少华. 走班制下中学德育管理存在的问题及对策[D]. 烟台:鲁东大学,2017.

徐雅梦. 新高考改革背景下选课走班制管理问题及策略研究[D]. 重庆:西南大学,2020.

杨鸿燕. 美国加州韦伯高中选修课的设置和实施研究[D]. 长沙:湖南师范大学,2014.

陈为友,任军涛.流动的风景——青岛一中在高一年级进行选课走班尝试[J].山东教育,2009(6).

陈雪芬,蔡瑞琼.为生活而学习:新加坡基础教育改革新动向[J].比较教育研究,2021(5).

陈月茹.美国高中学分制及其意义[J].全球教育展望,2003(1).

成硕,赵海勇,冯国明.从"不走"到"全走":走班教学模式及保障策略研究[J].中小学管理,2016(12).

崔允漷.我国普通高中学分制方案:问题与建议[J].全球教育展望,2003(1).

戴季瑜.我国走班制教学的类型与特点[J].教学与管理,2016(12).

翟艳.新高考背景下普通高中资源配置的现状分析与对策建议[J].天津市教科院学报,2018(5).

杜芳芳,金哲.走班制视野下高中生学业生活的转变及学校行动[J].湖南师范大学教育科学学报,2017,16(2).

樊晓薇.让班级成为学生成长的大本营——关于"选课走班背景下班主任工作策略"的思考[J].班主任之友(中学版),2019(11).

范婕,张斌贤.使学校适应儿童:华虚朋的文纳特卡制[J].苏州大学学报(教育科学版),2019,7(1).

冯帮,邓红玲.分层走班制教学研究的回顾与展望[J].教师教育学报,2018(7).

冯成火.高考新政下高中课改的评价、问题与策略——基于浙江省的实践与探索[J].教育研究,2017,38(2).

冯建军,汤林春,徐宏亮."新高考改革与普通高中教育发展"笔谈[J].基础教育,2019,16(1).

韩艳梅.新课程背景下学习组织方式的新探索——"走班制"的实施与管理[J].辽宁师范大学学报(社会科学版),2003(5).

何通海."选课走班":最大可能地适合学生成长[J].内蒙古教育,2018(15).

洪晓丹,孙建清.新高考背景下的师资配备与绩效评价[J].中小学管理,2016(12).

黄晓,李春密,黄瑞文.浙江省普通高中选修课程开发与实施的成绩、问题与建议[J].教师教育研究,2015,27(2).

纪德奎,朱聪.高考改革背景下"走班制"诉求及问题反思[J].课程·教材·教法,

2016(10).

季洪旭.课程选择与学生个性发展——上海市晋元高级中学3.0套餐式课程建构探索[J].上海教育科研,2019(2).

靳海静,臧岳铭,靳海洁.高考改革背景下"走班制"教学的问题及优化[J].教学与管理,2020(6).

蓝日模."走班制"与高中班级管理模式创新[J].教师教育论坛,2016,29(8).

李福南,胡雪林."选课走班制"编班模式及方法[J].江西教育,2018(23).

李福南,沈军红.新高考体制下中学新管理制度的面面观[J].江西教育,2018(23).

李海林.走班制为什么成为必然——对美国中学教学组织方式的理解[J].上海教育,2015(6).

李家永.芬兰普通高中教育的改革[J].比较教育研究,2003(8).

李善良.美国学校的教室文化建设[J].江苏教育研究,2012(10).

刘红坤."走班制"对班级管理的影响与对策[J].江西教育,2020(33).

刘志军,王宏伟.学业水平考试改革背景下的高中教育:困境与超越[J].全球教育展望,2016,45(12).

卢怡.新高考改革背景下的"大走班"模式[J].新教育,2019(17).

罗开文,朱德全.高中"走班制"课堂管理:诉求、路径及保障机制[J].中国教育学刊,2020(12).

倪志刚.初中"走班制"分层教学的实践研究[J].上海教育科研,2006(5).

瞿葆奎,丁证霖."文纳特卡制"在中国[J].教育研究与实验,1986(1).

任京民.关于大学生导师制若干问题的探讨[J].合肥学院学报(社会科学版),2006(4).

邵河根,雷虹彩.演绎集体智慧——河南省鹤壁市淇滨中学探索"班主任组合制"[J].中国德育,2015(3).

孙政庭.我眼中的美国高中教育管理[J].中国德育,2018(18).

田丽.以核心素养为引领,探寻普通高中生涯规划教育实施体系[J].课程·教材·教法,2017(10).

万作芳.选课走班制历史发展概况及思考[J].教育史研究,2018(2).

王珏."难懂"的课表:美国加州高中教学组织管理形态[J].上海教育,2015(26).

王利利.对北大附中书院制下学生共同生活的考察与思考[J].中小学管理,2021(6).

王新凤.新高考模式下高中选课走班实施的问题与应对策略[J].教育与考试,2019(3).

韦尹.选课走班制下的班级管理策略[J].基础教育研究,2020(19).

翁乾明.新高考背景下的中学导师制漫谈[J].福建教育,2020(25).

吴静."走班制"教学存在的问题及对策[J].教学与管理,2020(11).

夏惠贤.教育公平视野下的新加坡教育分流制度研究[J].上海师范大学学报(哲学社会科学版),2018,47(5).

徐丹.北大附中:由走班带来的学校组织结构创新[J].中小学信息技术教育,2015(12).

徐星.高中走班:"分"出个性,"走"向自主:浦东复旦附中分校探索走班分层教学[J].上海教育,2015(15).

徐星.浦东复旦附中分校实施全员、全课程、全学段走班[J].新校长,2015(9).

徐星.上海第一所探索全员导师制的高中 浦东复旦附中分校:8年"探路"育人新范式[J].上海教育,2021(30).

许伯祥.走班制学生管理的几个注意点[J].教学与管理,2016(1).

杨光."全面二孩"政策的教师理解与学校应对——基于北京的实证研究[J].教师发展研究,2017,1(2).

杨光富,李茂菊.尊重个性与选择权:美国高中走班制的核心[J].外国教育研究,2020(8).

杨光富,毛柳笛.新加坡按科目编班教学改革述评[J].世界教育信息,2023(10).

杨光富.个性与选择:芬兰不分年级高中的组织与管理[J].外国教育研究,2022(5).

杨光富.国外普通高中教育多样化特色比较[J].外国中小学教育,2014(3).

杨光富.国外中学学生指导的实践与特色[J].全球教育展望,2011(2).

杨光富.美国高考制度的三大特色[J].中小学管理,2003(5).

虞晓贞.刍议"走班制"下的学校管理创新——以浦东复旦附中分校为例[J].教育参考,2016(3).

虞晓贞.创新实践全员导师制 积极推动育人方式变革[J].上海教育,2021(30).

虞晓贞.基于完善综合素质的创新人才培养实践研究[J].教育参考,2018(3).

虞晓贞.现代教育治理理念下的高中全员导师制育人变革——以浦东复旦附中分校为例[J].教育参考,2021(4).

张国彪.新课程下"行政班—教学班"管理模式初探[J].教学月刊(中学版),2006(24).

张瑞海.芬兰普通高中教育的特色[J].课程·教材·教法,2003(4).

张晓冬.一人一张课表的高中课程[J].上海教育.2017(23).

张昕.新高考政策下完全走班制的困境及对策[J].教学与管理,2018(1).

浙江省教育厅赴北欧教育考察团.走进芬兰高中课程改革[J].外国中小学教育,2008(8).

周彬.高中走班教学:问题、路径与保障机制[J].课程·教材·教法,2018(1).

周常稳.普通高中走班制模式中存在的问题及对策[J].教学与管理,2015(16).

朱益明.审视高中导师制:学生发展指导的视角[J].基础教育,2011(6).

Robertson A T. The Origin of the Elective System of Study[J]. The Review & Expositor, 1907(4).

Heathers G. Overview of Innovations in Organization for Learning [J]. Interchange,1972,3(2-3).

Jenkins J M. Nongrading the High School[J]. International Journal of Educational Reform,1998(3).

王培莲.北京十一学校校长李希贵:"有什么样的条件,就办什么样的事"[N].中国青年报,2014-06-24(3).

李京兰,祝梅,栾聪胜.莱山一中实行全员导师制[N].烟台晚报,2015-06-09(A18).

杨九诠.选择性是走班制的核心[N].中国教育报,2016-03-02(9).

彭德清,龚洁芸.走班制改革,就像办一所新学校[N].解放日报,2016-05-06(6).

郭学军,康丽.课程"走"起——北京十一学校"选课走班"背后的故事[N].中国教师报,2016-08-10(8).

王小平.教师短缺,这道难题怎么解[N].中国教育报,2018-12-19(9).

后　记

本专著是全国教育科学"十三五"规划 2017 年度国家一般项目"新高考背景下普通高中走班制的中国经验研究"(课题批准号：BHA170139)，以及华东师范大学教育学部 2021 年度中文学术专著出版资助计划终结性研究成果。感谢教育部人文社会科学重点研究基地华东师范大学基础教育改革与发展研究所普通高中育人方式改革研究中心主任朱益明教授的厚爱，将本书列入他主编的"新时代普通高中教育研究丛书"，并将我添为主编之一。

本书研究内容聚焦我国普通高中走班制改革。我对高中走班制的研究兴趣源于我多年来所从事的学生指导教学与研究工作。早在十五年前，在我国知名高中教育研究专家霍益萍教授的提携和引领下，我进入了学生指导这一研究领域。2009 年 11 月，霍益萍教授委派我到法国学习考察，让我第一次有机会近距离观察法国的学生指导工作。2010 年 5 月，我加入霍益萍和朱益明两位教授主持的教育部基础教育二司委托课题"普通高中学生发展指导"课题组，主要从事国外学生指导的发展历史与国别比较研究。2010 年 10 月，我获得教育部人文社会科学青年基金项目"国外中学学生指导制度发展历史探究"的资助。2013 年 11 月至 2014 年 11 月，在国家留学基金委的资助下，我以访问学者的身份在美国加州圣何塞州立大学(San Jose State University)学生指导系学习一年，专门从事国外中学学生指导的研究。2015 年，我撰写的《国外中学学生指导制度历史演进》一书由华东师范大学出版社正式出版，该书荣获 2016 年上海市第十三届哲学社会科学优秀成果二等奖。2019 年 4 月，我申报的"学生指导导论：理论与实务"(同名教材即将由华东师范大学出版社出版)课程得到华东师范大学研究生精品课程项目立项，并于 2019 年秋季学期起向全校硕博研究生开课。通过研究我了解到，学生指导涉及学业指导、生活指导、生涯指导、心理指导等多方面的内容，它在学生的选课走班、高校与专业的选择中发挥重要的作用。在研究的过程中,我对普通高中走班制这一领域逐渐产生了兴趣。

但最终将高中走班制作为课题申报,离不开华东师范大学时任教育学部副主任李政涛教授(现为华东师范大学基础教育改革与发展研究所所长、教育部中学校长培训中心主任)的指点与帮助。在我课题申报迷茫之际,李老师主动伸出援助之手。在了解我的研究基础及想法之后,他建议我将新高考普通高中走班制作为课题研究的新方向。他还利用出差时在机场候机和机上休息的时间,帮我修改申报书。2017 年 10 月,我申报的"新高考背景下普通高中走班制的中国经验研究"被全国教育科学"十三五"规划国家一般项目顺利立项。可以说,李老师的及时指导使我少走了很多弯路,没有他的倾情相助,就不会有这个高中走班制项目的成功立项,更不会有此专著的顺利出版。

课题立项后的开题论证和中期沙龙中,霍益萍教授、黑龙江省齐齐哈尔市教育教学研究院干部教研培训部副主任武海燕教授、时任上海市浦东复旦附中分校副校长虞晓贞(现为上海市建平中学校长)、时任浙江省诸暨市牌头中学副校长王惠丰(现为浙江省诸暨市浬浦中学副校长)、华东师范大学教师教育学院副书记兼副院长蒋瑾博士、《教育发展研究》编辑部主任林岚、时任上海市嘉定区中光高级中学生命关爱中心主任谢晓敏(现为上海市宜川中学德育指导中心副主任)等专家为课题的后续研究及书稿的撰写提出了很多宝贵的建议。

本书第六章"走班制下高中生涯现状调查"和第七章"走班制下高中教学管理现状调查"主要通过在线问卷调查的方式,分别对我国新高考走班制下的高中生涯规划,以及走班教学管理的现状进行实证研究。问卷发放得到了虞晓贞、时任上海市育才中学副校长李元博士(现为上海市嘉定区第一中学党总支书记、校长)、黑龙江省齐齐哈尔中学校长张志勤、齐齐哈尔市教育教学研究院干部教研培训部副主任武海燕、浙江省诸暨市牌头中学副校长王惠丰、浙江水利水电学院教授王丽、合肥师范学院教师教育学院副教授陈宏友、我在全国各类校长班授课时认识的校长,以及我历年所教的华东师范大学在职教育硕士班同学们等诸多朋友的帮助与支持。

本书的第一章第二节"走班制的理论基础"由华东师范大学教育学系 2020 级硕士研究生冉义芊完成;第二章二节"走班制在中国的发展回顾"由冉义芊撰写出初稿后,我在此基础上修改并加以完善;第七章"走班制下高中教学管理现状调查"由华东师范大学教育学系 2020 级硕士研究生王萌撰写。书稿其他章节均由我独立完成。

华东师范大学教育学系 2016 级博士研究生李茂菊参与了"走班制下高中生涯现状调查"部分问卷的设计工作。2017 级硕士研究生张丹宁、2019 级硕士研究生陈钰颖参与了项目结项相关章节的撰写。上海市徐汇区乌鲁木齐南路幼儿园教师张春颖、以及华东师范大学教育学系 2020 级硕士研究生冉义芊、2021 级硕士研究生杨晨露、2022 级硕士研究生毛柳笛、2023 级硕士研究生董雪婧参与了书稿后期的校对工作。华东师范大学出版社教育心理分社社长彭呈军及出版社负责本书文字编辑校对、封面设计工作的老师们也为本书的顺利出版付出了辛勤劳动,在此一并致谢。

华东师范大学教育学部教育学系、基础教育改革与发展研究所

杨光富

2024 年 3 月 10 日